U0453031

世界政治中的族群冲突
ETHNIC CONFLICT

王伟 / 著

中国社会科学出版社

图书在版编目（CIP）数据

世界政治中的族群冲突 / 王伟著. —北京：中国社会科学出版社，2022.10（2023.7 重印）
　ISBN 978 - 7 - 5227 - 0346 - 6

　Ⅰ.①世…　Ⅱ.①王…　Ⅲ.①民族问题—研究—世界　Ⅳ.①D562
　中国版本图书馆 CIP 数据核字（2022）第 100097 号

出 版 人	赵剑英	
责任编辑	白天舒	
责任校对	师敏革	
责任印制	王　超	
出　　版	中国社会科学出版社	
社　　址	北京鼓楼西大街甲 158 号	
邮　　编	100720	
网　　址	http://www.csspw.cn	
发 行 部	010 - 84083685	
门 市 部	010 - 84029450	
经　　销	新华书店及其他书店	
印　　刷	北京明恒达印务有限公司	
装　　订	廊坊市广阳区广增装订厂	
版　　次	2022 年 10 月第 1 版	
印　　次	2023 年 7 月第 2 次印刷	
开　　本	650×960　1/16	
印　　张	18.25	
字　　数	252 千字	
定　　价	98.00 元	

凡购买中国社会科学出版社图书，如有质量问题请与本社营销中心联系调换
电话：010 - 84083683
版权所有　侵权必究

前　言

当今世界族群冲突此起彼伏，欧美国家的族群（种族）冲突、非洲苏丹、埃塞俄比亚、尼日利亚等国家的族群冲突、南亚地区的印度以及斯里兰卡的族群冲突、东南亚地区的缅甸、泰国和马来西亚的族群冲突、拉丁美洲国家原住民与政府之间的冲突、高加索地区的纳卡族群冲突，等等，这些族群冲突给所在国家和地区带来人员伤亡和社会动荡的同时，也深刻影响着冲突区域乃至世界的和平、稳定和发展。族群冲突为何在当今世界频繁发生？是族裔民族主义的排外性，还是多元宗教的文明冲突论，抑或是民族国家建构中国家中立失位的问题？面对这些问题，笔者开始了对世界政治中的族群冲突的探索。

在研究族群冲突之前，需要明晰族群冲突的内涵和外延。近年来，比较分析、大数据分析、跨学科分析和研究范式融合分析的必要，使得所谓的文化的族群和政治的民族之间界限愈发模糊。从越来越多的研究中可见，广义的族群概念愈发受到学者们的垂青。族群冲突的外延也随之扩大，即包括因种族、族群、宗教和民族因素而产生的冲突。而族群冲突的原因是多层面的。（1）个人层面的基因决定论、心理认同论、族群接触理论、族群精英理论；（2）族群层面的民族主义、族群动员、族群竞争理论；（3）国家层面的民族国家建构理论、国家能力以及族群安全困境理论；（4）国际层面的政治全球化、民族自决等的国际规范、殖民主义和帝国主义理论等。然而，由于学科、研究范式的路径依赖等原因，对于族群冲突的研究尚缺乏世界政治的视角。

世界政治是将国内政治和国际政治有机结合的研究方法和理论。在当今世界联系日益密切、国家间相互依赖程度日益加深的国际整体态势下，一些族群冲突已不再单纯是民族国家内部的事情，而是国际、国内、族群三者之间相互联动的结果。特别是在那些存在国家间等级制、国家脆弱性程度高的国家，族群冲突愈发呈现出多重博弈的特征。鉴于此，笔者建立了从族群到国家再到国际、从国际到国家再到族群的多重博弈分析机制，以国际权力转移的视野，从国家间竞争、大国兴衰和国际秩序转型对族群冲突的影响出发，对国际范围内具有代表性的族群冲突进行了深度案例分析。

国际权力转移源于政治、经济在大国间发展的不平衡，始于大国间的竞争。大国竞争主要围绕经济、地缘政治和意识形态等领域展开，因此笔者分别从这三个领域，探讨了大国竞争与族群冲突的关系。其一，大国经济竞争与库尔德人与伊拉克的族群冲突。中东库尔德人运动百年荣辱，寻求自治、独立的族裔民族主义运动由来已久，特别是在伊拉克境内的库尔德人运动。冷战时期，伊拉克作为中东的地区大国和主要产油国，成为美国和苏联所青睐的对象。苏联企图通过支持伊拉克以获得其在中东的影响力。美国为了削弱苏联在该地区的影响力，确保丰富廉价的石油供应，一方面利用伊朗和伊拉克的边界矛盾来制衡，另一方面唆使库尔德人反对伊拉克政府来削弱苏联在该地区的势力。如此，造成了库尔德人反对伊拉克政府的族群冲突。这一过程更多的是伊拉克域外势力——美国和苏联对该地区丰富的油气资源以及地缘政治的争夺。

其二，大国地缘竞争与斯里兰卡的族群冲突。斯里兰卡族群冲突始于僧伽罗人对于泰米尔人合理诉求的漠视，这种族群的不满和害怕最终酿成了持续不断的族群冲突。但斯里兰卡国家能力弱小，加之其海上航道和海港的地缘重要性，招致了英国和美国的垂涎。而印度这一南亚区域性大国又秉持"卧榻之侧，岂容他人酣睡"的理念，也积极介入斯里兰卡的族群冲突。这便造成了斯里兰卡国内族群冲突的国际化。

其三，大国意识形态与安哥拉的族群冲突。1975年独立后的安哥拉由于族群、宗教矛盾不断，加之国外势力的干预，形成了1975—1991年、1992—1994年、1998—2002年三次较大规模的族群冲突，共造成了约150万人死亡。安哥拉的族群冲突除了与国内因素有关，也与国际势力的介入有关，特别是美国和苏联的意识形态争夺，其背后是苏联—古巴联盟与美国—南非—扎尼尔联盟的对峙。

如果说大国竞争是国际权力转移的起点，那么大国兴衰便是国际权力转移的过程和结果。大国的兴衰对族群冲突也有一定的影响。笔者以苏联解体为例，探讨了苏联解体对纳卡族群冲突和乌克兰危机的影响。概括地讲，苏联解体给族群冲突带来三个方面的影响：首先，苏联解体致使各个加盟共和国民族主义的复兴，纷纷建立了独立的民族国家。其次，苏联解体后在国内出现的权力真空，致使族群竞争加剧，例如，纳卡族群冲突。纳卡地区的亚美尼亚人虽然一直有独立的诉求，但在整个苏联时期，亚美尼亚人只能通过向苏联当局提案的方式，要求纳卡地区加入亚美尼亚。纳卡地区的族群冲突始于苏联解体前期的势力下降，苏联解体后开始全面升级，之后俄罗斯等国外势力的介入，将冲突进一步地国际化。最后，苏联解体打破了区域势力的平衡，欧盟这一区域势力"乘虚而入"，其不断地"东扩"压缩了俄罗斯的生存空间。在俄罗斯与欧盟的争夺中，一些民族国家建设不完整的国家，尤其是族群认同强于国家认同且国家能力弱小的国家，爆发了族群冲突。例如乌克兰，由于其重要的战略位置——黑海港口、欧洲的面包篮子，成为欧盟和俄罗斯争夺的对象。而乌克兰国内又存在西部亲欧和东部亲俄势力之争，在恰当的时机族群冲突便在所难免，国际势力也会纷至沓来。

大国权力的兴衰带来国际权力的转移，同时也会导致国际秩序的转型。近年来，随着欧美白人主导国家势力的下降和发展中国家的群体性崛起，以及非西方文明国际秩序观的冲击，西方国际秩序正处于转型中的阵痛期。这种国际秩序的转型使欧美等白人国家在国际社会上奉行白人至上的外交政策，诸如"美国第一""英国第一""意大利第一"，穷兵黩武地遏制、打击非白人国家的崛起，丑化、矮化乃至污名化非白人政治文明等。在欧美国家内，政府纷纷宣布多元文化主义政策失效，对非白人群体、非基督教文明、移民群体进行不同程度地打压或迫害。西方国际秩序的危机也刺激了白人极端主义在欧美国家的大规模出现，种族间的暴力冲突此起彼伏。

可见，在全球化的当下，族群冲突不仅是族群一个层面的事情，而是族群、国家和国际势力三个层面相互联动的结果。族群冲突离不开国际层面的分析。从案例分析的结果来看，大国竞争、大国权力的兴衰、国际秩序的转型会加剧族群冲突的爆发、烈度、市场乃至结果。这便是本书的一个重要结论。

当然本书仍有许多需要深入考究之处，例如在国际权力转移的衡量指标上应不止大国竞争和大国兴衰两个内容；族群冲突的种类也绝不局限于书中所提到的族群与族群、族群与国家这两种类型；大国竞争为何对一些国家的族群冲突起作用，而对另一些却没有？族群冲突与国际权力转移反向关系、族群冲突的全球治理，等等。因此，对于世界政治中的族群冲突，笔者在这里仅作抛砖引玉，简陋错误之处，敬请学界同人、本书的读者批评、指正。

王伟

2023 年 7 月 3 日于北京寓所

目　录

导　论 ··· 1
　1　研究缘起及意义 ··· 1
　　1.1　现实意义 ·· 1
　　1.2　理论意义 ·· 8
　2　国内外研究综述 ··· 13
　　2.1　个人层面的族群冲突 ································ 16
　　2.2　族群层次的族群冲突 ································ 20
　　2.3　国家层面的族群冲突 ································ 25
　　2.4　国际层面的族群冲突 ································ 29
　　2.5　国际关系理论中的族群冲突 ····················· 33
　3　研究思路与方法 ··· 47
　　3.1　研究思路 ·· 47
　　3.2　研究方法 ·· 48

第1章　族群冲突的国内、国际多重博弈 ·················· 50
　1　政治的民族与文化的族群 ································ 50
　　1.1　族群概念的演化 ······································ 50
　　1.2　民族概念的流变 ······································ 54

1.3　民族与族群概念的论争 …………………………… 55
　　1.4　超越民族与族群概念之争的必要性 ………………… 59
　　1.5　族群的内涵 …………………………………………… 66
　2　族群冲突的内涵 …………………………………………… 69
　3　族群冲突的多重博弈 ……………………………………… 74
　　3.1　族群冲突多重博弈的系统分析 ……………………… 74
　　3.2　族群冲突多重博弈的逻辑 …………………………… 77
　　3.3　族群冲突多重博弈的机制 …………………………… 82

第2章　国际权力转移与族群冲突的机制分析 ……………… 86
　1　族群权力、国家权力与国际权力 ………………………… 86
　　1.1　权力的来源与内涵 …………………………………… 86
　　1.2　族群权力、国家权力和国际权力 …………………… 94
　2　国际权力转移理论 ………………………………………… 103
　3　国际权力转移与族群冲突的内在逻辑 …………………… 111
　　3.1　国际权力转移的两个维度：大国竞争与大国权力
　　　　兴衰 …………………………………………………… 112
　　3.2　大国介入族群冲突的原因及条件 …………………… 114
　　3.3　大国竞争与族群冲突 ………………………………… 118
　　3.4　大国权力兴衰与族群冲突 …………………………… 120
　4　小结 ………………………………………………………… 121

第3章　大国竞争与族群冲突 ………………………………… 123
　1　大国经济竞争与族群冲突：库尔德人与伊拉克的
　　冲突 ………………………………………………………… 125
　　1.1　库尔德人的族群状况以及早期历史遗留问题 ……… 126
　　1.2　库尔德运动难题的内部症结 ………………………… 132
　　1.3　库尔德人反对伊拉克政府族群冲突的过程 ………… 140

1.4 库尔德运动的变与不变 ……………………………… 143
　2 大国地缘政治竞争与族群冲突：斯里兰卡的族群
　　　冲突 ………………………………………………………… 147
　　　2.1 斯里兰卡的族群冲突 …………………………………… 149
　　　2.2 族群冲突的阶段和国际势力介入 ……………………… 150
　　　2.3 斯里兰卡的地缘战略位置 ……………………………… 154
　3 大国意识形态竞争与族群冲突：安哥拉族群冲突 …… 156
　　　3.1 大国意识形态竞争与安哥拉族群冲突 ………………… 157
　　　3.2 西方式民主治下的族群冲突 …………………………… 162
　4 小结 ………………………………………………………… 179

第4章 大国权力兴衰与族群冲突 ……………………………… 181
　1 冷战后十年的族群冲突（1989—1998 年） …………… 181
　2 大国衰落与纳卡族群冲突 ………………………………… 183
　　　2.1 纳卡族群冲突的历史渊源 ……………………………… 185
　　　2.2 苏联解体前后的纳卡族群冲突 ………………………… 187
　　　2.3 纳卡族群冲突痼疾所在 ………………………………… 192
　　　2.4 纳卡族群冲突的新症状 ………………………………… 198
　　　2.5 冲突延续的当前 ………………………………………… 204
　3 大国权力兴衰与族群冲突：乌克兰危机
　　　（2014 年至今） …………………………………………… 205
　　　3.1 乌克兰族群状况与民族国家建构 ……………………… 206
　　　3.2 乌克兰危机过程及内部治理 …………………………… 212
　　　3.3 国外势力介入：乌克兰危机国际化 …………………… 213
　4 小结 ………………………………………………………… 215

第5章 国际秩序转型与欧美种族（族群）冲突 …………… 216
　1 国际种族秩序与白人极端主义 …………………………… 218

1.1　国际种族秩序的动力 ············· 220
　　1.2　国际种族主义意识形态 ··········· 222
　　1.3　国际种族主义结构 ··············· 225
　　1.4　国际种族秩序下的白人极端主义 ··· 231
　2　国际种族秩序危机与白人极端主义 ······· 236
　　2.1　种族化国际秩序面临的挑战 ······· 236
　　2.2　白人极端主义事件频频发生 ······· 242
　　2.3　白人极端主义组织日益增多 ······· 245
　3　结语 ································· 249

第6章　结论 ······························· 251
　1　将族群冲突带入国际关系分析是紧要的 ··· 252
　2　多层联动：族群冲突的多重博弈 ········· 256
　3　催化剂：国际权力转移与族群冲突 ······· 258

参考文献 ································· 261

导　　论

1　研究缘起及意义

1.1　现实意义

第二次世界大战（以下简称"二战"）以来，世界范围内发生的战争多为国家内部的暴力冲突，该现象在冷战结束后越发明显，①并呈现出以族群冲突、宗教矛盾为主要内容的特征。② 据美国系统和平中心（Center for Systemic Peace）统计，1990—2016年国际社会共发生116起军事冲突，涉及60个国家，造成5238500人死亡，其中因族群冲突死亡的人数为2759500，涉及50个国家。③ 据联合国难民署统计，2017年难民高达2250万人，其中的55%来自民族冲突盛行的南苏丹、阿富汗和叙利亚三国。④

---

①　Steven E. Lobell and Philip Mauceri, *Ethnic Conflict and International Politics: Explaining Diffusion and Escalation*, New York: Palgrave Macmillan, 2004, p. 1.

②　Pamela R. Aall, "NGOs and Conflict Management", United States Institute of Peace, February 1996, https：//www.usip.org/sites/default/files/pwks5.pdf.

③　Center for Systemic Peace, "Major Episodes of Political Violence 1946 - 2016", http：//www.systemicpeace.org/warlist/warlist.htm.

④　UNHCR, "Figures at a Glance", http：//www.unhcr.org/en-us/figures-at-a-glance.html.

这些族群冲突在造成国内失序、百姓流离失所的同时,① 也成为地区、世界不稳定的重要因素。②

第一,族群冲突对族性安全的影响。族性安全是一个族群生存和发展的基本需求,③ 自有族群以来人们便从未间断过对族性安全的追求。从美洲独立战争的反对殖民主义,到法国大革命和1848年欧洲革命影响下建立统一的民族市场、争取主权独立和民族平等的诉求,再到20世纪"去殖民化的民族解放运动、独立后的内部族群运动,以及后共产主义时代的族群运动"的族群运动三次浪潮,④ 一波又一波的族性安全斗争活跃在世界的舞台。不幸的是,虽孜孜以求,但时至今日,族群的族性绝对安全尚未实现,持续不断的族群冲突便是佐证。如有学者提出"族群因素是1957—1984年非洲政变的主要因素",⑤ 族群运动是当今世界最强有力的社会运动。⑥

这些族群冲突给族性安全带来了极大挑战。一是造成各族群成员生命的丧失。卢旺达大屠杀中536000人丧生、苏丹族群冲突中360500人丢失生命,刚果(金)的族群冲突中死亡人数也高达102500人。二是族群冲突影响族群发展。"志团团以应悬兮,诚心固其如结。"⑦ 族群团结方能谋取发展,然而族群冲突却反其

---

① Raul L. Madrid, *The Rise of Ethnic Politics in Latin America*, Cambridge: Cambridge University Press, 2012.

② 参见 Ted Robert Gurr, *Minorities at Risk: A Global View of Ethnopolitical Conflicts*, Washington, D. C. : U. S. Institute of Peace Press, 1993。

③ 严庆:《族性安全的概念、理论与范式》,《国际安全研究》2017年第3期,第7页。

④ 徐大同:《当代西方政治思潮》,天津人民出版社2000年版,第184—227页。

⑤ J. Craig Jenkins and Augustine J. Kposowa, "Explaining Military Coups d'Etat: Black Africa, 1957-1984", *American Sociological Review*, Vol. 55, No. 6, 1990, pp. 861-875.

⑥ Andre Gunder Frank, "Political Ironies in the World Economy", in T. Boswell and A. Beigeson (ed.), *America's Changing Role in the World-System*, New York: Praeger, 1987, pp. 25-56.

⑦ (东汉)张衡:《思玄赋》。

道而行。三是族群冲突造成各族群关系失和，易走向族群安全困境，滑入冲突的恶性循环。族群安全困境研究者认为在多族群国家里，族群为了生存也会努力实现安全的最大化，而自身力量的增强会引发敌对族群的不安，双方在相互竞争和猜忌中走向安全的困境，乃至冲突。① 族群安全困境的基础是族群间的害怕（fear）和不确定性（uncertainty）。族群间的害怕表现为族群由于不信任造成的不安和对于敌对族群行为的不确定性，即彼此不确定敌对的族群何时、以何种方式对自己发起攻击。这种不确定性和不安受多重因素的影响，其中历史上的族群冲突固化的族群间不信任是主要影响因素。维耶万·卡图纳里奇以历史上是否发生过族群冲突为标准，将克罗地亚分为不同的区域，通过比较发现，曾经发生过族群冲突的地区比没有发生过族群冲突的地区以冲突方式解决族群矛盾的可能性更大。②

第二，族群冲突对国家安全的影响。生命、财产、军事、政治、经济、社会和生态环境等是国家安全的主要维度。③ 族群冲突以其暴力性、破坏性的特性威胁着国家安全。首先，族群冲突威胁国家军事安全，以现实主义的观点来看，军事安全乃国家安全之首要，④ 同时国家对暴力性机器的合法性垄断也是民族国家

---

① 参见 Barry R. Posen, "The Security Dilemma and Ethnic Conflict", *Survival*, Vol. 35, No. 1, 1993, pp. 27–47; Paul Roe, "The Intrastate Security Dilemma: Ethnic Conflict as a Tragedy", *Journal of Peace Research*, Vol. 36, No. 2, 1999, pp. 183–202; Shiping Tang, "The Security Dilemma and Ethnic Conflict: Toward a Dynamic and Integrative Theory of Ethnic Conflict", *Review of International Studies*, Vol. 37, 2011, pp. 511–536。

② 参见 Vjevan Katunaric, "Avoidable War: Peace and Violent Conflict in Multi-ethnic Areas in Croatia", *Revija Sociologiju*, Vol. 40, No. 1, 2010, pp. 5–29。

③ Peter J. Katzenstein, *The Culture of National Security: Norms and Identity in World Politics*, New York: Columbia University Press, 1996, p. 7。

④ 参见［美］汉斯·摩根索《国家间政治》，徐昕等译，北京大学出版社2006年版；［美］肯尼思·华尔兹《国际政治理论》，信强译，上海人民出版社2006年版；［美］约翰·米尔斯海默《大国政治的悲剧》，王义桅、唐小松译，上海人民出版社2014年版。

建构的核心内容。① 其次，族裔民族主义尤其是族裔分离主义引发的族群冲突成为分裂国家的罪魁祸首，如族裔分离主义成为苏联解体的助推器，苏丹南北的分离、英国爱尔兰的族群运动和苏格兰公投等，在一定程度上都与族群冲突有关。再次，族群冲突破坏了国内秩序，损害了国家发展。在自由主义者看来，军事安全虽仍是国家安全之首要，但在和平年代，国家更多关注的是经济安全利益。② 经济的发展需有一个稳定、安全的市场秩序，而族群冲突恰恰让这些秩序荡然无存，如斯里兰卡在独立初期国内生产总值是印度的2倍、泰国的1.5倍，但1983年族群冲突后，斯里兰卡的经济遭到沉重打击；③ 乌克兰自危机以来国内生产总值也由2013年的1833.1亿美元下降至2016年的932.7亿美元。④ 最后，族群冲突威胁着国家的文化安全。在多民族国家里，共有的国家文化认同是国家凝聚人心、增强认同的主要内容，而族群中心主义以其排外特性的族群文化认同不停地撕裂着这种国家认同。克劳福德·扬指出大多数第三世界国家暴力冲突是由文化多元主义引起的。⑤

---

① ［美］道格拉斯·C. 诺斯等：《暴力与社会秩序：诠释有文字记载的人类历史的一个概念性框架》，杭行、王亮译，格致出版社、上海人民出版社2013年版，第16页。
② Robert Keohane and Joseph Nye, "Realism and Complex Interdependence", in Keohane and Nye, eds, *Power and Interdependence*, Pearson, 1977, pp. 23-37; Andrew Moravcsik, "Taking Preferences Seriously: A Liberal Theory of International Politics", *International Organization*, Vol. 51, No. 4, 1997, pp. 513-53.
③ Jayatilleke S. Bandara, "The Impact of the Civil War on Tourism and the Regional Economy", in Siri Gamge & I. B. Waston, eds., *Conflict and Community in Contemporary Sri Lanka*, New Delhi, 1999, p. 241.
④ 世界银行, https://data.worldbank.org.cn/country/ukraine?view=chart。
⑤ Crawford Young, "Cultural Pluralism in the third World", in S. Olzak and J. Nagel, eds., *Competitive Ethnic Relations*, New York: Academic Press, 1986, pp. 113-135.

第三，族群冲突对区域安全的影响。区域安全是指在一个具有共同地理环境、历史等区域在政治、经济、社会、文化等维度的安全状态，受多重因素的影响，族群冲突便是其中之一。首先，族群冲突往往会打破均势，成为区域不平衡的主要因素。约翰·米尔斯海默认为地区大国实力的变化会打破地区均势，从而造成地区各国对权力的追逐，最终走向战争。① 同样族群冲突会造成国家实力的变化，在一定程度上由民族分离主义造成的苏联的解体②便造成区域势力的失衡，一方面导致一些国家与苏联分离，另一方面让欧盟得以不停的东扩。南斯拉夫解体亦是如此。其次，族群冲突会破坏地区秩序。如哈尔瓦德·比海于格和克里斯蒂安·格里蒂奇指出，族群冲突不仅会造成国内民众生命财产的损失，也会通过难民、跨界民族纽带、反叛组织对于领土的要求等破坏区域安全与稳定；③ 再次，族群冲突影响区域经贸往来，如冲突会影响整个区域的市场环境，破坏经济联系的纽带，也会在资源、资本、交通和劳动力等方面影响区域经济发展。④ 最后，一个国家的民族冲突可以引发周边国家的民族学习它们的方式、方法来进行族群冲突，⑤ 同时邻国的族群冲突也可以激发本国相同民族斗争的激情，最为典型的例子便是西亚北非动荡和苏联的

---

① ［美］约翰·米尔斯海默：《大国政治的悲剧》，王义桅、唐小松译，上海人民出版社 2014 年版，第 155—177 页。

② 吴楚克：《民族主义幽灵与苏联裂变》，中国人民大学出版社 2002 年版，第 8—24 页。

③ Buhaug, Halvard and Kristian Skrede Gleditsch, "Contagion or Confusion? Why Conflicts Cluster in Space", *International Studies Quarterly*, Vol. 52, No. 2, 2008, pp. 215-33.

④ Murdoch, James C. and Todd Sandler, "Civil Wars and Economic Growth: Spatial Dispersion", *American Journal of Political Science*, Vol. 48, No. 1, 2004, pp. 138-51.

⑤ Kuran, Timur, "Ethnic Dissimilation and Its International Diffusion." in David A. Lake and Donald Rothchild eds., *The International Spread of Ethnic Conflict: Fear Diffusion, and Escalation*, Princeton, NJ: Princeton University Press, 1998, pp. 35-60.

解体。此外，族群冲突还可引致区域组织对于某一国家事务的干预，乃至对于一个国家的战争。如2000年阿拉伯国家联盟组织对以色列针对巴勒斯坦起义镇压的不满，掀起了一股反对以色列的浪潮。①

第四，族群冲突对国际安全的影响。国际安全是指国际社会处于一种不受战争威胁的和平状态，其中包含国际规则、协议和承诺得到遵守，国家不受外部武力侵略、领土和主权不受侵犯等。②一是族群冲突，尤其是种族屠杀对于人权的践踏，易招致其他大国、国际组织的干预，增加战争的风险即族群冲突易在地区大国、区域组织、国际政府组织和国际非政府组织的协助下实现民族冲突问题的地区化和国际化，如卢旺达民族清洗、达尔富尔危机、叙利亚危机、科索沃危机等。二是族群冲突破坏着国际社会对于主权国家的一些基本规范、观念，对于民族自决的认识，对于民族分离主义的认定，对于土著人是否适用于普遍人权观念的争论等。民主、自由、公平和正义等所谓的西方普遍价值是有民族界限的，是有群体界限的，如在美国把印第安人只认为是土著人，而不是少数民族，所以这些土著全体也就不拥有他们总统威尔逊所倡导的民族自决权。③同样对于什么是民族分离主义也是以国家利益为圭臬。对于南斯拉夫解体中的民族分离主义，西方是认可的，而对于爱尔兰族群运动、马其顿族群运动和乌克兰的民族运动，他们则持相反态度。这种二元背反的观念在族群冲突中表现得尤为突出，加大了国际社会关于西方普遍价值的争论，同时也增加了国际社会冲突的概率。正如理查德·内德·

---

① Kelly-Kate S. Pease, *International Organizations: Perspectives on Governance in the Twenty-First Century*, New Jersey: Prentice Hall, 2007, pp.145-154.

② Hedley Bull, *The Anarchical Society: A Study of Order in World Politics*, New York: Palgrave, 1977, p.18.

③ [加]威尔·金利卡:《多元文化的公民身份——一种自由主义的少数群体权利理论》，马莉、张昌耀译，中央民族大学出版社2009年版，第30页。

勒博（Richard Ned Lebow）所述，关于价值认同的文化是国际关系理论分析的第五个维度，①同时也成为国家战争的主要原因。②三是族群冲突带来的国内秩序、区域秩序的混乱给国际贸易和经济的发展带来危害。如近些年索马里海盗的猖獗极大地影响了印度洋海域的经贸往来，③而其海盗猖獗的主要原因便是族群冲突；④同样近年来中东的族群冲突也给国际能源市场秩序带来一定的冲击。四是族群冲突引发的难民流成为影响区域和国际安全的原因之一，如不断涌入西欧的中东难民成为西欧治理的难题。⑤

可见，族群冲突作为二战后最主要的暴力冲突成为威胁族性安全、国家安全、区域安全以及国际安全的主要因素。如何化解族群冲突、实现族群冲突的和解及冲突后的重建成为当下重要的议题，同时也是世界范围内的难题。因此，加大对其根源、发生过程、治理等的研究，具有重要的现实意义。

---

① ［美］理查德·内德·勒博：《国际关系的文化理论》，陈锴译，上海社会科学院出版社2015年版，第4—6页。

② ［美］理查德·内德·勒博：《国家为何而战？过去与未来的战争动机》，陈定定、段啸林、赵洋译，上海人民出版社2014年版，第67—95页。

③ Todd Emerson Hutchins, "Structuring a Sustainable Letters of Marque Regime: How Commissioning Privateers Can Defeat the Somali Pirates", *California Law Review*, Vol. 99, No. 3, June 2011, pp. 819–884; Ryan Henry, Christine Osowski, Peter Chalk and James T. Bartis, *Promoting International Energy Security—Sea-Lanes to Asia*, Chapter 2, RAND Corporation, 2012, pp. 11–19.

④ Tobias Hagmann, "Beyond Clannishness and Colonialism: Understanding Political Disorder in Ethiopia's Somali Region, 1991–2004", *The Journal of Modern African Studies*, Vol. 43, No. 4, Dec. 2005, pp. 509–536.

⑤ 方华：《难民保护与欧洲治理中东难民潮的困境》，《西亚非洲》2015年第6期，第4页。

1.2 理论意义

当今世界面临民粹主义泛滥、① 族群运动盛行、后民族结构逆化②、逆全球化③和国际秩序变动④等问题和困难。在这个变化的时代，民族主义在与自由主义的斗争中以其强劲的势头冲击着原有的国际秩序，而国际秩序的变化也影响着民族主义的各种行为，其中族群冲突便是其一。加强对两者之间关系的研究，一方面有助于挖掘族群冲突的国际根源，另一方面有助于丰富国际关系的一些假设和理论，具体如下。

第一，丰富国际关系研究中的新行为体，即族群。关于国家关系中的行为体，现实主义强调国家是国际关系中的唯一行为

---

① Robert S. Jansen, "Populist Mobilization: A New Theoretical Approach to Populism, Sociological Theory", Vol. 29, No. 2, June 2011, pp. 75-96; John D. Inazu, *Confident Pluralism: Surviving and Thriving through Deep Difference*, Chicago: University of Chicago Press, 2016.

② 注：哈贝马斯根据欧盟这一超越主权国家行为体的发展和成熟以及欧洲后现代性，指出人类社会已步入了后民族结构的时代，然而最近随着英国的"脱欧"、意大利等国家对于欧盟的不满，以及欧洲民粹主义盛行的现状来看，所谓的后民族结构要么是原先便不存在，要么就是出现了一种逆转现象。参见［德］尤尔根·哈贝马斯《后民族结构》，曹卫东译，上海人民出版社2002年版，第182页；［美］马克·凯赛尔、乔尔·克里格《转型中的欧洲政治》，史志钦译，人民出版社2016年版，第45—51页。

③ 参见曾向红《全球化、逆全球化与恐怖主义新浪潮》，《外交评论》2017年第3期，第130—156页；徐坚《逆全球化风潮与全球化的转型发展》，《国际问题研究》2017年第3期，第1—15页；唐庆鹏《逆全球化新动向的政治学分析》，《当代世界与社会主义》2017年第4期，第195—202页。

④ 参见 Randall L. Schweller and Xiaoyu Pu, "After Unipolarity: China's Visions of International Order in an Era of U. S. Decline", *International Security*, Vol. 36, No. 1, Summer 2011, pp. 41-72; 刘丰《国际利益格局调整与国际秩序转型》，《外交评论》2015年第5期，第46—62页；［美］亨利·基辛格《世界秩序》，胡利平译，中信出版集团2015年版；［加］阿米塔·阿查亚《美国世界秩序的终结》，袁正清、肖莹莹译，上海人民出版社2017年版；［美］理查德·哈斯《失序时代：全球秩序的崩溃与新秩序的重塑》，黄锦贵译，中信出版集团2017年版。

体。① 自由制度主义者认为此种假设欠妥，并指出跨国公司、国际组织等行为体也是国际关系中不可或缺的行为体。② 跨国主义研究者（Transnationalism）对于国际组织在国际关系乃至世界政治中的作用给予了更多的关怀。③ 建构主义大师亚历山大·温特也认为国际关系学中的国家中心论有其合理性，因为这样可帮助研究者们把国际体系从一种弱肉强食的状态转变为一种法治状态。④ 当然国际关系的研究要有单元性和层次性，然而从研究者所列的层次中可知"决策者个人""决策者角色""国家政府""国内社会""国际关系""世界系统"等⑤是国际关系研究中较为多见的行为体，而对于族群的关注则不够。然而目前一些国家的民族国家建构并不完整、国家能力也较为弱小，国家并不能实现对暴力性机器的合法性垄断。相反族群成为这些国家主要的行为体，成为国家的代表者和发言人，甚至有些国家以族群为界组成族群政党，使国家的内政、外交以族群为核心。这样族群理应成为国际关系分析的又一主要行为体。

第二，构建了国际关系分析的多重博弈。国际关系研究的双重博弈是罗伯特·帕特南所提出的国内政治与国际政治相互影响

---

① ［美］肯尼思·华尔兹著：《国际政治理论》，信强译，上海人民出版社2006年版，第124—129页。

② ［美］罗伯特·基欧汉、约瑟夫·奈著：《权力与相互依赖》，门洪华译，北京大学出版社2002年版，第31—36页。

③ Margaret E. Keck and Kathryn Sikkink, *Activists Beyond Borders: Advocacy Networks in International Politics*, Ithaca and London: Cornell University Press, 1998, p. 13; Silke Trommer, "Activists beyond Brussels: Transnational NGO Strategies on EU-West African Trade Negotiations", *Globalizations*, Vol. 8, No. 1, pp. 113 – 126; Sidney Tarrow, "Outsiders Inside and Insiders Outside: Linking Transnational and Domestic Public Action for Human Rights", *Human Rights Review*, No. 11, 2010, pp. 71-182.

④ ［美］亚历山大·温特：《国际政治的社会理论》，秦亚青译，上海人民出版社2008年版，第9页。

⑤ 参见 Bruce M. Russett, Harvey Starr, *World Politics: The Menu for Choice*, W. H. Freeman & Co. Ltd., 3rd edition, 1989。

的分析模式,① 随后被一些学者广泛引用,如利萨·马丁指出了在民主国家中立法部门对于国际合作的影响,② 罗伯特·基欧汉和海伦·米尔纳认为国际化对于各个国家国内政治经济等的影响。③ 然而对于族群冲突的研究双重博弈还远远不够,因为在国家和国际层面还有诸如族群等的层次,族群冲突的外溢性和扩大化特性决定了其往往会超越国家的界限进入国际视野,同时受跨界民族、族群与一些战略能源地理分布的切合性以及地缘战略等因素的影响,族群冲突往往会成为一些大国或国际组织等利益角逐的场域。④ 因此族群冲突的研究应是族群—国家—国际的多重博弈。

第三,无政府状态假设的发展。无政府状态思想虽始自霍布斯,⑤ 但自汉斯·摩根索在《国家间政治》中提出关于国际社会无政府状态的建设以来,⑥ 无政府状态几乎成了国际关系研究中的圭臬。无论是结构现实主义者华尔兹,还是进攻性现实主义者米尔斯海默,再或是自由制度主义者罗伯特·基欧汉,抑或是建构主义者亚历山大·温特,都对无政府状态的假设予以了肯定。⑦ 然而国际社会的无政府状态并非绝对的,它也受国内政治的影响,如海伦·米尔勒认为国际社会是一种混合的状态,是国内垂

---

① Robert D. Putnam, "Diplomacy and Domestic Politics: The Logic of Two-Level Games", *International Organization*, Vol. 42, No. 3, Summer 1988, pp. 427-60.

② 参见 [美] 利萨·马丁《民主国家的承诺:立法部门与国际合作》,刘宏松译,上海人民出版社2010年版。

③ 参见 [美] 罗伯特·基欧汉、海伦·米尔纳《国际化与国内政治》,姜鹏、董素华译,北京大学出版社2003年版。

④ David A. Lake, *The International Spread of Ethnic Conflict: Fear, Diffusion, and Escalation*, Princeton University Press, 1998, pp. 11-24.

⑤ Doyle, M. W., *Ways of War and Peace: Realism, Liberalism, and Socialism*, New York: Norton, 1997, pp. 111-136.

⑥ [美] 汉斯·摩根索:《国家间政治》,徐昕等译,北京大学出版社2006年版,第4—15页。

⑦ Sharman, J. C., "International Hierarchies and Contemporary Imperial Governance: A Tale of Three Kingdoms", *European Journal of International Relations*, Vol. 19, No. 2, 2013, pp. 189-207.

直秩序和国际水平结构的混合体。① 罗伯特·基欧汉和约瑟夫·奈也认为国际社会中存在一种相互依赖的状态，国家主权也并不是绝对不可让渡的。② 比米尔勒和相互依赖主义者走得更远的是戴维·莱克，其认为国际社会中同样存在与国内秩序相同的等级制。③ 当然还有亚历山大·温特引入观念变量，认为国际社会是一种建构的状态。④ 与他们对于无政府状态假设的继承和发展相同。对于国际社会权力的转移与族群冲突，本书也认为国际社会存在一种等级制，在族群、国家和国际势力的多重博弈中，国际权力可透过主权国家控制族群，同样族群也可越过主权国家，吸引国际权力的注意。通过这样一种研究，本书试图论证国际社会的无政府状态并不是绝对的、静止的，而是一种相对的、运动的状态。

第四，架构国际关系研究中理性主义与建构主义的桥梁。自20世纪90年代以来，国际关系研究中研究范式的争论开始转变为理性主义与建构主义的争论。现实主义和制度主义虽然存在权力与机制、绝对利益与相对利益的争论，但从根本上他们都属于理性主义的范畴。随着建构主义在20世纪90年代的崛起，国际关系研究增加了观念、欲望和荣誉等研究变量，国际关系研究范式的争论焦点也变为建构主义与理性主义。然而两者并非无法通融，在某种意义上，建构主义与理性主义的争论与比较政治学中的理性主义与文化主义的争论有异曲同工之处。在比较政治学中这两种范式是可以通约的，对此阿兰·朱克曼认为比较政治是一种复杂的现象，一种范式显然很难解释得清，正如马克·利希巴赫所指"理性主义思考被唯物主义所终结，文化主义被唯心主义所终结，而结构主义被决定

---

① Milner, H. V., *Interests, Institutions, and Information: Domestic Politics and International Relations*, Princeton, N. J.: Princeton University Press, 1997.

② [美]罗伯特·基欧汉、约瑟夫·奈：《权力与相互依赖》，门洪华译，北京大学出版社2002年版，第31—36页。

③ [美]戴维·莱克：《国际关系中的等机制》，高婉妮译，上海人民出版社2013年版，第10—15页。

④ Wendt, A., "Anarchy Is What States Make of It: The Social Construction of Power Politics", *International Organization*, Vol. 46, No. 2, 1992, p. 391.

主义所终结"。① 同理，国际关系亦如此，作为一种复杂的政治行为，需要建构主义与理性主义的联合。

这种联合从族群冲突这一国际社会目前最难以治理的冲突来看是可以的，族群冲突有理性的计算，如伊斯曼所宣称的工具主义便是如此，以族性为工具来获取族群利益。② 同时族群冲突也有文化、宗教、认同、价值、荣誉的成分。论及理性，人们常常与权力、利益结合在一起，是一种具体的、实实在在的东西，论及文化好像只是一种情绪的表达。因此我们要跳出西方"经济人"假设的简单理性，应将理性理解为权衡利益最终抉择的过程和结果，不应将荣誉、激情、价值、观念等的追求抛弃在理性之外。笔者将这种扩大的理性概念称为"文化理性"，即理性的选择虽受观念、认同等建构主义者宣称的因素的影响，但归根结底它也是理性选择的过程，因此文化可为自变量或干预变量，不过因变量一直是理性的。

第五，对于修昔底德陷阱理论的修正。国际权力转移引发大国战争，在现实主义的眼中，这好像是一种难以跨越的鸿沟。③然而在冷战期间并没有发生过大国间的战争，这背后的原因虽然与核恐怖平衡、经济的相互依赖有关，但也不排除与大国间以第三方国家的族群冲突为较量场所有关，即大国为了争夺国际利益，以族群为其代理人进行利益争夺，如当下欧盟与俄罗斯在乌克兰的争斗、美国和俄罗斯在叙利亚的较量等。换句话说，大国间的战争正以小规模的族群冲突为主要暴力形式而得到释放，因此大的战争便得以避免。正如在地震多发地带，如果有不间断的

---

① 参见 Mark I. Lichbach, Alan S. Zuckerman, *Comparative Politics: Rationality, Culture, and Structure*, Cambridge: Cambridge University Press, 1997。

② Milton J. Esman, *Ethnic Politics*, Ithca and London: Cornell University Press, 1994, pp.10-111.

③ A. F. K. Organski, *World Politics*, New York: Knopf, 1958; Jacek Kugler and Douglas Lemke, eds., *Parity and War: Evaluations and Extensions of The War Ledger*, Ann Arbor: University of Michigan Press, 1996; A. F. K. Rganski and Jacek Kugler, *The War Ledger*, Chicago: University of Chicago Press, 1980.

小地震,那么大的地震发生的概率便会降低。

第六,族群冲突的国际关系解释丰富族群冲突的理论研究。以前对于族群冲突的研究多聚焦民族学、社会学,如民族主义的解释、文明的冲突、精英理论、民族国家建构理论等,而以国际关系视角来研究族群冲突鲜有,用国际社会权力转移视角几乎没有。可见,从国际关系来分析族群冲突,即是对当下族群冲突盛行的现实关怀,也是对国际关系一些基本假设的修正和对一些理论的发展,具有较强的现实和理论意义。

2 国内外研究综述

族群冲突是指两个或两个以上的族群为了获取政治、经济、社会、文化上的利益,而有意发生的行为。① 其如幽灵般萦绕于国际和各国国内社会的发展,它为何发生、如何祛除等问题成为社会科学界关注的焦点,形成了诸多研究成果。当前国内外关于族群冲突的研究主要集中于以下几方面。

首先,中外研究文献略有不同。中国关于族群冲突的研究多集中于民族学、社会学。这与我国学科发展有关,早期的吴文藻、潘光旦、费孝通、林耀华等先生对于族群的研究多聚焦于族群是什么,多以西方社会学理论来研究中国民族是什么、从哪里来的问题,即中国人写中国故事,研究多为向内求索。②

---

① Michael E. Brown, *Ethnic Conflict and International Security*, Princeton: Princeton University Press, 1993, p. 5.
② 参见阿拉坦《论民族问题》,中央民族学院出版社1989年版;李廷贵、范荣春《民族问题学说史略》,贵州民族出版社1990年版;牙含章《民族问题与宗教问题》,中国社会科学出版社1984年版;林耀华《民族学通论》,中央民族大学出版社1997年版;秋浦《民族学在中国》,中国经济出版社1993年版;宋蜀华《民族学与现代化》,中央民族大学出版社1994年版;王庆仁等主编《吴文藻纪念文集》,中央民族大学出版社1997年版;费孝通《费孝通民族研究文集》,民族出版社1988年版;潘光旦《民族特性与民族卫生》,北京大学出版社2010年版。

后来到 1979 年，邓小平在党的理论工作务虚会上指出"政治学、法学、社会学以及世界政治的研究，我们过去多年忽视了，现在需要赶快补课"①后，关于族群的研究开始由内向外扩展，形成了一系列关于国外族群冲突的研究。中国社会科学院民族学与人类学研究所主办的《世界民族》杂志刊发诸如欧洲移民、加拿大多元文化主义、美洲印第安土著人、中东宗教矛盾、非洲族群冲突、印度种姓制度等一系列文章。②同时也产生了众多专著，如《世界上的民族与民族问题》《外国民族问题与民族政策》《穆斯林民族的觉醒：近代伊斯兰运动》《世界民族学史》《土耳其民族国家建设和库尔德问题的演进》等。③

　　当然这种转变仍然是以"西学为用"为初心的，有的借以批判他者来为我国族群研究建构模式，有的借他者之优势为我国族群研究拓展思路、丰富学科体系。而政治学介入族群研究则始于 20 世纪 90 年代周星的《民族政治学》一书。④之后逐渐形成了中国社会科学院民族学与人类学研究所、中央民族大学、云南大学等研究重镇。他们以政治学的理论和方法解释着中国的民族问题，同时也介绍了诸如北美、拉美、欧洲、东南亚及非洲一些国家的族群政治，给族群研究带来了一种新的视角。⑤

---

　　① 《邓小平文选》（第 2 卷），人民出版社 1994 年版，第 180—181 页。
　　② http：//kns.cnki.net/kns/brief/result.aspx? dbprefix=scdb&action=scdbsearch&db_ opt=SCDB。
　　③ 刘正荣：《世界上的民族与民族问题》，中共中央党校出版社 1992 年版；中国社会科学院民族研究所世界民族研究室：《外国民族问题与民族政策》，时事出版社 1988 年版；吴云贵：《穆斯林民族的觉醒：近代伊斯兰运动》，中国社会科学出版社 1994 年版；贾东海：《世界民族学史》，宁夏人民出版社 1995 年版；李秉忠：《土耳其民族国家建设和库尔德问题的演进》，社会科学文献出版社 2017 年版。
　　④ 青觉：《回顾与展望：中国民族政治学研究述评》，《中央民族大学学报》2016 年第 1 期，第 7 页。
　　⑤ 严庆：《当代中国民族政治学发展述评》，《民族研究》2015 年第 5 期，第 111—112 页。

导　论

　　进入 21 世纪以来，国际关系领域也开始重视族群的研究，一方面是围绕中国古代特别是战国时期各个列国之间的征伐、中原王朝及周边民族的关系研究，① 另一方面是围绕着族性安全与国际安全、地区安全关系的研究。② 在西方对于族群的研究也是以社会学、民族学为主要阵地的，但对于族群冲突的研究多集中于政治学领域。如族群政治在哈佛大学肯尼迪政府管理学院、杜克大学、麻省理工学院、加州大学伯克利分校、马里兰大学等学府都有较为完整的学术团队，对于少数族群权利保护、族群与民主稳定、族群与民族国家建构、族群政党政治、族群与国际关系等均有涉猎，且形成了一系列的数据库。

　　比较来看，国内关于族群冲突的研究，理论上多为引用西方，原创性理论较少，研究方法多为思辨性研究，定性研究多、定量研究少。国外研究秉持法国大革命以来的自由主义与民族主义的传统，形成了一套较为自洽的理论体系，在行为主义革命之后开始运用定量研究方法，在众多数据和模型中测试族群变量与政治稳定间的关系，同时在研究第三世界国家的族群冲突中也注重运用案例分析、比较分析等定性研究方法。国内外研究在理论、方法和研究范围上有所不同，但在族群冲突的原因、过程及治理中也有一些相同之处。因此以族群冲突研究的主体来阐述当前国内外研究的现状也便更为恰当。

---

　　① 参见阎学通《世界权力的转移：政治领导与战略竞争》，北京大学出版社 2015 年版，第 103—224 页；赵汀阳《天下的当代性：世界秩序的实践与想象》，中信出版社 2016 年版，第 135—205 页；叶自成、龙泉霖《华夏主义——华夏体系 500 年的大智慧》，人民出版社 2013 年版。

　　② 参见熊易寒、唐世平《石油的族群地理分布与族群冲突升级》，《世界经济与政治》2015 年第 10 期，第 83—103 页；王剑峰《族群冲突国际化与国际政治》，《国际政治研究》2004 年第 3 期，第 89—101 页；王军、李聪《论欧盟干预组织外民族冲突》，《民族研究》2013 年第 4 期，第 1—12 页；朱倍德《民族冲突对中亚政局稳定的影响》，《社会科学论坛》2013 年第 8 期，第 237—241 页；白云真《欧盟对非洲民族冲突干预的特点及对中国的启示》，《教学与研究》2013 年第 3 期，第 73—79 页；等等。

关于族群冲突的解释充斥于各个学科，如政治学强调安全困境、资源竞争和精英理论，社会学中注重认同理论、劳动力市场分割理论以及建构主义等的解释，民族学强调民族认同、宗教、文化、民族主义和原生主义的分析路径，历史学中强调路径依赖、集体记忆等的重要性，当然还有生物社会学、环境人类学等学科的一些解释。按照研究范式来讲有民族主义、文化主义、理性主义、制度主义、多元主义等。① 为了化繁为简，本书从冲突的主体视角出发，同时借鉴国际关系中的分层理论,② 将其分为个人、族群、国家、国际四个层面的研究。

2.1 个人层面的族群冲突

事物总是内因外因结合的产物，冲突也不例外，受外部环境、社会结构以及个人心理的影响。③ 族群冲突虽是群体行为，但也要从基本单元——族群成员为起点。那么作为单元的个体为何，如何才能够形成族群冲突的集体行动，这与他们个体心理、个体遗传因素和民族精英有关。围绕这些因素，学界形成了生物政治说、心理动机说和精英理论等理论。随着生物政治（Biopolitics）的兴起,④ 基因在政治行为中的作用研究异军突起。在这一形势下，关于族群冲突的生物政治解释也应运而生，该理论认为族群冲突受人的遗传基因影响。如有学者认为由基因决定的族群

---

① 王伟：《分析折中主义：构建中国民族政治学理论的新视角——基于西方民族政治学理论范式的探析》，《中央民族大学学报》（哲学社会科学版）2016年第3期，第44—53页。

② 参见 Robert A. Isaak, "The Individual in International Politics: Solving the Level-of-Analysis Problem", *Polity*, Vol. 7, No. 2, 1974, pp. 264-276。

③ ［美］詹姆斯·多尔蒂、小罗伯特·普法尔茨格拉夫：《争论中的国际关系理论》，阎学通、陈寒溪等译，世界知识出版社2002年版，第247页。

④ Erik P. Buey, "Introduction: Biopolitics and the Road Ahead", *Politics and the Life Sciences*, Vol. 28, No. 2, September 2009, p. 94; David Goetze, "Identity challenges: Facing the Association for Politics and the Life Sciences", *Politics and the Life Sciences*, Vol. 30, No. 1, Spring 2011, pp. 77-79.

裙带关系（Ethnic Nepotism）会影响族群冲突的进化根源。① 生物政治理论强调人的内在原因，有一种宿命论的感觉。

这一点却不被社会心理认同理论研究所认同，心理认同理论研究者们认为族群冲突与其心理和社会环境有关。② 这种心理是多层次的：一是个体心理的排外性，即精英民族主义的排外性，如安德烈亚斯·威默认为族群冲突有族群历史、语言等原生因素的影响，但更多的是与族裔民族主义的排外色彩有关。③ 这与帕森斯学派有异曲同工之处，他们认为正是这种冲突有助于确立群体间的分界线、加强群体意识和自我认同感；④ 二是个体关于荣誉的分配也会引发族群冲突。族群冲突在很多时候是一种利益计算的理性行为，但有时荣誉等主观因素也会引发族群的冲突。如生活在南方的美国人在遇到种族歧视或侮辱时，多会采取暴力的方式予以回击，这与他们在历史上关于荣誉的认同有很大关联；⑤ 三是族群敌对、仇视和冲突的心理往往会受到关于历史上族群冲突的集体记忆的影响。⑥ 这种仇视的心理，容易造成族群间的害怕和不确定，即你不确定敌对的族群是否会再次攻击你，你也不确定他们会在何时、以何种方式攻击你，这也就容易陷入族群的

---

① Tatu Vanhannen, *Ethnic Conflicts: Their Biological Roots in Ethnic Nepotism*, London: Ulster Institute for Social Research, 2012, p. 215.

② Nancy Meyer-Emerick, "Biopolitics, Dominance, and Critical Theory", *Administrative Theory & Praxis*, Vol. 26, No. 1, Mar. 2004, pp. 1–15.

③ Andreas Wimmer, *Nationalist Exclusion and Ethnic Conflict: Shadows of Modernity*, Cambridge: Cambridge University Press, 2002.

④ 参见 Lewis Coser, *The Functions of Social Conflict*, Illinois: The Free Press, 1965; M. Jane Stroup, "Problems of Research on Social Conflict in the Area of International Relations", *The Journal of Conflict Resolution*, Vol. 9, No. 3, Sep. 1965, pp. 413–417。

⑤ Soeters, J. L., *Ethnic Conflict and Terrorism: The Origins and Dynamics of Civil Wars*, London: Routledge, 2005.

⑥ Renat Shaykhutdinov, Belinda Bragg, "Do Grievances Matter in Ethnic Conflict? An Experimental Approach", *Analyses of Social Issues and Public Policy*, Vol. 11, No. 1, 2011, pp. 141–153.

安全困境。① 维耶万·卡图纳里奇将克罗地亚按照历史上是否发生过族群冲突分为不同区域,通过比较发现,路径依赖在族群关系中影响深远,即历史发生过冲突的地区会更有可能采取冲突的方式来解决族群矛盾。②

族群接触理论与心理认同理论不同,注重现实活动对族群关系的影响,认为族群交往、接触可增强理解、消除误解,从而利于建立良好的族群关系。③ 如凯塔琳娜·施密德等通过访问欧洲8个国家的7042人发现,族群接触不仅有利于接触族群关系的改善,而且有利于增进对其他非接触族群的了解,并进而改进族群关系。④ 但族群接触像一把双刃剑,由于语言和文化的差异,在族群接触的过程中也会产生误解、矛盾,反而会增加族群冲突的概率的例子也有。⑤ 这种打破语言障碍的交流并不总是像奥斯丁和约翰·赛尔经验语用学描述的那样可产生共识,随着人们被强迫共用一种语言,族群冲突也便从而产生。⑥

族群冲突是一种集体行动,而据集体行动理论家奥尔森所言,当集体中的每个人都追求利益最大化时,集体行动是难以实

---

① Barry R. Posen, "The Security Dilemma and Ethnic Conflict", *Survival*, Vol. 35, No. 1, 1993, pp. 27-47; Paul Roe, "The Intrastate Security Dilemma: Ethnic Conflict as a Tragedy", *Journal of Peace Research*, Vol. 36, No. 2, 1999, pp. 183-202; Shiping Tang, "The Security Dilemma and Ethnic Conflict: Toward a Dynamic and Integrative Theory of Ethnic Conflict", *Review of International Studies*, Vol. 37, No. , 2011, pp. 511-536.

② 参见 Vjevan Katunaric, "Avoidable War: Peace and Violent Conflict in Multi-ethnic Areas in Croatia", *Revija Sociologiju*, Vol. 40, No. 1, 2010, pp. 5-29。

③ Bramfield, T., *Minority Problems in the Public Schools*, New York: Harper & Brothers, 1946, p. 245; Varshney, Ashutosh, *Ethnic Conflict and Civil Life: Hindus and Muslims in India*, New Haven, CT: Yale University Press, 2002.

④ Kathearina Schmid, Miles Hewstone, Beate Kupper, Andreas Zick, and Ulrich Wagner, "Secondary Transfer Effects of Intergroup Contact: A Cross-National Comparison in Europe", *Social Psychology Quarterly*, Vol. 75, No. 1, pp. 28-51.

⑤ H. D. Forbes, *Ethnic Conflict: Commerce, Culture and the Contact Hypothesis*, New Haven: Yale University Press, 1997, pp. 155-56, 172.

⑥ Gellner, E., *Thought and Change*, London: Weidenfeld and Nicolson, 1964.

现的，就如公共牧地的悲剧一样。只有当个人意识到集体行动有利于实现他们自身无法实现的目标时，集体行动才成为可能。这一过程的转变需要一个制度或领导者来实现。① 族群精英正是族群冲突行动的领导者，可实现这一转变。大体上可将族群精英分为族群政治精英和文化精英。一是历史上族群政治精英为了实现民族的独立而斗争，主要体现在20世纪60年代的民族主义运动当中，如印度的甘地、埃及的纳赛尔和古巴的卡斯特罗等；二是活跃于当今政治舞台上的族群政治精英。他们又分为两类，一类是为了争取族群的自由、平等和民主等权利，设身处地地为本族群利益而奋斗的政治精英；另一类是为了获取自身政治权益而打族群牌的人，如南斯拉夫的族群冲突很大程度上是族群政治精英为获取国家权力而进行族群动员的结果。② 崛起的中产阶级为了获取政治权益，以族群为纽带进行斗争致使尼泊尔族群冲突爆发。③ 族群文化精英是指族群知识分子精英和宗教精英，他们为了保护本族群的文化传统和语言文字，而动员族群民众争取语言、文字使用的权利和信仰的自由。④ 此外，族群精英可被用作族群动员的精神和符号工具，如奥博费米·沃洛沃这位尼日利亚约鲁巴人的领袖常会被用作族群动员的精神象征。⑤

---

① Mancur Olson, *The Logic of Collective Action: Public Goods and the Theory of Groups*, Cambridge: Harvard University Press, Revised edition, 1971.

② Natasa Besirevic, "Ethnic Conflict in the Former Yugoslavia as a Consequence of National-State Building", *Treatises And Documents Journal of Ethnic Studies*, No. 61, April 2010, pp. 42-61.

③ Ishwari Bhattarai, "Ethnic Entrepreneurs and Political Mobilization: Exploring a Case of Thara-Pahadi Conflict", *Dhaulagiri Journal of Sociology and Anthropology*, Vol. 9, No. 9, 2015, pp. 191-208.

④ 参见 Abner Cohen, *The Politics of Elite Culture: Explorations in the Dramaturgy of Power in a Modern African Society*, Berkeley and Los Angeles: University of California Press, 1981。

⑤ Wale Adebanwi, *Yoruba Elites and Ethnic Politics in Nigeria: Obafemi Awolowo and Corporate Agency*, New York: Cambridge University Press, 2014, pp. 1-33.

2.2 族群层次的族群冲突

自资产阶级革命以来，民族主义以其强劲的生命力影响着人类社会的发展。一方面为民族国家独立、建设提供合法性来源。另一方面为族群竞争、族群动员乃至族群分离提供了精神动力。

首先，民族主义与族群冲突。民族主义的概念虽有多种，① 不过总的来讲其或是一种观念形态，或是一种社会运动。② 根据族群冲突中民族主义所起的作用和表现来看，可将其分为原生主义、工具主义以及建构主义三种。对文化差异和历史仇恨的研究是原生主义关注的重点，③ 他们认为血缘、裙带关系等客观因素决定着族群的情感认同，因此往往带有情绪化、非理性和极强的排外色彩，而其他族群也往往被认为不诚实的、敌对的，甚至仇恨的，这样原生主义的民族主义便容易引发族群冲突，这与霍布斯下的丛林法则有异曲同工之处，即族群之间是一种相互敌对的状态。工具主义则不同，他们认为族群的情感和认同是一种理性

---

① 厄内斯特·盖尔纳认为民族主义是一种关于政治合法性的概念，主张理想的一族一国；布罗伊利认为民族主义是一种对掌握国家权力的正当性寻求和运动；休·塞顿-沃森认为民族主义发展民族利益的运动；哈维丁·凯认为民族主义是国家政权在近代初期西欧地区自上而下创造出来的，以有利于统治的产品；安德森认为民族主义是一种居住在统一自然领土上的居民在共同命运和未来指引下的深层的通道情感，是一种对共同未来的一致向往；黑格尔强调民族与国家的同一性，主张民族主义是一种民族伦理精神体现；泰戈尔认为民族主义的根源和核心是西方的冲突和政府精神；马克思和列宁等马克思主义者认为民族主义只是一种狭隘的民族意识，是一种对自己民族的偏爱。参见 John, Breuilly, *Nationalism and the State*, Manchester: Manchester University Press, 1993, p.2.

② 徐迅:《民族主义》，中国社会科学出版社 1998 年版，第 74—104 页；徐大同:《当代西方政治思潮：70 年代以来》，天津人民出版社 2000 年版，第 186 页；王伟:《分析折中主义：构建中国民族政治学理论的新视角——基于西方民族政治理论范式的探析》，《中央民族大学学报》2016 年第 3 期，第 45 页。

③ Walker Connor, *Ethnonationalism: the Quest for Understanding*, Princeton: Princeton University Press, 1994; Anthony Smith, *Nations and Nationalism in a Global Era*, Cambridge: Polity Press, 1995; Donald L. Horowitz, *The Deadly Ethnic Riot*, Berkeley: University of California Press, 2001.

的,① 多由政治精英塑造的,② 因为族群情感和认同经常被族群精英用作夺取政治权力、打击其他族群的工具。③

与工具主义不同,族群被建构主义认为是一个想象的共同体,它的情感和认同是被主观建构的,这种在现代化过程中被建构出来的认同往往相互冲突,也正是它们间的冲突为族群冲突提供了心理基础。④ 如关凯强调民族主义是历史书写者所锁定的主体民族叙事,这种叙事并非历史本身,而是一种通过历史观念呈现出的民族主义,这样便形成了不同民族对于历史的不同叙事,从而历史演化为民族主义观念的斗争场所,进而破坏民族团结,引发族群冲突。⑤ 此外民族主义在一定状态下已走向极端,如历史上的纳粹主义与当下的民族分离主义,后者成为民族自决和民族公投的神器,在破坏民族团结和带来族群冲突的同时,撕裂着国家统一。⑥

---

① Robert H. Bates, "Ethnic Competition and Modernization in Contemporary Africa", *Comparative Political Studies*, Vol. 6, No. 4, 1974, pp. 457–484.

② Barry R. Posen, "The Security Dilemma and Ethnic Conflict", In M. Brown (ed.), *Ethnic Conflict and Internal Security*, Princeton: Princeton University Press, 1993, pp. 27–47.

③ Tom Kramer, "Ethnic Conflict and Lands Rights in Myanmar", *Social Research*, Vol. 82, No. 2, 2015, pp. 355–37; Ohn McGarry, "Demographic Engineering: the State-directed Movement of Ethnic Group as a Technique of Conflict Regulation", *Ethnic and Racial Studies*, Vol. 21, No. 4, 1998, pp. 613–638.

④ Kanchan Chandra, *Constructivist Theories of Ethnic Politics*, New York: Oxford University Press, 2012.

⑤ 关凯:《历史书写中的民族主义与国家建构》,《新疆师范大学学报》2016年第2期,第57页。

⑥ Alan M. Hurst, "The Very Old New Separationism", *Brigham Young University Law Review*, Vol. 2015, No. 1, 2016, pp. 1–61; Chen Yifan, "Analysis on National Separationism through the Fog of History——Exploration and Initiative of Study on Ethnic Issues of Southeast Asia in the Process of Globalization, Multinational Coexist and Ethnic Separatist Movement", *Southeast Asia*, Issue 4, 2011, pp. 82–84, 92; Richards, Julian, *Extremism, Radicalization and Security: An Identity Theory Approach*, Cham, Switzerland: Palgrave Macmillan, 2017; 李捷:《极端主义组织与认同政治的建构》,《世界经济与政治》2017年第4期,第83—105页。

其次,族群动员与族群冲突。族群动员是指以"肤色、语言、文化"等族群身份特征为纽带,为了实现族群集体目标,而组织起来的过程。① 它更多的指政治层面的动员,即族群为了某一政治目标的动员过程。族群动员作为解释族群冲突缘起的一种理论,② 主要有理性主义、结构主义、文化主义和过程主义四种解释。理性主义认为族群冲突是因为现代化造成社会经济发展在各族群间的不平衡,使各族群为了追寻更多的利益而以族群为界线进行动员,在一个族群中拥有财富的人出钱,相对贫困的人出力,两者一拍即合,族群冲突遂即爆发。③ 文化主义认为族群冲突是基于族群认同和族群意识源泉的文化冲突,即不同的族群文化在现代化同一过程中同化与求异之间的冲突。正如沃克康纳、内森·格拉泽和莫伊尼汉、唐纳德·霍洛维茨等所讲"族群冲突的基础虽可来自对社会经济因素的不满,但只有此还不够,它们只有与那些基于族群文化认同的不满相结合,才会产生族裔民族主义和分离主义的情绪"。④

结构主义认为理性主义提出了"天下熙熙皆为利来,天下攘攘皆为利往"的视角,文化主义注意到了族群动员的内心根源,但却忽视了族群结构的变量,因为结构不仅是族群动员的背景,也是影响族群动员的主要变量。族群结构的变化才是族群冲突变化的主要原因,如在现代化、全球化过程中某一族群的强大,改

---

① Susan Olzak, "Contemporary Ethnic Mobilization", *Annual Review of Sociology*, Vol. 9, 1983, pp. 355–374.

② 王剑锋:《整合与分化:西方族群动员理论研究述评》,《民族研究》2013年第4期,第112页。

③ Milton J. Esman, *Ethnic Politics*, Ithaca and London: Cornell University Press, 1994, pp. 29–45.

④ 参见 Walker Connor, "Nation-building or Nation-destroying?", *World Politics*, Vol. 24, No. 3, 1972, pp. 319–355; Walker Connor, "The Politics of Ethnonationalism", *Journal of International Affairs*, Vol. 27, No. 1, 1973; Glazer and Moynihan, *Ethnicity: Theory and Experience*, Cambridge: Harvard University Press, 1975; Donald L. Horowitz, *Ethnic Groups in Conflict*, California: University of California Press, 1985。

变了以往的族群结构，便成为族群冲突的根源。与以上三者不同，过程主义认为它们都是一种静态的分析，而族群动员与族群冲突间的关系是一种动态、发展的关系，是一种刺激—反应的模式。如罗杰·D. 彼得森在分析东欧各族群在反抗民族压迫时，强调对安全阈值计算的重要性，即民众在抵制或反抗时会不停地通过计算何种反抗行为是被惩罚的底线，以此来判断采取何种反抗行为，如果一开始粗暴的语言反抗便被惩罚，那么民众便会选择沉默，若没有惩罚，民众便会趋向更为激烈的行为。①

再次，族群竞争与族群冲突。受社会达尔文主义的影响，1969年巴斯在《族群与边界》一文中提出，每个族群都有其社会边界，并以族群符号来对稀缺的政治、经济、社会资源进行竞争，而冲突也正是因为这些资源在不同人群中的争夺而产生。族群竞争理论也便成为解释族群冲突的一种范式，② 具体表现为三个方面。

第一是移民。移民团体在人口、就业、技术、语言和文化等方面会给当地族群带来冲击，成为当地族群排斥的对象。里士满教授在《移民与族群冲突》（Immigration and Ethnic Conflict）一书中，通过比较分析英国、加拿大和澳大利亚的移民与族群冲突的关系，发现由国家社会经济结构转变引发的移民在适应、就业、族裔民族主义和社会歧视等因素的交织中，易走向族群冲突。③

第二是现代化。现代化带来的工业、现代技术和交通的发展，一方面造成了劳动力市场沿着族群界线分割，即一部分族群会因其受教育水平、文化、技术以及其他因素的影响，从事着市

---

① 参见［美］罗杰·D. 彼得森著《抵制与反抗：来自东欧的教训》，汪伟全译，中央编译出版社2014年版。
② David Cunningham, "Mobilizing Ethnic Competition", Theory and Society, Vol. 41, No. 5, September 2012, p. 507.
③ 参见 Anthony H. Richmond, Immigration and Ethnic Conflict, London: Palgrave Macmillan UK, 1988, pp. 1–25。

场中劳动力报酬较高的工作，而其他族群只从事报酬较低的工作。① 劳动力市场分割理论通过聚焦资源在族群间的竞争来阐述其对族群冲突的影响，如克里夫·布朗等通过对64个国家的数据分析发现，劳动力市场的分割确实加剧了族群在政治上的暴力。② 另一方面，现代化建构着族群的各种认同，这种相互冲突易导致族群冲突。如安东尼·穆根在研究比利时的族群冲突时，发现现代化造成布鲁塞尔、弗兰德斯、瓦隆尼亚等地区的发展不平衡，这些发展不平衡地区的族群在不同的社会经济环境下形成政治认同，最终酿成族群政治冲突。③ 最后现代化也会加剧族群间的移民，正如第一种状态中描述的这种移民也会加剧族群间的冲突。

第三是教育。教育范围的扩大，造成一个特殊群体——知识分子。这些兴起的族群阶层会打破以往的社会秩序。他们会利用书写的政治来宣称"保护本族群的文化""攻击主导族群文化同化""重新建构族群间的对抗文化"。如在赤道几内亚，由知识分子构成的赤道几内亚人民和公民反对联盟（the Coalition of Opposition of the People and Citizens of Equatorial Guinea，CEIBA）认为其国内执政的芳族人（the Fang）对安博族人（the Ambôs）、布比族（Bubis）、比西奥人（Bisios）、恩多维族（Ndowés）和费尔南多人（Fernandinos）等少数族群不公平，倡导国家采取多元主义组建政府，充分保障每一个族群的权利。这一联盟通过殖民时期国家历史的书写，来解构芳族人当政的合法性，指出这一殖民

---

① 参见 Susan Olzak, "A Competition Model of Ethnic Collective Action in American Cities, 1877–1889", in Susan Olzak and Joanne Nagel ed. , *Competitive Ethnic Relations*, New York: Academic Press, 1986, pp. 17–46。

② 参见 Cliff Brown, Terry Boswell, "Ethnic Conflict and Political Violence: A Cross-National Analysis", *Journal of Political and Military Sociology*, Vol. 25, No. 1, 1997, pp. 111–130。

③ Anthony Mughan, "Modernization and Ethnic Conflict in Belgium", *Political Studies*, Vol. 27, No. 1, 1979, p. 27.

时期族群分而治之的遗产不应再成为独立后政治的延续。①

2.3 国家层面的族群冲突

族群间的冲突和族群与国家间的冲突是族群冲突的两个主要内容。国家在族群间的冲突的角色是管控者和治理者，在后一种冲突中是统治者。因此，围绕着国家该充当何种角色，如何管控、治理等问题，民族国家建构理论、国家能力理论和制度主义等理论相继产生。

其一，民族国家建构理论。民族国家建构主要包括领土和边疆的形成、确立，政治组织和法律制度的确立，②以及国家认同的建构等，即领土、人口、主权，对暴力的合法垄断、政治制度和法律的建立以及国家认同的建构等。

民族国家建构理论主要包括建构内容和建构方式和类型两个方面。建构内容关注的对象是国家是否可在多民族的社会中，能够秉持中立立场，客观公正、公平、平等地对待每一个族群，否则国家便会沦为主体族群统治的工具。后者往往会诱发族群冲突。③ 民族国家建构方式和类型同样会影响族群关系。如果民族国家建构以族群界线为方向，便会增加族群冲突的风险。因为这样会将族群的界线制度化，以致族群间的分裂会强化，从而造成族群结构的极化，引发族群冲突。④

建构方式的专制化同样也会增加族群冲突的概率，如土耳其

---

① 参见 Ana Lúcia, S. Á., "African Intellectuals and Cultural Diversity: Discussions of the Ethnic Question in Equatorial Guinea", *Nordic Journal of African Studies*, Vol. 22, No. 1, 2013, pp. 105-128。

② 参见王建娥《国家建构和民族建构：内涵、特征及联系——以欧洲国家经验为例》，《西北师大学报》（社会科学版）2010 年第 2 期，第 22—29 页。

③ P. Sahadevan, "Ethnic Conflicts and Militarism in South Asia", *International Studies*, Vol. 39, No. 2, 2002, pp. 103-138.

④ Joah Esteban, Debraj Ray, "A Model of Ethnic Conflict", *Journal of the European Economic Association*, Vol. 9, No. 3, 2011, pp. 496-521.

的库尔德人运动与土耳其国家建构方式的专制化不无关系。① 建构的类型的不同也会影响族群关系，在 20 世纪八九十年代在学界唐纳德·霍洛维茨、② 罗伯特·格尔③以及阿伦德·利普哈特④等主张在第三世界的多民族国家中建立西方式的民主制度来化解和治理族群冲突，在现实中也确实有许多国家建立民主体制。然而从实践的结果来看并不理想，这种制度不但没有实现族群冲突的和解，反而加剧了族群间的冲突。西方式民主制内的自由主义与民族主义间的内在张力、权力各族群共享及相互否决的模式以及以族群为载体建立的政党制度等，致使族群分裂更加严重，族群冲突不断滋生。如冲突后的伊拉克、科索沃以及阿富汗等国家都选择了西方式的民主制度，然而正如西蒙森所述"无论是单一制的总统制、议会制，还是比例代表制或多数代表制都无法实现族群的去政治化，进而也就无法实现族群的和解"；⑤ 同样捷克、斯洛伐克、塞尔维亚和黑山共和国等国家实行了利普哈特推崇的协和式民主制也只是加剧了政治的游戏沿着族群的界线进行，不利于和谐族群关系的维护和建构。⑥

---

① Demet Yalcin Mousseau, "An Inquiry into the Linkage among Nationalizing Policies, Democratization, and Ethno-nationalist Conflict: the Kurdish Case in Turkey", *Nationalities Papers*, Vol. 40, No. 1, 2012, pp. 45-62.

② Donald L. Horowitz, "Democracy in Divided Societie", in Larry Diamond and Marc F. Plattner ed., *Nationalism, Ethnic Conflict, and Democracy*, Baltimore and London: The Johns Hopkins University Press, 1994, pp. 35-55.

③ Robert Gurr, "Why Minorities Rebel: A Global Analysis of Communal Mobilization and Conflict Since 1945", *International Political Science Review / Revue Internationale de Science Politique*, Vol. 14, No. 2, 1993, pp. 161-201.

④ Arend Lijphart, *Democracy in Divided Societies: Electoral Engineering for Conflict Management*, New Haven, London: Yale University Press, 1980.

⑤ Sven Gunnar Simonsen, "Addressing Ethnic Divisions in Post-Conflict Institution-Building: Lessons from Recent Cases", *Security Dialogue*, Vol. 36, No. 3, 2005, pp. 29-318.

⑥ Emanuela Macek-Mackova, "Challenges in Conflict Management in Multisethnic states - the Dissolution of Czechoslovakia and Serbia and Montenegro", *Nationalities Papers*, Vol. 39, No. 4, 2011, pp. 615-633.

其二，国家是否具备调停族群冲突的能力。关于国家能力的范畴，学者们观点不一。例如，阿尔蒙德等提出国家能力是政治系统的提取、规制、分配、符号和响应五种能力，① 国家贯彻和执行其目标的能力为斯考切波所推崇，② 国家有效规范社会关系、汲取和分配社会资源的能力是米格代尔的观点，③ 迈克尔·曼强调国家专制权力和基础权力两个部分的能力，④ 福山强调政策执行的效能与力量，⑤ 国家在社会嵌入中的能力是埃文斯所注重的，⑥ 等等。总的来说，国家能力主要包括政治共同体的运行能力、社会与国家关系下的嵌入式平衡能力、市场与国家关系下的促进经济增长的能力、国家处理和化解现代化进程中出现的各种危机的能力以及国际社会维度下的维护主权和领土完整、参与和制定国际规范和制度的能力以及维护海外同胞和利益的能力等。

国家能力是国家主义学派⑦所推崇的，那么其体现在族群关系中主要涉及国家有效促进经济发展和公平分配发展红利的能

---

① ［美］加布里埃尔·A. 阿尔蒙德、小 G. 宾厄姆·鲍威尔著：《比较政治学：体系、过程和政策》，曹沛霖译，上海译文出版社 1987 年版。

② Skocpol, Theda, *States and Social Revolutions: A Comparative Analysis of France, Russia, and China*, Cambridge: Cambridge University Press, 1979.

③ Joel S. Migdal, *Strong Societies and Weak States: State-Society Relations and State Capabilities in the Third World*, Princeton, N. J.: Princeton University Press, 1988.

④ 专制性权力指国家精英超越公民社会独断专行的权力，基础性权力指国家渗透到公民社会中，在其疆域内执行决定的能力，参见 Michael Mann, *States, War, and Capitalism: Studies in Political Sociology*, New York: Blackwell Pub, 1988。

⑤ ［美］弗朗西斯·福山著：《国家构建：21 世纪的国家治理与世界秩序》，黄胜强译，社会科学文献出版社 2008 年版。

⑥ Peter Evans, *Embedded Autonomy, States and Industrial Transformation*, Princeton: Princeton University Press, 1995.

⑦ Skocpol, Theda, *States and Social Revolutions: A Comparative Analysis of France, Russia, and China*, Cambridge: Cambridge University Press, 1979; Joel S. Migdal, *Strong Societies and Weak States: State-Society Relations and State Capabilities in the Third World*, Princeton, N. J.: Princeton University Press, 1988.

力,以及国家在社会中的平衡式嵌入能力。① 经济的快速发展和红利的公平、合理的分配确实有利于化解族群间的矛盾,建立和谐的族群关系。如毛里求斯、特立尼达和多巴哥等国通过快速发展经济以及在族群间均衡地分配发展红利的方式实现了族群关系的和解。② 马来西亚在20世纪60年代末的"5·13"族群冲突事件后,积极推行新经济政策,实现经济的快速发展,以发展来解决族群冲突取得显著成效。③ 族群冲突与社会碎片化相互交织,那么在这种碎片化的社会里面能否实现国家意志,也就成为其能力的体现。族群的多样性带来社会的多元化,在这种多元的社会中国家往往希望以族群平等、团结的政策来建构和谐的族群关系。然而由于各族群精英所主导的社会呈现出各自为政的碎片化形态,致使国家政策难以贯彻和执行,族群关系紧张。④

其三,从族群安全困境的逻辑出发,族群霸权是一个族群保持安全的最佳选择,即所谓的霸权稳定论。⑤ 族群霸权者认为自己族群的政治制度、宗教、语言和文化应成为国家官方的宗教、语言和文化,其他族群都应遵守或被同化。他们认为自身的统治是理所应当的,他们有权力同化其他族群,有权力奴役、杀害其

---

① Peter Evans, *Embedded Autonomy*, *States and Industrial Transformation*, Princeton: Princeton University Press, 1995.

② Dhananjayan Sriskandarjah, "Development, Inequality and Ethnic Accommodation: Clues from Malaysia, Mauritius and Trinidad and Tobago", *Oxford Development Studies*, Vol. 33, No. 1, 2005, pp. 63–79.

③ H. Osman-Rani, "Economic Development and Ethnic Integration: The Malaysian Experience", *Journal of Social Issue in Southeast Asia*, Vol. 4, No. 1, 1990, pp. 1-34.

④ Harris Mylonas, *The Politics of Nation-Building*: *Making Co-Nationals, Refugees, and Minorities*, Cambridge: Cambridge University Press, 2012, pp. 21-49.

⑤ 参见 Barry R. Posen, "The Security Dilemma and Ethnic Conflict", *Survival*, Vol. 35, No. 1, 1993, pp. 27–47; Paul Roe, "The Intrastate Security Dilemma: Ethnic Conflict as a Tragedy", *Journal of Peace Research*, Vol. 36, No. 2, 1999, pp. 183-202; Shiping Tang, "The Security Dilemma and Ethnic Conflict: Toward a Dynamic and Integrative Theory of Ethnic Conflict", *Review of International Studies*, Vol. 37, No. , 2011, pp. 511-536。

他族群。如土耳其的土耳其人对库尔德人的统治、卢旺达的胡图族对图西族的屠杀，以及美国历史上对黑人的奴役和对印第安人的屠杀，等等。哪里有奴役哪里便有反抗，处于统治地位的族群如果在历史中被杀戮过，往往会激起族群的反抗。因为有过被屠杀的历史，便会更加害怕被杀戮，会孤注一掷地奋起反抗。在其他国家被统治族群反抗成功的案例也会成为激发族群反抗的斗志，如20世纪60年代的黑人运动在一定程度上受到印度甘地非暴力不合作运动的影响。①

2.4 国际层面的族群冲突

第一，民族自决与去殖民化运动。民族主义自18世纪产生以来，便以追求民族与政治单元的相匹配为目标。这也成为法国大革命以后各个国家寻求建立统一的民族国家的正义性外衣，如德国在普鲁士带领性的统一、意大利的统一，以及美洲的民族运动，等等。第一次世界大战之后列宁提出了民族自决的概念，主张民族平等和独立，后来威尔逊总统也主张"一族一国"的构想，也深深地影响着东欧国家的民族独立。② 二战后随着去殖民化运动的开展，民族自决进一步成为反帝的有力武器，一系列的族群运动也应运而生，成为20世纪民族主义运动的第二次浪潮。③ 然而这些独立后的民族国家的族群运动也并没因此而终止，而是在殖民主义时期的"分而治之"和帝国主义的"世界体系"中此起彼伏。

第二，在殖民主义时期，欧洲列强在其殖民地采取"分而治之"的政策，往往造成在其殖民国中各个族群的敌对状态。去殖

---

① 参见 Aurelie Campanna, Jean-Francois Ratelle, "A Political Sociology Approach to the Diffusion of Conflict from Chechnya to Dagestan and Ingushetia", *Studies in Conflict & Terrorism*, Vol. 37, No. 2014, pp. 115-134。

② Waller Connor, "Self-determination: The New Phase", *World Politics*, Vol. 20, 1967, pp. 30-53。

③ Donald L. Horowitz, *Ethnic Groups in Conflict*, Berkeley, Los Angeles, London, University of California Press, 1985, p. 4.

民化之后，在国家中没有获得应有地位的族群便会反对殖民者支持的族群，以获得平等的地位。如欧洲殖民者"分而治之"的族群政策一定程度导致了刚果（金）、利比亚、尼日利亚和卢旺达的族群冲突。① 此外20世纪60年代独立的国家大多沿袭了其宗主国的体制，其工业、商业体系大多与前殖民国家的结构相符，在这种经济体下少数族群多会成为沃勒斯坦世界体系中的边缘群体，形成尼奥·多斯·桑托斯所谓的内部殖民主义。在当下拉美国家的印第安人多是如此，如在玻利维亚，国家的经济命脉被极小一部分的棕色人口（light-skinned）执掌，而艾马拉语和盖丘亚族印第安人（Aymara and Quechua Indians）却占据了贫困人口的65%之多。②

第三，在西方帝国主义的影响下形成的世界经济体系的"中心—次/半边缘—边缘"结构也影响着族群冲突，在这一结构中一些民族长期处于边缘状态，成为被压迫和剥削的族群阶层，族群动员和族群冲突得以开启。主导经济的少数民族成为族群冲突的阿喀琉斯之踵。③

第四，现代化在全球推行，造成一系列不利于族群稳定的因素。首先，对军火交易等影响族群冲突的国际管制。如在斯里兰卡族群冲突的后期，僧伽罗人（Sinhalese）与泰米尔人的斗争天平取决于谁可获得外部武器的支持。④ 其次，族群冲突作为一种

---

① 参见 Pade Badru, "Ethnic Conflict and State Formation in Post-Colonial Africa: A Comparative Study of Ethnic Genocide in the Congo, Liberia, Nigeria, and Rwanda-Burundi", *Journal of Third World Studies*, Vol. 27, No. 2, 2010, pp. 149-169。

② Amy Chua, *World on Fire, How Exporting Free Market Democracy Breeds Hatred and Global Instability*, New York: Anchor Books, A Division of Random House Inc., 2003, p. 49.

③ Amy Chua, *World on Fire, How Exporting Free Market Democracy Breeds Hatred and Global Instability*, New York: Anchor Books, A Division of Random House Inc., 2003, pp. 3-6.

④ John Silin, "Frederic Pearson, Arms and Escalation in Ethnic Conflicts: the Case of Sri Lanka", *International Studies Pespectives*, Vol. 7, No. 2, 2006, pp. 137-158.

社会行动，它的外溢效应会让其他族群学习、效仿。如车臣的族群冲突很大程度上是效仿达吉斯坦和印古什共和国。① 再次，全球化带来族群利益分配的不均和发展的不平衡造成族群冲突。如苏珊·奥扎克通过数据分析发现全球化加剧了族群冲突，因为经济的全球化易造成民族之间发展的不平衡，从而加剧族群冲突。② 复次，全球化带来跨国移民的增加，这些移民在削弱移入国的国家认同和文化认同③的同时，也分割着他们的资源，在劳动力市场分割理论的影响下，带来族群冲突。④ 最后，政治的全球化导致西方式民主在第三世界国家的虚假盛行，但多因水土不服而导致族群冲突频发。如捷克斯洛伐克共和国的解体，很大程度上是斯洛伐克族利用相互否决的机制，来不断强化本族群认同以及与捷克族群的分裂使然。⑤

第五，国际组织、区域组织与族群冲突。近些年来国际组织在经贸合作、安全治理中的作用日益突出，⑥ 其中也不乏对族群冲突的治理者。在治理族群冲突的过程中，它们多以人权观念为

---

① Aurelie Campa, Jean-Francois Ratelle, "A Political Sociology Approach to the Diffusion of Conflict from Chechnya to Dagestan and Ingushetia", *Studies in Conflict & Terrorism*, Vol. 37, No. 2, 2014, pp. 115–134.

② Susan Olzak, "Does Globalization Breed Ethnic Discontent", *Journal of Conflict Resolution*, Vol. 55, No. 1, 2011, pp. 3–32.

③ 参见[美]塞缪尔·亨廷顿著《我们是谁：美国国家特性面临的挑战》，程克雄译，新华出版社2005年版。

④ Cliff Brown, Terry Boswell, "Ethnic Conflict and Political Violence: A Cross-National Analysis", *Journal of Political and Military Society*, Vol. 25, No. 1, 1997, pp. 111–130.

⑤ Emanuela Macek-Mackova, Challenges in Conflict Management in Multi-ethnic States-the Dissolution of Czechoslovakia and Serbia and Montenegro, Nationalities Papers, Vol. 39, No. 4, 2011, pp. 615–633.

⑥ 参见 Sending, Ole Jacob and Iver B. Neumann, "Governance to Governmentality: Analyzing NGOs, States, and Power", *International Studies Quarterly*, Vol. 50, No. 3, 2006, pp. 651–672; Yeo, A., "Not in Anyone's Backyard: The Emergence and Identity of a Transnational Anti-Base Network", *International Studies Quarterly*, Vol. 53, No. 3, 2009, pp. 571–594。

基本原则，主张权力共享（power-sharing）的制度安排。然而这种模式并非济世良药，多因族群分裂的制度化、脆弱的权力平衡和制度设计与政治实践的背离等原因使族群冲突反复。如马切克认为捷克斯洛伐克、塞尔维亚和黑山共和国的协和式民主鼓动了政治沿着民族的界线前行，不利于族群冲突的和解。① 此外，区域组织也是族群冲突治理一个重要参与者，它们通常通过规范治理、② 舆论压力、③ 权力相互依赖下的经济政治等的制裁、④ 搭建平台促使和谈的协商治理⑤等机制实现对族群冲突的和解。然而在一些极端情况下也会采取提供资源支持一方结束民族冲突和武力干预等极端措施，而这却成为族群冲突扩大化的诱因。⑥

可见，目前学界虽不乏研究全球化视野下的族群冲突、⑦ 族群冲突的联合国及其他国际组织治理⑧以及族群冲突对国际社会

---

① 参见 Emanuela Macek‒Mackova, "Challenges in Conflict Management in Multis‒Ethnic States: the Dissolution of Czechoslovakia and Serbia and Montenegro", *Nationalities Papers*, Vol. 39, No. 4, 2011, pp. 615‒633。

② Amanda M. Murdie and David R. Davis, "Shaming and Blaming: Using Events Data to Assess the Impact of Human Rights INGOs", *International Studies Quarterly*, Vol. 56, No. 1, 2012, pp. 1‒16.

③ Margaret E. Keck and Kathryn Sikkink, *Activists Beyond Borders: Advocacy Networks in International Politics*, Ithaca and London: Cornell University Press, 1998, p. 16.

④ 参见 [美] 罗伯特·基欧汉、约瑟夫·奈著《权力与相互依赖》，门洪华译，北京大学出版社2002年版。

⑤ Thi Hai Yen Nguyen, "Beyond Good Offices? The Role of Regional Organizations in Conflict Resolution", *Journal of International Affairs*, Vol. 55, No. 2, 2002, pp. 463‒484.

⑥ Jacob D. Kathman, "Civil War Diffusion and Regional Motivations for Intervention", *The Journal of Conflict Resolution*, Vol. 55, No. 6, 2011, pp. 847‒876.

⑦ Susan Olzak, "Does Globalization Breed Ethnic Discontent", *Journal of Conflict Resolution*, Vol. 55, No. 1, 2011, pp. 3‒32.

⑧ Stephen Ryan, "Ethnic Conflict and the United Nations", *Ethnic and Racial Studies*, Vol. 13, No. 1, 1990, pp. 25‒48.

的影响①等方面的研究。目前在国际关系领域也有零星涉及族群冲突的研究。

2.5 国际关系理论中的族群冲突

在国际关系理论中的族群冲突处分析，有现实主义、制度主义、建构主义和其他方面的研究。

2.5.1 现实主义中的族群冲突

受修昔底德复杂现实主义（Complex Realism）、马基雅维利原教旨主义（Fundamentalism）、霍布斯结构主义（Structuralism）、卢梭立宪主义（Constitutionalism）的影响，②现实主义认为在无政府状态下，冲突是一种永恒的状态。古典现实主义认为占有欲是人类的本性，因而国家间的战争在所难免，③有一种人性不灭、战争不止的感觉。新现实主义与古典现实主义不同，它重视国际结构的影响，认为在无政府状态下，国家只能依靠自身发展来求得生存，以最大限度追求国家的相对利益，即自身所得要多于他者，因此便陷入一种依靠联盟、均势或增强军备来追求安全，④最终陷入安全困境，乃至战争泥潭。⑤现实主义对于国际制度的作用多漠然置之，认为国际制度至多是国际权力分配的客观表现，即使发挥作用也只是在经贸、文化、人文交流等方

---

① Rodolfo Stavenhagen, "Ethnic Conflicts and Impact on International Society", *International Social Science Journal*, Vol. 50, No. 157, 1998, pp. 433-445.

② Michael W. Doyle, *War and Peace: Realism, Liberalism, and Socialism*, New York: W. W. Norton & Company, 1997, pp. 49-161.

③ [美] 汉斯·摩根索：《国家间政治》，徐昕等译，北京大学出版社 2006 年版。

④ Stephen Walt, "Alliance Formation and the Balance of World Power", *International Security*, Vol. 9, No. 4, Spring 1985, pp. 1-43.

⑤ [美] 肯尼思·华尔兹：《国际政治理论》，信强译，上海人民出版社 2006 年版。

面发挥作用,对国家行为不能独自起作用。① 总之,在现实主义的眼里只有和平和战争这种高层次政治（High Politics）,经贸和国内政治难以入其法眼,并认为人或国家始终以自我利益为圭臬。

基于这种逻辑,族群冲突在现实主义呈现更多的是族群安全困境、族群地位和族群霸权几种说辞。首先,基于无政府状态与安全困境的逻辑,巴里·珀森认为大国的衰落会导致其辖区内族群冲突爆发,因为国家的衰落或化解会让各个族群处于一种无政府状态,届时各个族群为了自身安全便会陷入族群安全竞争的困境,南斯拉夫解体后的塞尔维亚族人和克罗地亚人间的冲突便是如此。② 其次,与安全困境强调敌对族群间的害怕不同,族群地位强调族群为寻求在国家和社会中的地位而展开的斗争。哪一个族群的历史会成为国家的历史,哪一个族群的语言、宗教和文化会成为国家的官方语言、宗教和文化,谁将执掌国家政权,谁将获得更多教育、就业机会,这些问题才是族群最为关注的。从族群安全困境和族群地位的逻辑出发,族群霸权是一个族群保持安全的最佳选择,即所谓的霸权稳定论。族群霸权者认为自己族群的政治制度、宗教、语言和文化应成为国家官方的宗教、语言和文化,其他族群都应遵守或被同化。他们认为自身的统治是理所应当的,并有权力同化其他族群,有权力奴役、杀害其他族群。③

2.5.2 制度主义与族群冲突

受洛克和边沁（Locke and Bentham）的权利、利益和制度学说（Rights, Interests, and Institutions）,史密斯和熊彼特（Smith

---

① John J. Mearsheimer, "The False Promise of International Institutions", *International Security*, Vol. 19, No. 3, Winter 1994, pp. 5-49.

② Barry R. Posen, "The Security Dilemma and Ethnic Conflict", *Survival*, Vol. 35, No. 1, Spring 1993, p. 37.

③ Daniel L. Byman, *Keeping the Peace: Lasting Solutions to Ethnic Conflict*, Baltimore and London: The Johns Hopkins University Press, 2002, pp. 14-43.

and Schumpeter) 的商业和平主义（Commercial Pacifism），以及康德（Kant）的国际主义（Internationalism）的影响，① 制度主义更加重视国际制度在维护和平中的作用。与现实主义不同，制度主义虽然也将国际社会的无政府状态当作其分析的起点，但制度主义却认为这种无政府状态并不是绝对的，国际社会也存在混合式的政府状态，② 国家之间存在相互依赖的状态。③ 从功能主义的角度出发，制度主义认为国际制度在提供信息、降低不确定性和交易成本方面作用突出，因此能够促进国际合作，④ 并认为国家间的合作关注更多的是绝对利益（每一方都所得），而不是相对利益（己方所得一定要多于他者）。⑤

基于这种考虑，制度主义在族群冲突中解析存在四种模式。

一是认为民主有利于族群冲突的解决，因此在 20 世纪 80 年代后，有 78 个国家选择了民主制来治理族群冲突，⑥ 一时间民主的"个人自由民主模式、共和式民主模式、协和式民主模式、多元文化民主模式以及民族民主模式"⑦ 粉墨登场，其中以利普哈特的协和式民主模式为最。⑧ 然而，过多地注重民主制度的理想

---

① Michael W. Doyle, *War and Peace: Realism, Liberalism, and Socialism*, New York: W. W. Norton & Company, 1997, pp. 213-251.
② Milner, H. V., *Interests, Institutions, and Information: Domestic Politics and International Relations*, Princeton, N. J.: Princeton University Press, 1997.
③ 参见［美］罗伯特·基欧汉、约瑟夫·奈著《权力与相互依赖》，门洪华译，北京大学出版社 2002 年版。
④ David Mitrany, "Functional Approach to World Organization", *International Affairs*, Vol. 24, No. 3, July 1948, pp. 350-60.
⑤ Lisa Martin and Robert Keohane, "The Promise of Institutionalist Theory", *International Security*, Vol. 20, No. 1, Summer 1995, pp. 39-51.
⑥ Donald L. Horowitz, "Ethnic Power Sharing: Three Big Problems", *Journal of Democracy*, Vol. 25, No. 2, 2014, p. 7.
⑦ Sammy Smooha, "Types of Democracy and Modes of Conflict Management in Ethnically Divided Societies", *Nations and Nationalism*, Vol. 8, No. 4, 2002, pp. 423-431.
⑧ 参见 Arend Lijphart, *Democracy in Divided Societies: Electoral Engineering for Conflict Management*, New Haven, London: Yale University Press, 1980。

状态，却忽视了民主转化、① 民主巩固和民主实践中的阻碍因素，② 致使族群冲突愈演愈烈。

二是国际组织在族群冲突中的作用，一方面是国际组织有可能诱发族群冲突，如欧盟；另一方面，国际组织对于族群冲突治理过程中的权力共享模式（Power Sharing）的输出，并不能给族群冲突的国家带来福音，如贝辛格以苏联解体后的后共产主义国家的民主化为例，探讨了民族化与族性的关系，作者认为两者的关系处在一个十字路口，不能单纯地依靠民族人口统计作为变量来分析两者的关系。而是要结合国家政策、民主化的途径和经济机会等变量因素。作者认为民主化在三个方面会引起民族冲突：旧政府精英为维护旧政权打民族牌；民主化的政府形成的新的政治体系打破了旧的利益体系，是一次大洗牌，利益与民族因素的交织易滋生民族冲突；民主的多数统治原则，容易忽视掉少数族裔的权利，易造成民族分离主义。当然贝辛格也认为族裔民族主义在一定条件下有利于民主化，苏联的各个加盟共和国便是如此。③

三是制度主义倡导合作，也鼓励在多民族国家中各个族群间的合作，更加强调少数族群权利的维护和参政议政的权利，这种方式是一把双刃剑，利的方面是确实有利于维护少数民族权利和政治参与，④ 弊的方面是刺激了一些族群的分离意识，⑤

---

① Renee de Nevers, "Democratization and Ethnic Conflict", Michael E. Brown ed., *Ethnic Conflict and International Security*, Princeton: Princeton University Press, 1993, pp. 68-71.

② Sven Gunnar Simonsen, "Addressing Ethnic Divisions in Post-Conflict Institution-Building: Lessons from Recent Cases", *Security Dialogue*, Vol. 36, No. 3, 2005, pp. 297-318.

③ Mark R. Beissinger, "A New Look at Ethnicity and Democratization", *Journal of Democracy*, Vol. 19, No. 3, July 2008, pp. 85-97.

④ Carole J. Uhlaner, Bruce E. Cain and D. Roderick Kiewiet, "Political Participation of Ethnic Minorities in the 1980s", *Political Behavior*, Vol. 11, No. 3, Sep. 1989, pp. 195-231; Dennis Chong and Reuel Rogers, "Racial Solidarity and Political Participation", *Political Behavior*, Vol. 27, No. 4, Dec. 2005, pp. 347-374.

⑤ Johanna Kristin Birnir, *Ethnicity and Electoral Politics*, Cambridge: Cambridge University Press, 2007, pp. 148-199.

如在加拿大魁北克省的族群运动中，法裔加拿大人从一开始被给予权力时的感恩戴德到现在的主张自治、独立的要求便是如此。

四是国际族群的一些加盟要求会客观上带来民族主义的兴起，如欧盟的哥本哈根标准中的对于成员拥有自身国歌、国旗、货币等的要求会加强族群认同，激发族裔民族主义的情绪。①

2.5.3 建构主义与族群冲突

建构主义作为一种新起的范式，它否定国际社会的无政府状态先验假设，认为无政府状态是一种建构的状态，每个国家对它的理解不同，受国家观念的影响。建构主义反对现实主义和制度主义对于国家是理性的行为体的预设，认为观念才是影响国家行为、态度、利益和动机的根本，并认为在现代国家体系中，国际结构与国家动机和目的是不相关的，而是取决于相互交往中的国家态度。对建构主义来讲，国际结构是一种社会结构，认为国家的偏好不是给定的，而是在国际社会化过程中形成的，通过这种方式也把国内政治带入了国际关系的分析。因此，对于现实主义关于族群因害怕而走入族群安全困境深渊的假设，建构主义并不认同，它质疑族群害怕产生的权力分析，而主张族群害怕产生的认同分析，认为因国家或族群建构的害怕、威胁才是族群冲突产生的根本。

2.5.4 文化主义与族群冲突

文化主义作为一种范式在比较政治学中应用较多，如它们强调文化在"文化作为一种观念/价值体系和研究范式，在构造政

---

① Neal G. Jesse, Kristin P. Williams, *Identity and Institutions: Conflict Reduction in Divided Societies*, New York: State University of New York Press, 2006, pp. 15-16.

治发生背景、① 联结个体和集体身份、② 界定群体边界和组织它们内部行动、③ 诠释他人行动和动机、④ 政治组织和政治动员⑤以及民主运转⑥"等方面发挥着重要作用。在国际关系的分析中则始于冷战后塞缪尔·亨廷顿对于世界文明的划分及它们之间冲突的预测,之后引起的一系列关于文明冲突的争论也可算入其中。如阿马蒂亚·森认为将文明做粗糙的归类会忽视文化身份的多元,造成身份的单一幻象。这种人为地将人类贬低为单一性身份,往往带来对立性的后果,让世界变得更加易于被煽动、蛊惑。⑦ 理查德·内德·勒博（Richard Ned Lebow）在总结了战争爆发的三个维度之后,其中文化的维度,即认为战争是激情、欲望、理性和恐惧相互作用的结果,当理性对欲望和激情失去控制的时候,恐惧便会产生,冲突也会随之而来。⑧ 文化是族群的最主要内容之一,因此文化主义在族群冲突研究中应用的较多,如前文所述的集体认同、宗教、文化民族主义等的解释均是。

---

① 参见 Charles Taylor, *Philosophical Papers: Volume 2, Philosophy and the Human Sciences*, Cambridge: Cambridge University Press, 1985。

② 参见 Anderson, Benedict, *Imagined Communities: Reflections on the Origin and Spread of Nationalism*, Landon and New York: Verso, Revised edition, 2016。

③ 参见 James C. Scott, *Weapons of the Weak: Everyday Forms of Peasant Resistance*, Yale University Press, 1987。

④ 参见 Stuart J. Kaufman, "Symbolic Politics or Rational Choice? Testing Theories of Extreme Ethnic Violence", *International Security*, Vol. 30, No. 4, 2006, pp. 45-86。

⑤ 参见 Gabriel Ben-Dor, "Political Culture Approach to Middle East Politics", *International Journal of Middle East Studies*, Vol. 8, No. 1, 1977, pp. 43-63。

⑥ 参见 Robert D. Putnam, Robert Leonardi, Raffaella Y. Nanetti, *Making Democracy Work: Civic Traditions in Modern Italy*, Princeton University Press, 1994。

⑦ [印] 阿马蒂亚·森著:《身份与暴力——命运的幻象》,李风华等译,中国人民大学出版社2009年版。

⑧ [美] 理查德·内德·勒博著:《国际关系的文化理论》,陈锴译,上海社会科学院出版社2015年版,第4—6页。

2.5.5 殖民主义与族群冲突

殖民主义由来已久，公元前 2000 年前后，地中海塞浦路斯岛上的殖民据点和殖民地便是腓尼基人所建，古希腊和古罗马也有过殖民的历史。后来，随着资本主义和航海技术的发展，西班牙、葡萄牙等老牌的殖民国家开始在欧洲大陆以外的非洲、美洲等地区建立殖民地，英国、法国紧随其后。据统计，1553—1680 年英国建立了 49 个殖民特许公司，1599—1789 年法国建立了至少 75 个殖民地。① 截至第二次世界大战前，广大的亚洲、非洲和拉美地区已沦为西方列强的殖民地或半殖民地。长期的殖民遭遇给殖民地或半殖民地地区国家的政治、经济、社会和文化带来了广泛影响。马克思指出，"当我们把自己的目光从资产阶级文明的故乡转向殖民地的时候，资产阶级文明的极端伪善和它的野蛮本性就赤裸裸地呈现在我们面前，因为它在故乡还装出一副很有体面的样子，而一到殖民地它就丝毫不加掩饰了"。"不列颠人给印度斯坦带来的灾难，与印度斯坦过去的一切灾难比较起来，毫无疑问在本质上属于另一种，在程度上不知要深重多少倍。"② 倾巢之下无完卵，这种被殖民的经历也对殖民地国家的族群关系产生了深远的影响，在殖民时期的奴隶贸易、民族剥削、压迫以及种族灭绝的悲剧不断。

殖民遭遇并没有随着殖民地国家取得独立而自行消失，而是在长期起作用，影响着这些国家的政局稳定、经济和社会的发展，并通过以下方式影响着这些国家内部的族群关系。

第一，对立族群认同的建构。共同的认同是多民族国家保持凝聚力、向心力的基础。殖民当局基于种族的优劣和"分而治之"的需要建构出了许多对立的族群认同。正如李峻石所说"族

---

① 高岱：《论殖民主义体系的形成与构成》，《北京大学学报》1999 年第 1 期。
② 《马克思恩格斯选集（第 2 卷）》，人民出版社 1972 年版，第 62—63 页。

性之所以出现经常是殖民统治的结果,部落这个概念是在殖民地时代才被确立的"。① 这种对立的族群认同既不利于国家认同的建构,也不利于族群和谐关系的建构。

殖民者任意、专横的国界划分,造成一个国家内包括众多族群,加之"分而治之"的政策,殖民地国家缺乏现代化国家认同的经历和实践。多个族群认同离散国家认同,在多民族国家中族群认同与国家认同是一种相生相克的辩证关系,相生是指各个族群能够基于国家领土的边界对主权国家形成一致的认同,在族群认同与国家认同出现张力时,个人将国家认同放在首位,相克则为相反的认同排序,而在广大的殖民地国家后者则为常态,即个人将族群认同凌驾于国家认同之上。诸如在广大的非洲,由于国家界线的人为划分,造成大量的跨界族群,对于跨界族群的争夺,往往成为国家间和族群间冲突的原因,如20世纪70年代埃塞俄比亚与索马里之间围绕着欧加登地区的冲突,以及近期发生在埃塞俄比亚的索马里人与奥罗莫人的冲突多是如此。②

对立族群认同的历史存在不利于国家认同的建构,由于在殖民历史时期一些族群便存在着族群冲突,以至于划为同一国家时,这种难以泯灭的历史仇恨成为削弱国家认同、引发族群冲突的重要因素。如盖贝·斯勒通过定量分析非洲历史上的族群冲突对非洲现在的影响,发现历史上族群冲突造成的族群间的不信任和强烈的族群认同一直影响至今,成为当前非洲族群冲突的主要原因。③

---

① [德]李峻石:《何故为敌:族群与宗教冲突论纲》,吴秀杰译,社会科学文献出版社2017年版,第13—14页。

② OPride, "At least four killed, 250 homes burned in renewed Somali Liyu Police attacks inside Oromia", https://www.opride.com/2018/05/27/at-least-four-killed-250-homes-burned-in-renewed-somali-liyu-police-attacks-inside-oromia/.

③ Timothy Besley, Marta Reynal-Querol, "The Legacy of Historical Conflict: Evidence from Africa", *American Political Science Review*, Vol. 108, No. 2, 2014, p. 319.

导　论

　　同样，对立的族群认同也不利于族群和谐关系的建构。如在卢旺达，占人口14%的图西族作为有牛的贵族阶层，在经济上和政治上操纵胡图族四个世纪。但在这一时期的多数时间里，胡图人和图西人的边界是可渗透的。这两族人讲同样的语言，出现了通婚现象，成功的胡图人会成为图西人。但这些在比利时人到来之后就不复存在了。比利时人在人种优劣论的基础上，以鼻子的长度和头盖骨的周长为依据颁发了种族识别卡，人为地制造出图西族和胡图族间的认同对立。这种鲜明的种族区分为后来胡图精英所利用，成为卢旺达族群冲突不断的重要因素。① 比如在拉美的"肤色统治"，即身材较矮、肤色较浅、印第安血统的大众居于社会另一端；两者之间是大量的过渡人群。这种肤色统治的根源便是殖民时代的种族划分。②

　　第二，劳动力市场的族群分割。殖民主义者为了便于统治，将一些经济、政治上的职位给予他们所扶持的族群。这种劳动力市场的族群分割从两个方面造成族群冲突。一方面，殖民当局利用一些制度安排、经济贸易上的设计培养了占据劳动力市场顶端的族群，这部分族群往往以较少的人口占据着国家绝大多数的财产。去殖民化运动以后，那些占据多数的族群往往会采取暴力的形式来夺取这部分经济上占据优势的族群的财富，在这种激烈的族群竞争过程中，族群冲突便应运而生。如比利时人在卢旺达扶持图西人、英国人支持斯里兰卡的泰米尔人、西班牙人支持墨西哥的特拉斯卡拉人（Tlacalans），这种人为造成的劳动力市场的族群分离，为这些国家的族群冲突埋下了隐患③。

　　另一方面，劳动力市场的族群分割还体现在对于国家权力的

---

① Philip Gourevith, *We Wish to Inform You that Tomorrow We Will be Killed with Our Families*, New York: Picador USA, 1998.
② 蔡美儿：《起火的世界：自由市场民主与种族仇恨、全球动荡》，中国政法大学出版社2017年版，第74页。
③ Horowitz, D. L., *Ethnic Groups in Conflict*, Berkeley: University of California Press, 1985, p.117.

分割占有上。如在乌干达，由于英国"分而治之"政策的影响，致使北方的族群控制着国家的军队，南方的族群控制国家的行政结构。但独立后的乌干达正是由于历史上的这种人为设计，致使北方民族频频以军事政变的方式强力推行所谓的民族霸权，致使族群冲突不断。

第三，族群间的分层与歧视。族群分层往往导致族群竞争，族群竞争又成为族群冲突的基础。殖民当局在殖民地通过强制力量建构了族群间的分层结构，处于顶端的是殖民者（多数为欧洲的白人），主要包括直接参与生产的官员、贸易商和商人，掌管进口、出口和运输公司的人员，教育工作者和传教士以及军事人员。他们分享着殖民地的国家权力，是统治阶层。处于最低端的是当地土著人，他们被殖民者以种族、语言划分为不同的群体，这些群体不能够按照殖民者的意愿来进行提供劳工和税收，成为殖民者剥削、打压、压制的对象，成为最底层的族群。在他们中间还有一些族群，这些族群与殖民者合作，充当着中间人的角色，如东非的亚洲人、西非的黎凡特人（Levantines）、美洲殖民地的克里奥耳人和混血儿（Creoles and Mestizos）。这些人的职业一般为交易员、零售商和生产散货商、士兵和警察等。① 如在非洲的卢旺达和桑给巴尔的欧洲殖民主义引入了一种双重殖民主义制度。通过优越的势力、威望和财富，殖民大国说服并经常强迫现任精英（在卢旺达的图西人和桑给巴尔的阿拉伯人）担任殖民统治的中间人。桑给巴尔的阿拉伯人和卢旺达的图西人失去了大部分的自治权。但通过依赖欧洲殖民当局，他们获得了新的、更有效的权力形式，可以用来巩固对其统治的人民的优越地位。这致使桑给巴尔的非洲人和卢旺达的胡图人处于殖民者和阿拉伯人及图西人的双重压迫，致使独立后被压迫的族群奋起反抗，族群

---

① Mary E. Wilkie, "Colonials, Marginals and Immigrants: Contributions to a Theory of Ethnic Stratification", *Comparative Studies in Society and History*, Vol. 1, 1977, pp. 67-95.

冲突应然而生。①

　　这种经济上的分层，进一步带来族群在社会上和文化上的分层，殖民者往往以种族优劣论的视角来书写当地的文化，致使一些族群成了懒惰、野蛮、未开化的象征。为了使之开化，殖民者开始将中间族群精英欧洲化，即让他们接受欧洲的教育、文化，同时在殖民地极尽传教之能事。这些对当下去殖民化国家的族群冲突埋下了诸多隐患。如兴起于20世纪晚期的以爱德华·W. 赛义德、加亚特里·C. 斯皮瓦克和霍米·F. 巴巴等为代表的后殖民主义研究者们所述，"西方殖民者给殖民地去强加了一种语言，现代性的语言，每个人都必须使用这种语言"，"是未开化和半开化的国家从属于文明的国家，是农民的民族从属于资产阶级的民族，是东方从属于西方的文化霸权"。② 因此，在这种西方文化霸权主导下的殖民地叙事的反思与去除，与殖民地时期形成的亲西方的族群文化之间形成一种张力，成为现在殖民地国家族群冲突的一大因素，如印度。在当下有全球化所兜售的西方式"民族自决""少数族群人权"等概念也成为引发族群冲突的因素，如苏珊·奥扎克认为全球化的文化维度增加族群竞争和冲突的概率。③

　　第四，移民式"外国人"的产生。由殖民主义带来的移民，往往被冠以"外国人"的身份，这些所谓的外国人一方面与当地族群竞争资源，另一方面也解构着移民国的国家认同，给殖民国家和被殖民的国家带来双重影响。移民现象自殖民主义早期便已有之，臭名昭著的奴隶贸易便是其中之一，这成为美国、英国等国家种族问题的根源。第二次世界大战之后，西欧和美国百废待

---

① M. Catharine Newbury, "Colonialism, Ethnicity, and Rural Political Protest: Rwanda and Zanzibar in Comparative Perspective", *Comparative Politics*, Vol. 3, 1983, p. 254.

② 杨耕、张其学：《后殖民主义：实质、特征及其局限——从马克思的观点看》，《社会科学战线》2005年第2期。

③ Susan Olzak, "Does Globalization Breed Ethnic Discontent", *Journal of Conflict Resolution*, Vol. 1, 2011, p. 3.

兴，急需劳动力，这促使他们从殖民地引入大量劳工，如英国主要从加勒比海、北爱尔兰、中非和地中海地区和印度引入劳动力；法国主要引入东南欧、加勒比海、非洲和远东地区的劳工；德国引入东南欧和土耳其的劳工；等等。这些劳工移民给殖民国家造成了各种多元文化的冲击，如英国既要处理与加勒比海移民的种族问题，即肤色政治，还要处理与印度、亚洲以及一些非洲国家移民的宗教、文化问题；法国需要处理与阿尔及利亚等北非一些国家的穆斯林认同问题；德国要处理与土耳其人的宗教、文化认同问题。①

第五，国界的任意划分。殖民地国家间的边界被殖民者随意划分，殖民官员根据欧洲竞争对手的主张和殖民当局的心血来潮任意创造政治边界，而对于历史上的定居模式全然不顾。这种专横的边界划分带来持久性的影响，致使国家缺乏同质性，推动了一些后殖民地的族群冲突。

一是传统的族群聚居区遭到人为的割裂，被划分为众多的少数族群，导致族群冲突长期存在。例如非洲的巴刚果族被分别划分到安哥拉、刚果（金）、刚果（布）和加蓬四国；福尔贝族被划在英国、法国、葡萄牙、德国等的七块殖民地。同时将一些语言各异、信仰不同的族群划分在同一个国家，如尼日利亚包含300个语言各异的族群，坦桑尼亚有120个族群，喀麦隆有100多个族群。这些为数众多的族群给后殖民地国家的国族建构和族群关系的处理带来极大的挑战。如本杰明·赖利（Benjamin Reilly）在研究巴布亚新几内亚的族群冲突时，发现在540多万人口中拥有着852种语言是族群冲突的原因，这种多语言的存在致使族群界限泾渭分明，这一方面带来族群交往中误解的产生；另一方面不同的族群界限又成为族群动员的工具。② 二是边界划分

---

① John Rex, "Muliculturalism in Europe and American", *Nations and Nationalism*, Vol. 2, 1995, pp. 243-259.

② Benjamin Reilly, "Ethnic Conflict in Papua New Guinea", *Asia Pacific Viewpoint*, Vol. 49, No. 1, April 2008, pp. 12-22.

的不合理为国家间的冲突埋下了隐患,进而将一些族群带入冲突之中。如埃塞俄比亚与厄立特利亚的战争从 1998 年持续到 2000 年,共造成 10 万人死亡,100 多万人流离失所,这场战争爆发的根本原因与边界争端有关。①

总之,相互对立的多种族群认同、分层的族群、分割的劳动力市场、被殖民者占据的丰富资源以及被任意划分的国界致使殖民地国家积贫积弱,成为国际社会中的弱国家,即国家能力弱小、国家认同较弱、国家碎片化严重、政府专政、腐败严重、国际社会中的边缘地位等。这些因素的叠加致使殖民地国家族群冲突经久不衰。路径的依赖性决定了殖民遗产对当前族群冲突的影响有其必然性,殖民主义这个历史长河中的节点对于殖民地"对立族群认同的建构""劳动力市场的族群分割""族群间的分层与歧视""移民式外国人的产生""国家界的任意划分"等有不可推卸的责任。殖民主义行为虽然随着去殖民化运动而消失,但却以潜移默化的形式继续影响着殖民遭遇国家的族群关系。冷战结束以后,"政治民主""民族自决""少数人权利保护"等所谓的西方文化霸权下的标准,以"人权"的名义干预主权国家内部的族群事务。这不但解决不了族群冲突,反而越治越乱。究其根源是殖民主义逻辑的延续,即以其自身国家利益和文化价值为出发点,对族群冲突国家的历史和现实状况视而不见。

2.5.6 女性主义与族群冲突

女性主义于 20 世纪 80 年代进入国际关系学科,于 90 年代中期兴起,女性主义将性别变量纳入了国际关系分析,如凯瑟琳·文在《盟友间的性》里面通过分析 20 世纪 70 年代在韩国美军基地周围的妓营状况的改善,阐述了国家安全建立在国内最贫困、

---

① Awol K. Allo, "Ethiopia - Eritrea Conflict, 20 Years on: Brothers still at War", https://www.nazret.com/2018/05/06/ethiopia-eritrea-conflict-20-years-on-brothers-still-at-war/.

最边缘化的女性群体中。① 克瑞丝汀·秦在《在服务和奴役：外籍女佣与马来西亚"现代性计划"》中通过考察20世纪70年代马来西亚从菲律宾和印度尼西亚引进家政女佣，发现这一现象与新自由主义在全球范围内的扩张是携手前进的。② 最近的女性主义者强调性别差异对冲突行为的影响，认为发动战争，战胜或战败，以及对于战争的研究，几乎都是由男性完成的。性别对于军事行动具有重要意义，军国主义更多的是与男性而不是女性紧密联系在一起。③ 国际关系理论中的女性主义在族群冲突分析中，主要是用女性的概念来延展族群的边界，在一个族群中女性是族群成员的生物学意义上的生产者，换句话说，女性带来了族群新的生命，也是族群文化和意识形态的传递者，同时是族群斗争的参与者。④ 在族群冲突的过程中，领导者们常会利用女性的隐喻来作为族群动员的精神动力，即有祖国母亲之意，同时他们也利用族群冲突中女性易被侵害的威胁来进行族群斗争。⑤

可见，在国际关系理论中的族群冲突研究中，从国际权力转移的视野来分析族群冲突的研究并不多见。然而国际权力转移恰是引发国际冲突的主要原因，因此以国际权力转移的视野来分析族群冲突，分析其对于族群冲突有无影响、如何影响，便是本研究的主要内容。

---

① 参见 Katherine, Moon, *Sex Among Allies*, New York: Columbia University Press, 1997。

② 参见 Christine, Chin, *Service and Servitude: Foreign Female Domestic Workers and the Malaysian "Modernity" Project*, New York: Columbia University Press, 1998。

③ V. Spike Peterson, "Security and Sovereign States: What Is at Stake in Taking Feminism Seriously?", in V. Spike Peterson ed., *Gendered States: Feminist Visions of International Relations Theory*, Boulder, Co., and London: Lynne Rienner Oublishers, 1992, pp. 31–64.

④ V. Spike Peterson, "Sexing Political Identities", *International Feminist Journal of Politics*, Vol. 1, No. 1, 1999, pp. 34–65.

⑤ Rogers Brubaker, David D. Laitin, "Ethnic and Nationalist Violence", *Annual Review of Sociology*, Vol. 24, 1998, pp. 423–452.

3　研究思路与方法

3.1　研究思路

本书的研究问题是国家权力转移与族群冲突的关系，即探讨国际权力转移是否增加了或减少了族群冲突的可能性。那么研究的起点便落在何谓族群冲突以及国际权力转移的衡量上，所以在第 1 章中，在比较民族、族群和种族等概念的基础上界定了族群广义的概念，在冲突普遍性概念的基础上给族群冲突下了一个较宽泛的定义。结合族群冲突国际层面分析较少的状况，提出了族群冲突多重博弈的机制，即族群冲突是族群、民族国家和国际势力相互作用的结果。至于何谓国际权力转移便成为第 2 章的主要内容，在分析权力这一基础概念的基础上，第 2 章分别界定了族群权力、国家权力和国际权力的概念，提出国际权力转移的两个重要衡量指标——大国竞争和大国权力的兴衰，它们的变化对族群冲突的影响便是本书研究的主要内容。在该章中提出了两个基本假设：大国竞争会引发、加剧族群冲突；大国权力的兴衰会诱发、加剧族群冲突。那么如何论证这些假设便是第 3 章、第 4 章的主要内容。第 3 章以冷战时期的美苏争霸为背景，将大国竞争分为经济利益、地缘政治和意识形态三个维度，分别选取伊拉克库尔德人反对政府的族群冲突、斯里兰卡泰米尔人与僧伽罗人的族群冲突、安哥拉族群冲突为案例，来分析大国竞争对族群冲突的影响。第 4 章以阿塞拜疆与亚美尼亚的族群冲突和乌克兰危机为例来阐述大国权力的兴衰对族群冲突的影响。第 5 章采用种族主义的分析视角和国内、国际种族政治双重博弈的模式，以宏观历史的视野分析了白人国家种族主义如何缔造国际种族秩序，以及国际种族秩序如何反作用于白人国家的种族关系，滋生白人极端主义的双重建构过程。第 6 章是对全书的总结，得出国际权力转移是族群冲突催化剂的结论，并指出族群冲突对国际权力转移的反向影响以及族群冲突全球治理的新模式是值得进一步研究的问题。

3.2 研究方法

（1）历史分析。本文主要以20世纪90年代国际权力转移为背景，以一种历史的方法来探讨其对族群冲突的影响。其中主要采用了比较历史分析和路径依赖的方法。路径依赖作为历史制度主义常用的方法，① 它的基本观点是"你从哪里来决定了你到哪里去"，即在某个时间节点前的行为或制度会影响这一时间节点后的行为或制度。② 在文中的族群冲突案例分析时，无不可见西方殖民者"分而治之"的族群政治制度遗产对于当下族群冲突的影响。比较历史分析既是政治学中一个有效的研究方法，也是历史分析方法的一种。③ 它主要采用求同和求异两种方法进行分析，前者通过比较分析事件发生的不同偶然因素，来找寻因果的相似性；后者通过比较分析事件发生的相似原因和过程，来找寻不同结果的原因。本书对历史上的大国的经济、地缘政治、意识形态不同维度的竞争带来的族群冲突，比较会发现它们之间虽然竞争的主要内容不同，但给族群竞争带来的结果却是相同的。

（2）比较案例分析作为定性研究中一种常见的研究方法，具体指在某一类事件或现象中，以随机抽样或按照一定标准选取一个或多个作为分析对象，通过比较它们的异同，从而找出共有的因果机制，进而获取相同的知识或发展某一理论。④ 比如卢旺达大屠杀就是民族冲突、危机管理一类事件中一个典型案例。本书将选取不同制类型的多民族国家的族群冲突作为案例，来分析它

---

① Daniel Allen, "New Directions in the Study of Nation-Building: Views through the Lens of Path Dependence", *International Studies Review*, Vol. 12, No. 3, 2010, p. 415.

② 参见 James Mahoney, "Path Dependence in Historical Sociology", *Theory and Society*, Vol. 29, No. 4, 2000, pp. 507–548。

③ 参见 James Mahoney and Dietrich Rueschemeyer, *Comparative Historical Analysis in the Social Science*, New York: Cambridge University Press, 2003。

④ Alexander L. George and Andrew Bennett, *Case Studies And Theory Development in the Social Science*, Cambridge: MIT Press, 2005, p. 18.

们与国际权力转移的关系。

（3）过程追踪。事物的产生和发展是由因果链条中的多个节点构成的，过程追踪就是通过分析这些链条中的各个节点，来找寻事物产生、发展的根本原因的过程。① 在本书的几个案例分析过程中，涉及族群冲突历史原因的追溯，也对族群冲突的过程加以梳理，以发现国际势力是如何渗入族群冲突的过程。

（4）数据分析。本书尝试着以不同数据库所得来的族群冲突数据，以死亡1000人以上的族群冲突所发生的次数与美苏竞争的攻守阶段来简单地寻求两者间大致的关系；同时在论及大国意识形态争夺时，特别是西方式民主对族群冲突影响的关系时，对20世纪80年代后采取民主制的国家与族群冲突所发生的次数以及死亡的人数做了简单的数表分析，以图得知两者间的关系。当然这离定量分析还有一段距离，所以在这里只能称为数据分析。

---

① Donatella Della Porta and Michael Keating, *Approaches and Methodologies in the Social Science*, New York: Cambridge University Press, 2008, p. 231.

第 1 章　族群冲突的国内、国际多重博弈

1　政治的民族与文化的族群

族群、民族、种族、土著人在学界是一组容易混淆的概念，其中族群与民族尤甚。自 20 世纪 60 年代族群的概念引入以来，常常与民族概念混用，成为近年来学人所困扰的问题。① 因此，在学术研究中要确定族群的含义，首要的是区分族群与民族概念的区别，② 这便需要从语义学、学科发展史以及概念科学性等方面对民族与族群加以区别。

1.1　族群概念的演化

族群是个复合词，核心词是 ethnic，源于希腊文 ethnos，③ 用来表述"一群""一窝"等区分人类群体的含义。Ethnos 在古希腊时代主要是指与"人民"或"城市"相对应的同宗、同血缘的

---

① 郝时远：《答"问难"族群——兼谈"马克思主义族群理论"》，《广西民族学院学报》2003 年第 2 期，第 58 页。
② [美] 斯蒂文·郝瑞：《田野中的族群关系与民族认同——中国西南彝族社区考察研究》，巴莫阿依、曲木铁西译，广西人民出版社 2000 年版，第 23 页。
③ [美] 迈克尔·罗斯金等：《政治科学》，林震等译，华夏出版社 2001 年版，第 32 页。

第1章 族群冲突的国内、国际多重博弈

群体,是古希腊城邦国家的产物。① 后来随着希腊化的影响,该词增加了宗教方面的含义,如在中世纪《圣经》中的 ethnos 被拉丁化为形容词 ethnicus,用来形容多神教的或偶像崇拜者的。② 后来在 14 世纪的英语中,ethnicus 被用来形容非基督教的异教徒、未开化的人、野蛮人等。在 14—18 世纪 ethnic 在英文文献中有了诸如 ethnykis、ethnike、ethnicke 及 ethnique 等更多的拼写方式,③ 主要用来指非基督教或非犹太教的异教徒。1804 年,现在拼写方式的 ethnic 出现,仍被用来形容异类宗教徒。④ 时至19 世纪,随着新大陆的发展,西欧诸国发现了与他们不同的其他人种(黑人、印第安人),届时人种(race)开始成为他们区分人类群体的又一重要概念,当然 ethnic 也增加了形容种族之别的含义。⑤ 1848 年欧洲大革命掀起了民族主义的浪潮,加之社会进化论思想的影响,民族国家的模式开始兴起(nation-state),也使种族概念成为连接民族(nation)和族群(ethnic)的轴心。此时的 ethnic 和 race 的概念主要指那些西欧民族国家模式之外的族类群体。可见,在 20 世纪之前的 Ethnos 往往被用来指语言各异、穿着不同或看起来不同于主体民族的少数群体或异类群体。⑥

20 世纪 30 年代 ethnic group(族群)开始出现于英文文献

---

① 郝时远:《Ethnos(民族)和 Ethnic group(族群)的早期含义与应用》,《民族研究》2002 年第 4 期,第 2 页。
② 参见[苏]勃罗姆列伊《民族与民族学》,李振锡等译,内蒙古人民出版社 1985 年版,第 18 页。
③ J. A. Simpsen and E. S. C. Weiner, *The Oxford English Dictionary*, Clarendon Press, Oxford, 1989, p. 424.
④ J. A. Simpsen and E. S. C. Weiner, *The Oxford English Dictionary*, Clarendon Press, Oxford, 1989, pp. 423-424.
⑤ 郝时远:《Ethnos(民族)和 Ethnic group(族群)的早期含义与应用》,《民族研究》2002 年第 4 期,第 3 页。
⑥ Frank N. Magilled, *International Encyclopedia of Sociology*, Chicago: Fitzroy Dearborn, 1995, p. 468.

中，被用来描述两个群体文化接触的结果。① 30 年代末 ethnic group 越来越多地被用于西方学界。② 二战之后 ethnic group 已取代了欧美国家长期使用的部落和种族的概念，运用更加广泛，意指同一社会中共享文化和同一种语言的一群人，并且这种文化和语言能够毫无变化地代代相传下去。③ 如阮西湖所述"1942 年以来的六十多年，英语国家，甚至国际社会已习惯用 ethnic groups 来表示多民族国家里的民族"。④ 但这一时期的 ethnic group 在民族问题的研究中应用的较少，强调更多的是人类学中的种族关系和族群的社会阶级背景，这与当时西方反思种族中心主义和阶级运动紧密相关。

20 世纪 60 年代以后，随着美国民权运动的兴起⑤，ethnic group 开始用于民族问题的研究中，被用来特指犹太人、意大利人和其他较小族群。如在 1964 年版的《社会科学词典》中 ethnic group 被解释为"在一个较大的文化和社会中的一个群体"。在 1969 年版的《现代社会学词典》中 ethnic group 被指为"一种带有某种共同文化传统和身份感的群体"。⑥ 由此可见，ethnic group 有了更多的文化色彩，而种族色彩开始淡化。到 20 世纪 60 年代中期，关于 ethnic group 的各种定义开始层出不穷。如 1964 年纳

---

① 周大鸣：《论族群与族群关系》，《广西民族学院学报》2001 年第 2 期，第 14 页。

② ［苏］勃罗姆列伊：《民族与民族学》，李振锡等译，内蒙古人民出版社 1985 年版，第 19 页。

③ Thomas Barfield, *The Dictionary of Anthropology*, Hoboken, New Jersey: Blackwell Publishers, 1997.

④ 阮西湖：《20 世纪后半叶世界民族关系探析：社会人类学研究的一项新课题》，民族出版社 2004 年版，第 56 页。

⑤ 1956 年由马丁·路德·金领导的亚拉巴马州蒙哥马利市黑人抵制公共汽车运动拉开了美国黑人民权运动的序幕，最终以《1964 年民权法案》的通过，废除了美国的种族隔离和歧视。参见袁玉红《美国"积极行动"政策与实践研究》，中央民族大学博士学位论文，2012 年，第 61—66 页。

⑥ 马戎：《西方民族社会学的理论与方法》，天津人民出版社 1997 年版，第 4—5 页。

鲁尔提出了族群的客观论定义，即族群单位可由客观的语言、文化、社会组织等特征来定义，也就是学界所称的原生主义论，主张族群植根于自然和人类共同体早期的历史中，是一种继承的人类关系。① 这一定义为许多社会学家和人类学家所认可，多认为族群是一种具有成员或祖先所具有的体制、宗教、语言等特质的群体。② 但这种对于族群客观、静态的描述也遭到了一些批判，认为这一定义忽视了主观因素的作用。1969 年弗里德里克·巴斯认为"族群是其族内群体成员自我归属，而非语言、文化、血缘等的'内涵'，造成族群最主要的是其边界，而这种边界不只是领土的边界，而更多的是社会边界"。③ 巴斯的定义实现了主观因素与客观因素的结合，之后关于族群的定义也多继承了这一点，且达成一种共识——族群并不是孤岛。随着后现代主义的兴起，④这种注重族群主观因素被推到极致。一方面，族群被解构为多种含义；另一方面，受建构主义的影响族群也成为历史书写中的群体，成为一种想象的共同体。

综上，族群（ethnic group）概念的产生与西方政治社会的变迁紧密相连，起初为非基督教徒和非犹太教徒之称，随后受欧洲大革命和民族主义运动的影响，加之社会进化论的影响，族群有了种族优越性和民族的一些内涵，成为连接民族与种族的桥梁，但在 20 世纪 60 年代之前族群都是对于其他少数族裔、宗教异类的称呼，直到 20 世纪 60 年代之后它才成为法律意义上的平等话

---

① 王伟：《分析折中主义：构建中国民族政治学理论的新视角——基于西方民族政治学理论范式的探析》，《中央民族大学学报》2016 年第 3 期，第 45 页。

② 参见 Nathan Glazer, *Daniel Patrick Moynihan, Ethnicity: Theory and Experience*, Harvard University Press（1st edition），1975。

③ Fredrik Barth, *Ethnic Group and Boundaries: The Social Organization of Culture Difference*, Boston: Little Brown, 1969.

④ 后现代主义作为一种思潮出现于 20 世纪 60 年代中期，主张侧重于以文化的视角对政治微观层面进行分析，核心就是"解构主义"，即一方面消除中心，破除独尊，解放局部和边缘，另一方面寻求与多样性结合的途径。参见徐大同《当代西方政治思潮》，天津人民出版社 2000 年版，第 347—388 页。

语。20世纪60年代后期族群的概念实现了客观因素与主观因素的结合，而后者成为目前较为常用的族群定义表达。

1.2 民族概念的流变

民族的英文名称为 nation，来源于拉丁文 natio，是指种族、出身或血缘等的贬义词，是罗马人对于聚居在罗马城市中外国人的称呼。① 中世纪时 nation 一词主要用来描述同乡等社会团体，已不再具有贬义的成分。② 13世纪晚期时，nation 在英语中的使用已经较为普遍，主要指种族群体或血缘纽带。③ 等到了16世纪早期，nation 一词开始被用来指称一个国家中的人民（people），人民也由最初的社会底层、没有德行的贬义词，开始转化为具有积极、正面的群体，人民开始被民族化（nationalized），每个人都成了 nation 中的一员，具有了某种高尚的品质。④ 随着17世纪启蒙运动的兴起，受人民主权说、社会契约论的影响，⑤ 此时的民族被用来指由共同的立法结构所代表，且生活在同一部法律之下的人民。⑥ 到17世纪晚期开始用 nation 代指一个国家。到18世纪早期，民族主义者（nationalist）被用于英语文献中，而民族也被认为是人类自然的分支，是具有共同语言和文化的人群。⑦ 民

---

① Raymond Williams, *Keywords: A Vocabulary of Culture and Society*, London: Oxford University Press, 2014.
② Liah Greenfeld, *Nationalism: Five Roads to Modernity*, Massachusetts: Harvard University Press (2nd Edition), 1993.
③ Raymond Williams, *Keywords: A Vocabulary of Culture and Society*, London: Oxford University Press, 2014.
④ Raymond Williams, *Keywords: A Vocabulary of Culture and Society*, London: Oxford University Press, 2014, pp. 213-214.
⑤ [法]托克维尔：《旧制度与大革命》，冯棠译，商务印书馆1992年版，第177—186页。
⑥ [英]埃里·凯杜里：《民族主义》，张明明译，中央编译出版社2002年版，第7页。
⑦ [英]埃里·凯杜里：《民族主义》，张明明译，中央编译出版社2002年版，第61-62页。

族主义（nationalism）一词却是在19世纪初出现的，从而将民族带入政治的话语中。

1851年意大利学者马齐将民族定义为"具有统一土地、统一起源、统一习惯和统一语言"的群体。1903年考茨基也把语言、地域作为民族要素。同年列宁将语言、心理、生活条件和地域视为民族的基本特征。1913年斯大林在总结前人对民族要素论述的基础上，将民族定义为"民族是在共同语言、共同地域、共同经济生活和表现在共同文化的共同心理气质基础上产生的历史地形成的稳定的人们共同体"。1929年国内学者高尔柏将此定义介绍到中国，同年李达将民族定义为"是历史所形成的常住的人们共同体，而且是因共同的语言、共同的居住地域、共同的经济生活及表现于文化的共同心理结合的人们共同体"。① 之后斯大林关于民族的定义成为我国民族理论学界长期使用的概念，成为20世纪50年代国家民族识别的主要理论依据之一，② 也成为中国共产党民族政策、纲领的主要依据。③ 然而斯大林的定义也没有完全成为中国学界对于民族概念的认知，因为中国的民族情况不同于资本主义上升时代的民族，且有着源远流长的族类观。④

1.3 民族与族群概念的论争

西方关于族群和民族的概念对我国影响至深，如吴文藻先生所言"吾国民族思想有二渊源：一为固有者，一为西洋输入者。

---

① 李廷贵、范荣春：《民族问题学说史略》，贵州民族出版社1990年版，第41—42页。

② 陈克进：《中国民族识别的理论与实践》，载中央统战部民族宗教工作局编《中国民族工作五十年理论与实践》，中央民族大学出版社1999年版，第167—182页。

③ 青觉：《马克思主义民族观的形成与发展》，民族出版社2004年版，第197—281页。

④ 郝时远：《中文"民族"一词源流考辨》，《民族研究》2004年第6期，第62页。

吾国有之思想，多属片鳞断爪，不及西洋输入者之完整"。① 据考证，西方民族之理念是在严复的《天演论》中所传递出的世界民族相互竞争的理念，但他并没有进一步地指出西方民族的概念。1899年梁启超先生在《东籍月旦》一文中最早使用了"民族"一词，如对"泰西民族""东方民族"以及"全世界民族"等表述。1903年梁任公又将伯伦知理的民族概念介绍到国内，列出了伯伦知理关于民族的八个特质——"同居于一地、同一血统、同一支体形状、同一语言、同一文字、同一宗教、同一风俗和同一生计"。② 1902年他在《论中国学术思想变迁之大势》中最早提出了中华民族的概念。③ 此概念犹如投入平静湖面的石块，激起了层层涟漪，围绕着各少数民族与中华民族的关系，学界展开了较为激烈的争论。④ 后孙中山先生认为民族由"血统、生活、语言、宗教和风俗习惯"五种自然力所构成，并主张五族共和，即"合汉、满、蒙、回、藏诸地为一国"⑤。 "五四运动"后，孙中山的这种民族观进一步得以发展，提倡"中国各民族自求解放，中国境内各民族一律平等"之观念。⑥ 抗日战争爆发以后，顾颉刚提出了"中华民族是一个"的命题，认为人们常说的五大民族不能称为民族。⑦ 这一观点得到傅斯年认可，傅也撰文提出中华民族是整个的观点。⑧ 这种观点受到费孝通和翦伯赞等的反对，费孝通认为中华民族是一个的命题在名词的意义和作用、民

---

① 吴文藻：《吴文藻人类学社会学研究文集·民族与国家》，民族出版社1990年版，第28—29页。
② 梁启超：《政治学大家伯伦知理之学说》，载梁启超：《饮冰室文集点校（第1集）》，云南教育出版社2001年版，第452页。
③ 梁启超：《梁启超全集》，北京出版社2000年版，第560—561页。
④ 青觉：《中国民族区域自治实践的理性解析》，《中央民族大学学报》2017年第2期，第118页。
⑤ 孙中山：《孙中山全集（第2卷）》，中华书局1982年版，第2页。
⑥ 宋庆龄：《孙中山选集》，人民出版社1981年版，第591页。
⑦ 顾颉刚：《"中国本部"一名亟应废弃》，《益世报》1939年1月1日。
⑧ 傅斯年：《傅斯年全集·卷四》，湖南教育出版社2003年版，第125—126页。

族是什么、民族问题的政治意味等方面存在着问题。翦伯赞也认为该命题是对国内少数民族存在的否定。① 随后顾颉刚先生又撰文回应了费孝通先生的批评，指出研究人类学和人种学的人不应该以西方之话语来附和五大民族，以致陷入帝国主义的陷阱。② 就此次辩论来看，并无对错之分，只是所分析的层次不同而已，顾先生从国族的层面来宣称所有中国人皆为中华民族这是无可厚非的，费先生认为这抹杀了其他民族的存在，然而后者更多的是在少数民族层面，是一定意义上族群层面的认同。如上文所述，中国共产党借鉴了斯大林的民族定义，并在实践中加以发展和完善。

由上可知，国内学界对于民族一词的运用争论已久，特别是20世纪60年代族群概念引入后尤甚。中国台湾学者卫惠林先生是最早将西方族群概念引入中国的学者。③ 1983年王明甫首次将苏联的 эТНОС 与英文 ethnos 联系起来加以研究，他认为作为对于 ethnos 确实需要有一个精当的译称，以与民族相区别。④ 之后围绕着民族与族群的使用范围，族群与国内少数民族的定位，族群与中国的实践环境等，学界展开了诸多讨论，如1998年12月围绕着"民族"概念相关理论召开了专题讨论会，虽然学者们就民族与英文中 nation、nationality、ethnic group 以及 ethnicity 的对译问题，在实践中民族与族群是否可等同等问题展开了讨论，然而也并没有达成共识。这一时期争论的实质是西方话语中的族群与斯大林民族定义之间的论争。之后族群的概念开始在人类学、民族学中广泛应用。进入21世纪之后，关于族群与民族概念的论证再次兴起，其中以郝时远、马戎、纳日碧力戈为主。郝时远强

---

① 周文玖、张锦鹏：《关于"中华民族是一个"学术论辩的考察》，《民族研究》2007年第3期，第20—30页。
② 顾颉刚：《续论"中华民国是一个"：答费孝通先生》，《益世报》1939年5月8日。
③ 宁华宗：《慎用"族群"——族群研究的中国语境思考》，《西南民族大学学报》2010年第9期，第19页。
④ 王明甫：《民族辩》，《民族研究》1983年第6期，第22页。

调民族思想自古有之，西方民族与族群概念的泛化与中国本土化不相适应；① 纳日碧力戈则认为中国民族的概念离不开民族识别和民族区域自治制度的实践环境；② 而马戎在讨论了 nation 和其他几个相关术语的基础上，也主张用族群代替民族。③ 之后学界诸如潘蛟、④ 朱伦、⑤ 田敏、⑥ 宁华宗⑦等一批学者撰文宣称西方族群概念不能够代替中国民族概念。郝瑞先生认为中国的各个民族有其独特的语境，既不等同于 nation，也与 ethnic group 不同，故应译为 Minzu 较为妥切。⑧

归根结底，民族与族群的区别主要在于两个方面。一是民族与族群的范围，族群可以是一个民族，亦可是一个民族中的次级群体。⑨ 二是民族的政治诉求与族群的文化诉求的不同。作为民

---

① 郝时远：《Ethnos（民族）和 Ethnic group（族群）的早期含义与应用》，《民族研究》2002 年第 4 期，第 1—10 页；《答"问难'族群'"——兼谈"马克思主义族群理论"说》，《广西民族学院学报》2003 年第 2 期，第 58—65 页；《重读斯大林民族（нация）定义——读书笔记之三：苏联多民族国家模式中的国家与民族（нация）》，《世界民族》2003 年第 6 期，第 1—11 页；《前苏联-俄罗斯民族学理论中的"民族"（этнос）（上）》，《世界民族》2004 年第 1 期，第 5—19 页；《前苏联-俄罗斯民族学理论中的"民族"（этнос）（下）》，《西北民族研究》2004 年第 2 期，第 5—19 页；《中文"民族"一词源流考辨》，《民族研究》2004 年第 6 期，第 60—69 页。
② 纳日碧力戈：《问难"族群"》，《广西民族学院学报》2003 年第 1 期，第 43—47 页。
③ 马戎：《评安东尼·史密斯关于"nation"（民族）的论述》，《中国社会科学》2001 年第 1 期，第 1 页。
④ 潘蛟：《"族群"与民族概念的互补还是颠覆》，《云南民族大学学报》2009 年第 1 期，第 22—28 页。
⑤ 朱伦：《论"民族-国家"与"多民族国家"》，《世界民族》1997 年第 3 期，第 1—11 页。
⑥ 田敏：《论族群不能取代民族》，《中南民族大学学报》2004 年第 5 期，第 25—29 页。
⑦ 宁华宗：《慎用"族群"——族群研究的中国语境思考》，《西南民族大学学报》2010 年第 9 期，第 19—23 页。
⑧ [美] 斯蒂文·郝瑞：《田野中的族群关系与民族认同——中国西南彝族社区考察研究》，巴莫阿依、曲木铁西译，广西人民出版社 2000 年版，第 23 页。
⑨ 周大鸣：《现代都是人类学》，中山大学出版社 1997 年版，第 139 页。

族是一个政治诉求特别强的概念，侧重于现代的、政治的角度，特别是从现代民族国家形态乃至国际政治格局来看的民族。①1776 年美国革命和 1789 年法国大革命后兴起的民族主义也是追求法兰西民族的解放和独立；列宁让斯大林整理关于民族的概念，便是基于民族自决和民族独立的诉求，斯大林四个共同的定义也是出于政治技术上的需求。如潘蛟认为斯大林定义民族的主要目的在于否认犹太人是一个民族，反对犹太人所提出的超地域文化自治。②之后 20 世纪 60 年代的民族解放运动，让民族自决的概念如火如荼，此时民族的概念逐步指向专制民族国家，以前表达民族的概念便专属于族群上。③ 即使在 21 世纪的当下，民族自决的概念也常常被多民族国家中部分民族作为独立公投的法器，如苏格兰公投、克里米亚全民自决等。与民族的政治诉求不同，族群更多的是强调一种文化诉求，是对族性文化、语言、宗教、风俗习惯安全的追求，④ 是一种在多民族国家和某一区域内，求生存的诉求。如威尔·金利卡（Will Kymlicka）认为，在多民族国家中有两类族群只是追求一种多族类权利和特别代表权利，前一种权利只要求有自由表达他们族群独特性的权利，后一种权利是对历史性弱势群体在政治过程中代表不足的回应。

1.4 超越民族与族群概念之争的必要性

近年来，受到世界范围内的民族问题研究中比较分析、跨学科分析、大数据分析和跨越范式研究等因素的影响，超越族群与民族的概念之争越发必要。

---

① 郑凡、刘薇琳、向跃平：《传统民族与民族国家——民族社会学论纲》，云南大学出版社 1997 年版，第 45 页。
② 潘蛟：《"族群"及其相关概念在西方的流变》，《广西民族学院学报》2003 年第 5 期，第 55 页。
③ 阮西湖：《20 世纪后半叶世界民族关系探析：社会人类学研究的一项新课题》，民族出版社 2004 年版，第 56 页。
④ 王伟：《国际秩序转型与族群冲突研究》，《国际安全研究》2017 年第 6 期，第 52 页。

1.4.1　比较分析

吉登斯将时空抽离作为现代性的主要特征,① 随着现代技术的发展,地球变得越来越小,成为人类的"小村子"。现代科学技术的发展在带来学术研究技术进步的同时,也将民族现象、民族问题的研究范围扩展到整个世界,让学人能够在比较中执异求同或执同求异,探索民族发展的规律。

何为比较分析？正如霍华德·威亚尔达所述"比较是人类认识世界的基本方法,当这种方法被系统地用来认识政治现象时,就形成了政治的比较研究"。② 这种比较方法自 20 世纪 60 年代以来也被广泛运用到世界民族现象的分析,形成了一批经典成果。如格尔兹（Geertz）的《旧社会与新国家：亚洲和非洲的现代性探索》（1963 年）,施默霍恩（Schermerhorn）的《比较民族关系：理论与研究架构》（1970 年）,德格勒（Degler）的《非黑人亦非白人：巴西和美国的奴隶制和种族关系》（1971 年）,范登·贝格（Van den Berghe）的《种族与种族主义：一种比较的视野》（1978 年）,弗雷德里克森（Fredrickson）的《白人至上主义：美国和南非历史的比较研究》（1981 年）,班顿（Banton）的《种族与民族竞争》（1983 年）,霍洛维茨（Horowitz）的《冲突中的族群》（1985 年）,罗奇（Hroch）的《欧洲民族复兴的社会先决条件》（1985 年）,布鲁贝克（Brubaker）的《法国和德国的公民身份与民族》（1992 年）,格林菲尔德（Greenfeld）的《民族主义：现代化的五条道路》（1992 年）,鲁斯蒂克（Lustick）的《未安定的国家,领土争端：英国与爱尔兰,法国与阿尔及利亚,以色列与西岸—加沙》（1993 年）,乌沽西奇（Vujacic）的《俄罗斯和塞尔维亚的历史遗产,民族主义动员和

---

① 参见［英］安东尼·吉登斯《民族-国家与暴力》,胡宗泽、赵力涛译,生活·读书·新知三联书店 1998 年版。
② ［美］霍华德·威亚尔达：《比较政治学导论：概念与过程》,娄亚译,北京大学出版社 2005 年版,第 10 页。

政治结果：一种韦伯的观点》（1996年），莱廷（Laitin）的《认同的形成：近邻讲俄语的人口》（1998年），马克思（Marx）的《种族与民族的建构：南非、美国和巴西的比较》（1998年），亚沙尔（Yashar）的《民主、土著人运动和拉美的后自由主义挑战》（1999年），森特诺（Centeno）的《血与债：拉丁美洲的战争与民族国家》（2002年），温默（Wimmer）的《民族主义的排外与族群冲突：现代性的阴影》（2002年），罗恩（Ron）的《边疆与少数民族聚居区：塞尔维亚与以色列的国家暴力》（2003年），科赫尔（Kocher）的《民族分裂和非正规战争：伊拉克和越南》（2007年），波斯纳（Posner）的《非洲的政权更迭和民族分裂》（2007年），华康德（Wacquant）的《都市弃儿：高级边缘化的比较社会学》（2008年），等等。

从这些经典著作中，可以看出学者们越来越关注地区乃至世界范围内的广义民族问题研究，用混合的方法来模糊族群与民族的边界，如美国、南非、巴西之间的比较，伊拉克与越南的比较，德国与法国的比较，以及对欧洲、非洲、亚洲以及拉丁美洲等地区民族问题的比较等，若严格按照文化的族群与政治的民族的界限来区分各个国家或地区的民族现象、民族问题，是难以将他们放在同一维度上进行比较的。"他山之石可以攻玉"，理论家与实践者总是希望能够从他者那里探究民族问题解决的办法。随着现代科技的发展，这一趋势越发明显，进而要求以更加宽泛的概念来涵盖族群与民族的内涵。

1.4.2 大数据分析与比较分析融合

比较分析方法有其深度描述、聚焦案例等优势，有利于理解其他国家、地区乃至整个世界，有利于超越个人、种族中心主义，获得客观的知识等。然而比较分析也存在着两个不足：一是比较研究中案例多是主观有意选择的，容易导致不完全的推论、有限的发现，以及对特定主题的错误结论；二是在有限的案例中充斥着太多变量，常常出现一个结果有太多的原因，导致难以分清到底哪一个是主要原因。① 解决这两个不足的方法是：尽可能增加案例数量，减少分析的属性空间；重点比较可比案例，重点关注变量的比较分析。② 其中第一种方法备受青睐，即增加比较案例的数量，实现大数据分析。这种大数据分析允许在空间和时间上广泛覆盖各国，通过随机的案例选择，可更好地避免选择偏差，突出那些结果不如研究预期的异常国家，同时利用统计方法控制可混淆研究结果的变量，移除对于研究结果的竞争性解释。③ 不过跨国乃至世界范围内的数据收集和分析需要突破以往族群与民族间教条的界限，扩大样本的数量和数据的质量。诸如有关族群冲突的数据库——战争相关性数据库（Correlates of War data set）、奥斯陆国际和平研究所的军事冲突数据库（PRIO Armed Conflict Database）、危险中的少数族裔（Minorities at Risk）、美国系统和平中心主要政治暴力事件数据库（Major Episodes of Political Violence，1946—2016），对于族群的与民族的冲突的界限均作了模糊处理。在分析全球化对于族群冲突影响时，苏珊·奥尔扎克（Susan Olzak）将因宗教、文化、领土争端以及自治权利等引起的冲突均归为族群冲突，撇开了族群与民族概念的界限。④ 然而这种数据分析也存在着一些问题：容易忽视数据测量的有效性，⑤ 对数据的质量、数据模型在研究中

---

① Todd Landman and Edzia Carvalho, *Issues and Methods in Comparative Plitics: An Introduction*, New York: Routledge, 2017, p. 33.

② Arend Lijphart, "Comparative Politics and the Comparative Method", *The American Political Science Review*, Vol. 65, No. 3, Sep. 1971, pp. 686-690.

③ Luke Johns, "Evaluating Research Methods of Comparative Politics", Nov. 10, 2018, https：//www.e-ir.info/2013/05/09/evaluating-research-methods-of-comparative-politics/.

④ Susan Olzak, "Does GlobalizationBreed Ethnic Discontent?", *Journal of Conflict Resolution*, Vol. 55, No. 1, 2011, pp. 3-32.

⑤ Jagdip Singh, "Measurement Issues in Cross-National Research", *Journal of International Business Studies*, Vol. 26, No. 3, 1995, pp. 597-619.

的功能和作用认识不足等,① 导致在数据公开和信息隐私保护等方面争议不断。② 这就需要两者的有效结合,毕竟再完美的数据分析、模型应用,所得结果也要用文字去解释。进入 21 世纪以来,随着多元方法研究进行得如火如荼,方法论的融合也结出了诸如"系统过程分析法""因果关系重构法""合成控制法""定性比较分析""嵌入式分析法"等硕果,而这也给两者的进一步融合提供了可能。

1.4.3 跨学科研究

民族问题的研究是一个系统工程,涉及政治学、经济学、文化学、社会学、历史学等相关学科,是多学科、多维度的研究。民族问题的普遍性、长期性、复杂性、国际性和重要性的特点,决定了哪一个学科都难以独自承担起研究的重任。③ 近年来,民族现象与民族问题的研究跨学科的趋势越发明显。在国内,民族问题的研究已经由民族学、人类学的独属领域,扩展到政治学、社会学、经济学、法学、历史学、管理学等领域。在国际上,民族问题的研究也越发具有跨学科性质,这主要体现在两个方面:首先,涉及民族问题的研究项目、机构和学术杂志的跨学科性。如《族性》(*Ethnicities*)杂志是一本同行评审的学术期刊,发表有关种族、民族主义和相关问题(如身份政治和少数群体权利)的社会学和政治领域的研究;《民族主义与民族政治》(*Nationalism & Ethnic Politics*)探索民族主义和种族的各种政治方面以发展更具建设性的群际关系。它通过多元主义、

---

① Patrick T. Brandt, John R. Freeman, "Modeling Macro-Political Dynamics", *Political Analysis*, Vol. 17, No. 2, 2009, pp. 113-142.

② Jeremy J. Albright, "Privacy Protection in Social Science Research: Possibilities and Impossibilities", *Political Science and Politics*, Vol. 44, No. 4, 2011, pp. 777-782.

③ 青觉:《新时代,我们需要什么样的中国民族政治学?》,《中国民族报》2018 年 11 月 2 日。

民族主义、独立主义和分离主义对相关现象进行案例分析和比较理论分析,探讨在政治发展背景下民族认同形成、动员、冲突和适应的过程和理论;《民族论文》(Nationalities Papers)是由路透社、民族研究协会出版的同行评审学术期刊。它刊载关于民族主义,少数民族和种族冲突的文章,重点关注中欧和东欧、巴尔干半岛、苏联、土耳其和中亚;《民族政治》(Ethnopolitics)前身为全球民族政治评论,专注于民族与政治的交叉;《民族和民族主义》(Nations and Nationalism)涵盖民族主义及相关问题的研究,它由威利-布莱克威尔(Wiley-Blackwell)代表民族和民族主义研究协会每季度出版一次;《族群和种族研究》(Ethnic and Racial Studies)发表关于人类学、文化研究、族群和种族以及社会学的学术文章和书评。另外,民族问题研究成果显现于一些新兴的交叉学科,如药物基因学、① 进化心理学、② 社会语言学、③ 考古学、④ 认知神经学、⑤ 实验经济学⑥和生物医学⑦等。这种跨学科分析的趋势需要超越民族于族群概

---

① Morris W. Foster & Richard R. Sharp, "Beyond Race: towards a Whole-genome Perspective on Human Populations and Genetic Variation", *Nature Reviews Genetics*, Vol. 5, No. 10, 2004, pp. 790–796.

② Patrick James, David Goetze, *Evolutionary Theory and Ethnic Conflict*, Westport, CT: Praeger, 2001.

③ S. Gal, "Language and Political Economy", *Annual Review of Anthropology*, Vol. 18, 1989, pp. 345–367.

④ Philip L. Kohl, "Nationalism and Archaeology: On the Constructions of Nations and the Reconstructions of the Remote Past", *Annual Review of Anthropology*, Vol. 27, 1998, pp. 223–246.

⑤ Elizabeth A. Phelps and Laura A. Thomas, "Race, Behavior, and the Brain: The Role of Neuroimaging in Understanding Complex Social Behaviors", *Political Psychology*, Vol. 24, No. 4, 2003, pp. 747–758.

⑥ Jan Bouckaert, Geert Dhaene, "Inter-Ethnic Trust and Reciprocity: Results of an Experiment with Small Business Entrepreneurs", *European Journal of Political Economy*, Vol. 20, No. 4, 2004, pp. 869–886.

⑦ Steven Epstein, *Inclusion: The Politics of Difference in Medical Research*, Chicago: University of Chicago Press, 2009.

念的狭隘界限。

1.4.4 研究范式融合的必要

研究范式是一组独特的概念或思维模式，包括理论、研究方法、假设以及构成对某一领域合法贡献的标准。民族问题研究的范式大体上有马克思主义、民族主义、文化主义、理性主义、结构主义和多元主义等，这些范式从阶级、民族、文化、理性、结构和多元中找到了关于民族问题的合理解释。① 然而范式分析的沙堡性质，决定了凡是分析都不是全面系统的。② 近年来民族问题研究呈现出多范式融合的趋势，如罗杰斯·布鲁贝克认为单一范式难以系统地解释民族问题的复杂性。③ 以族群冲突为例，在学术界关于族群冲突的范式解析有三种：一是理性主义范式下的族群竞争、族群动员以及族群精英理论；二是文化主义范式下的心理认同理论、文化民族主义理论；三是结构主义族群结构和族群—国家结构理论。以上三种范式可以从利益、文化和制度三个层面对族群冲突进行解释，但是每一个角度都存在着不足。因为族群冲突是由多重原因构成的，既有利益的算计，也有荣誉、认同等文化因素的考量，同时也受所存在的结构、制度因素的影响。④ 族群冲突既可以是政治的，也可以是经济的、社会的、文化的，既可以是宗教的也可以是世俗的，既可以是现实的也可以是网络虚拟社会中的。可见，关于民族问题的研究需要范式的融合，而范式的融合需要扩大族群或民族概念的范围，并加强认知。

---

① 王伟：《分析折中主义：构建中国民族政治学理论的新视角——基于西方民族政治学理论范式的探析》，《中央民族大学学报》2016年第3期，第50页。

② Barbara Geddes, *Paradigms and Sand Castles: Theory Building and Research Design in Comparative Politics, Analytical Perspectives on Politics*, Ann Arbor: University of Michigan Press, 2003.

③ Rogers Brubaker, "Ethnicity, Race, and Nationalism", *Annual Review of Sociology*, Vol. 35, 2009, p. 24.

④ 王伟：《殖民主义的历史遗毒：当代族群冲突的根源探析》，《探索》2018年第5期，第93页。

可见，囿于族群与民族概念的区别已不再是学术界关注的焦点，相反的是对超越族群与民族概念泾渭分明的追捧。这符合当前比较分析、大数据分析、跨学科分析以及跨范式分析的潮流，也符合国际规范关于"民族"与"族群"概念演化的认可。近代意义上的"民族"与"族群"的概念始于西方社会，并在西方文明和大国势力的推行下盛行于国际社会。然而关于"民族"与"族群"的内涵以及与之相关的权利是随着世界主要大国的国家利益而变的，如威尔逊关于"民族自决"的提法就是如此，威尔逊在发表完"十四点原则"后的一个月，在对国会的一次演讲中提到，必须尊重民族的意愿，必须在征得各民族自己的同意的基础上，才能加以统治和管理，主张在重大问题上运用自决原则，但后来考虑到实际情况和其他原则，威尔逊也认为民族自决权只能不平等地使用。①

1.5 族群的内涵

学界目前对于族群的定义有八种：①强调对血统主观信仰的族群概念，如韦伯认为族群是指因体质的、习俗的，或对殖民化经历和移民经历共同的记忆，形成的对血统的主观信仰；②②强调共同祖先和群体内认同的族群概念；③强调族内成员自我认同的文化延续性，这种延续性取决于边界的变化的族群概念；③④强调共有的文化特质因素和社会历史因素的族群概念。如 N. 格拉泽和 D.P 莫妮汉认为族群是指在一种具有自身宗教、语言、

---

① ［英］爱德华·莫迪默、罗伯特·法恩：《人民·民族·国家——族姓与民族主义的含义》，刘泓、黄海慧译，中央民族大学出版社 2009 年版，第 108 页。

② Marx Weber, *The Ethnic Group*, in *Theories of Society*, Parsons and Shil ed., Gleercol Iilinois: The Free Press, 1961, p. 306.

③ ［挪威］弗里德里克·巴斯著：《族群与边界》，高崇译，《广西民族学院学报》1999 年第 1 期，第 27 页。

第1章　族群冲突的国内、国际多重博弈

文化特质的群体;① ⑤强调社会标准和文化标准相统一的族群概念，吴泽霖认为族群是一个由民族和种族自己聚集而自发结合在一起的群体，并认为族群的概念是个含义极广的概念，既可指社会中的种族群体也可指少数民族群体,② 这样便实现了生物因素的种族与文化因素的民族③的结合；⑥强调可识别性、权力差别和群体意识的族群概念;④ ⑦强调族群边界、祖源记忆、情感与文化维系的综合性族群概念;⑤ ⑧强调文化认同、经济利益认同、社会和政治认同的族群。⑥ 从这些定义来看，族群概念强调更多的还是文化的概念。至于族群为何会形成族群动员，走上族群冲突的道路，那便不是概念所论及的问题了，在这里便不再赘述。

其实，对 nation 和 ethnic group 这一对外来词汇的译法应该看具体的语境中的含义，该将其看作一个多义词，不必争执谁是谁非，我们要解决的问题是，应该赋予其汉语使用中的族群一种明确的含义。加之当今世界族群现象和族群问题的复杂性和多样性，在现实世界中也无法找到一个普适性的族群概念。⑦

因此，根据约翰·格林（John Gerring）关于社会科学研究中概念的应用状况（resonance）、范围（domain）、一致性（consistency）、指标数（fecundity）、独特性（differentiation）、因果效用

---

① 参见 Nathan Glazer, Daniel P. Moynihan, *Ethnicity Theory and Experience*, Havard University Press, 1975。
② 吴泽霖:《人类学词典》，上海辞书出版社1991年版，第348页。
③ 林耀华:《民族学通论》，中央民族大学出版社1997年版，第55页。
④ [加] 威尔·金利卡著:《多元文化的公民身份———种自由主义的少数全体权利理论》，马莉、张昌耀译，中央民族大学出版社2009年版，第44—46页。
⑤ 王明珂:《华夏边缘——历史记忆与族群认同》，台北：允晨文化实业股份有限公司1997年版，第12页。
⑥ 马戎:《民族社会学导论》，北京大学出版社2005年版，第22页。
⑦ 陈纪:《族群概念界定评析及其类型化认知初探》，《云南民族大学学报》2016年第1期，第17页。

（causal utility）及可操作性（operationalization）7项基本要求，①以及罗伯特·爱德考克和大卫·科利尔（Robert Adcock and David Collier）关于具体研究中概念操作性的——概念的背景（background concept）、概念的系统化（systematized concept）、概念的指数（indicators）、概念测量的数据（scores for cases）的基本要求。②本书所采用的族群概念是一种广义（thick）的概念，是一种包括体质、血缘、语言、宗教等原生标准，也包括文化、社会等主观标准的概念，即族群是一群具有共同的文化，或宗教（信仰）、或种族特征（体质特征）、或语言、或风俗习惯的共同体。它既包括主权国家内的各个族群，也包括在一定区域内的各跨界族群，如中国有朝鲜族、蒙古族（图瓦人）、哈萨克族、柯尔克孜（吉尔吉斯）族、塔吉克族、乌孜别克（乌兹别克）族、俄罗斯族、维吾尔族、藏族（夏尔巴人）等30个跨界民族，③以及中东的库尔德人等。它还可指一些移民团体，如美国的亚裔、拉美裔群体，欧洲的穆斯林、犹太人等，也可指一些土著团体，如美洲的印第安人。它也可指国际社会中一些离散者，如吉卜赛人。④

正如菅志翔所述"对当今世界'民族现象'的族群概念分析，可以在超越历史意识形态局限性的基础上，深入认识群体互动机制，了解族群或是民族现代现象以及各种群体关系的本质"。⑤

---

① John Gerring, *Social Science Methodology: A Unified Framework*, Cambridge: Cambridge University Press, 2012, p. 117.

② Robert Adcock and David Collier, "Measurement Validity: A Shared Standard for Qualitative and Quantitative Research", *The American Political Science Review*, Vol. 95, No. 3, Sep. 2001, p. 531.

③ 参见金春子、王建民《中国跨界民族》，民族出版社1994年版。

④ 参见 Milton J. Esman, *Ethnic Politics*, Ithaca and London: Cornell University Press, 1994; Sinisa Malesevic, *The Sociology of Ethnicity*, London: SAGE Publications, 2004。

⑤ 菅志翔：《族群：社会群体研究的基础性概念工具》，《北京大学学报》2007年第5期，第146页。

2 族群冲突的内涵

本书中的族群概念是一种广义的概念，那么相应的族群冲突也是一种广义的概念。那么何谓族群冲突？族群冲突有何特点？如何区分不同类别的族群冲突呢？冲突在人类社会发展中是一个普遍的和永恒的重复现象。据诺斯等所述，每个社会都面临着暴力问题，并且几乎没有一个社会能够通过消灭暴力来解决暴力问题。① 冲突一般指诸如部落群体、种族群体、具有共同语言的群体、具有相同文化的群体、宗教群体、社会经济群体、政治群体等具有某一可认同的人群之间，由于所追求的目标相互抵触或看似相互抵触，或争夺价值以及稀有地位、权力和资源，而展开的有意识的对抗行为。② 内战、革命、政变、游击暴动、政治暗杀、蓄意破坏、恐怖主义、罢工、抗议、游行、威胁等都属于冲突的范围。

围绕着这些冲突产生的原因，学界给出了微观和宏观两个层面的解释。微观理论主要涉及生物学理论、心理学理论、攻击本能论、动物行为论、种内攻击说、挫折—攻击理论、学习和意向理论等。生物学理论主张将昆虫、动物和人类的社会行为联系起来，认为人类的攻击行为取决于人的天性，以确保在达尔文式的进化过程中生存下去。③ 攻击本能论者认为冲突是人类天生的、本能的攻击行为的表现，且这种本能无须通过学习而获得，而是

---

① [美] 道格拉斯·C. 诺斯等：《暴力与社会秩序：诠释有文字记载的人类历史的一个概念性框架》，杭行、王亮译，格致出版社、上海人民出版社 2013 年版，第 16 页。

② [美] 詹姆斯·多尔蒂、小罗伯特·普法尔茨格拉夫著：《争论中的国际关系理论》（第五版），阎学通、陈寒溪译，世界知识出版社 2013 年版，第 189 页。

③ 参见 Edward O. Wilson, *Sociobiology: The New Synthesis*, Cambridge, MA: Harvard University Press, 1975.

继承下来的心理过程。① 如弗洛伊德认为人类有生存和死亡两种本能。对于生存本能的追求转移了自我毁灭的死亡本能，这便是人类社会持续冲突的原因。②

动物行为学者认为攻击性是动物的基本行为之一，这种假设也可为研究人类冲突行为提供一种研究模式，尽管人类比其他任何高度发达的动物都更为复杂。这种攻击的生理机制在一定外界的刺激下便会导致人的争斗行为。③ 种内攻击说认为攻击性这一本能，有助于个体和物种的生存，而拥有技术性武器的人类在一方面表现得较为突出。④ 而挫折—攻击本能论的学者却认为人的攻击行为只有在受到挫折时才会产生，即攻击总是挫折的结果，⑤任何一种攻击行为都是一种精神上的宣泄。⑥

这种挫折—攻击的行为还会在社会化的过程中得以转移，换句话说受挫折者经常把敌意态度转向替罪羊。⑦ 到底是人类好战成性的本能，还是为了保家卫国而学习技能，进而采取攻击行为，这与人在社会化过程所受的教育和形成态度有关，如果人们持有一种选择性知觉、错误知觉和知觉扭曲的镜像，即对敌人的

---

① William McDougall, *An Introduction to Social Psychology*, Boston: Luce, 1926, pp. 30-45.

② 参见 Robert A. Goldwin et al., *Readings in World Politics*, New York: Oxford University Press, 1950。

③ John Paul Scott, *Aggression*, Chicago: University of Chicago Press, 1958, p. 62.

④ Konrad Lorenz, *On Aggression*, Washington: Harvest Book, 1974, pp. 54-65.

⑤ Abraham H. Maslow, "Deprivation, Threat and Frustration", in J. K. Zawodny ed., *Man and International Relations*, San Francisco: Chandler, 1966, pp. 17-19.

⑥ John Dollard, *Frustration and Aggression*, New Haven: Yale University Press, 1939, pp. 39-47.

⑦ Ralph K. White, "Images in the Context of International Conflict", in Herbert C. Kelman ed., *International Behavior: A Social Psychological Analysis*, New York: Rinehart and Winston, 1965, pp. 267-268.

第1章 族群冲突的国内、国际多重博弈

错误认知，最终会变成自我实现的语言，届时冲突便会常常光顾。① 当然这种攻击心理和行为若能通过政治、教育、宗教等措施，得到及时疏导，冲突行为也会大大减少。② 在我国古代历史上虽没有心理学这一学科的概念，但也不乏关于冲突的心理解释，如孔子主张推己及人、己所不欲、勿施于人的方法论。

可见，心理的原因在冲突当中是紧要的，但无论如何重要，它也无法让人们充分了解到这种个人的冲突行为是如何形成集体行动的。柏拉图式的解说，即将个人层面的理论拓展到社会等更高层次的范畴，总是让人有种牵强附会的感觉。那么下面让我们聚焦于宏观层面对于冲突的解释。

宏观层面的解释是指在社会层次、民族国家层次和全球体系层次上对于冲突的解析。多数社会学家和人类学家认为冲突是与群体相伴而生的，至少从新石器时代有组织的暴力冲突便成为人类的灾难。③ 他们从社会结构变迁的角度认为冲突是社会结构转变的结果，如在原始社会大都采取对外暴力冲突的手段来实现群体目标，④ 进入农业社会之后虽有改观，但正如阿尔温·托夫勒和海迪·托夫勒夫妇所述，人类社会在三次浪潮（第一次浪潮为农业文明、第二次浪潮为工业文明、第三次浪潮为后工业社会文明）的转换以及文明的碰撞之间形成各种冲突。⑤ 玛格丽特·米

---

① 参见 Robert Jervis, *The Logic of Images in International Relations*, Princeton, NJ: Princeton University Press, 1970。

② Ithiel DeSola Pool, "Effects of Gross-National Contact on National and International Images", in Herbert C. Kelman ed., *International Relations: A Social-Psychological Analysis*, New York: Holt, Rinehart and Winston, 1964, pp. 106-129.

③ 参见 Lawrence H. Keeley, *War Before Civilization: The Myth of the Peaceful Savage*, Oxford University Press, 1997, p. 260。

④ John A. Vasquez, *The War Puzzle*, New York: Cambridge University Press, 1993, p. 10.

⑤ Alivn and Heidi Toffler, *War and Anti-War: Survival at the Dawn of the Twenty-first Century*, Boston: Little, Brown and Company, 1993, pp. 18-25.

德认为战争是文化创造出来的,① 马林诺夫斯基也认为一切形式的战斗都是复杂的文化反应。②

这种结构主义的理论受到斯考克波尔的青睐。斯考克波尔在《国家和社会革命》一书中,将马克思和韦伯结构主义方法进行了综合,并凝练出结构冲突变化的方法(structure-conflict-change approach),认为国家和社会的革命主要受"国际形势、国家性质、阶级内部和阶级间的关系、国家和阶级的关系以及革命性质"五个结构因素的影响。③ 正是斯考克波尔的这种结构分析,将民族国家又重新带入政治学的研究中来,也成为分析冲突的一种范式。如布拉斯(Brass)认为"如果一个国家长期从政治上弱化或者控制内部的不同意见,那么这些不同意见可能会突然爆发出来,形成要求分离或自治的压力"。④ 紧接着社会运动学派也将其作为分析的方法之一。⑤ 同时国家的类型也成为冲突分析的一个维度,其中民主和评论便是其中最为典型的一个,即民主国家之间很少交战。⑥

---

① Margaret Mead, "Warfare Is Only an Invention, Not a Biological Necessity", in Leon Bramson and George W. Goethrals ed., *War: Studies from Psychology, Sociology, and Anthropology*, New York: Basic Books, Inc., 1964, pp. 269–274.

② Bronislaw Malinowski, "An Anthropological Analysis of War", in Leon Bramson and George W. Goethrals ed., *War: Studies from Psychology, Sociology, and Anthropology*, New York: Basic Books, Inc., 1964, p. 255.

③ Skocpol, Theda, *States and Social Revolutions: A Comparative Analysis of France, Russia, and China*, Cambridge: Cambridge University Press, 1979.

④ Paul R. Brass ed., *Ethnic Groups and the State*, Totowa, NJ: Barnes and Noble, 1985.

⑤ 参见 Verta Taylor, "Mobilizing for Change in a Social Movement Society", *Contemporary Sociology*, Vol. 29, No. 1, Utopian Visions: Engaged Sociologies for the 21st Century, Jan. 2000, pp. 219–230; Doug McAdam and Dieter Rucht, "The Cross-National Diffusion of Movement Ideas", *The Annals of the American Academy of Political and Social Science*, Vol. 528, Issue 1, 1993, pp. 56–74。

⑥ Doyle, Michael, Kant, "Liberal Legacies and Foreign Affairs", *Philosophy and Public Affairs*, Vol. 12, No. 3, Summer 1983, pp. 205–235.

第1章 族群冲突的国内、国际多重博弈

至于冲突的国际层面分析便多为革命和战争，国内革命和低烈度冲突的国际化，如卡尔·多伊奇关于代理人战争的描述便是如此；国际社会无政府状态的解释，一直是现实主义所奉为圭臬的战争原因，其中延伸出的军备竞赛、联盟与战争的解释，国家实力的此消彼长与国际暴力，权力转移与战争，等等，均属于国际层面关于冲突的论述。

族群冲突作为冲突的一种新式，是指在两个或两个以上的族群间，围绕着荣誉、价值、稀有地位、权力、资源而展开的有意识的对抗行为。按照冲突的主体来分，可分为移民群体与当地族群的冲突、多民族国家内族群与族群间的冲突、族群与国家间的冲突等；按照冲突的烈度来分，可分为低烈度族群间暴力、高烈度的族群造反、族群内战和种族屠杀等类型；① 按照族群冲突的性质来分，可分为族群社会运动、族群分离运动、族群极端主义运动等。

作为一种暴力性行为，族群冲突具有易破坏性、扩散性和扩大化的特点。破坏性主要是族群冲突不仅会造成国内生命财产的损失，也会通过冲突难民、跨界族群纽带、反叛组织对于领土的要求等破坏地区安全与稳定；破坏性还体现在族群冲突对于地区经贸往来的影响上，如冲突会影响整个地区的市场环境，打破经济联系的纽带，也会在资源、资本、交通和劳动力等方面影响区域经济发展。② 扩散性，即一个国家的族群冲突可以引发周边国家的民族学习它们的方式、方法来进行民族冲突，③ 同时邻国的

---

① 参见 Buhaug, Halvard and Kristian Skrede Gleditsch, "Contagion or Confusion? Why Conflicts Cluster in Space", *International Studies Quarterly*, Vol. 52, No. 2, 2008, pp. 215−233。

② Murdoch, James C., and Todd Sandler, "Civil Wars and Economic Growth: Spatial Dispersion", *American Journal of Political Science*, Vol. 48, No. 1, 2004, pp. 138−151.

③ Kuran, Timur, "Ethnic Dissimilation and Its International Diffusion", in *The International Spread of Ethnic Conflict: Fear Diffusion, and Escalation*, edited by David A. Lake and Donald Rothchild, Princeton, NJ: Princeton University Press, 1998, pp. 35−60.

族群冲突也可以激发本国相同族群斗争的激情,最为典型的例子便是西亚北非动荡和苏联的解体;扩大化,即族群冲突易在地区大国、区域组织、国际政府组织和国际非政府组织的协助下实现族群冲突问题的地区化和国际化,如卢旺达种族清洗、达尔富尔危机、叙利亚危机、科索沃危机等便是如此。

3 族群冲突的多重博弈

国际关系中的族群冲突多为国际层面的分析,然而如在导论中所述,族群冲突爆发的原因及影响是多层次的。显然国际关系中关于族群冲突的国内、国际两层分析是不够的,应是族群、国家、国际三个层面的系统分析,是多重博弈。之所以说是系统分析,是因为各个层次之间是一种相互关联、相互依存和相互作用的关系,就族群冲突的分析而言,各个层次在互动中形成了一种系统,该系统具有整体性、多层次性、关联性和开放性的特点,这也符合戴维·伊斯顿①和塔尔科特·帕森斯②关于系统论的定义。

3.1 族群冲突多重博弈的系统分析

系统论是由美籍奥地利生物学家贝塔朗菲提出的,③ 后融入I. 普利高津的"耗散结构理论"、④ H. 哈肯的协同学、⑤ R. 托姆

---

① 参见[美]戴维·伊斯顿著《政治生活的系统分析》,王浦劬译,人民出版社 2012 年版。

② 参见[美]塔尔科特·帕森斯著《社会行动的结构》,张明德等译,译林出版社 2012 年版。

③ 参见[美]冯·贝塔朗菲著《一般系统论:基础、发展和应用》,林康义译,清华大学出版社 1987 年版。

④ 参见湛垦华、沈小峰《普利高津与耗散结构理论》,陕西科技出版社 1982 年版。

⑤ 参见[德]赫尔曼·哈肯著《协同学:大自然构成的奥秘》,凌复华译,上海译文出版社 2013 年版。

第 1 章　族群冲突的国内、国际多重博弈

的突变论、① M. 艾根等的超循环理论②以及 A. 乌约莫夫的参量型系统论③，得以丰富和发展，逐渐在科技领域形成了系统理论科学。在 20 世纪 20 年代系统论被应用于社会学、政治学等领域，形成了戴维·伊斯顿模式、④ 塔尔科特·帕森斯的普遍模式⑤等。各家学说强调的点虽有不同，但对系统论的基本原理认识却是一致的，即系统论是探索社会、文化等领域各种系统普遍特征和发展规律的学科。⑥ 系统论将研究对象看作一个系统，以系统的整体为研究基础，在系统与要素之间、各要素之间以及系统与外部环境的互动中，发现研究对象的特质及其发展规律。⑦ 这里的系统是一个整体的、多层次的、相互关联的和开放的系统。故以系统论的基本原理为指导，可以更加全面地分析族群冲突，因为族群冲突也是一种多层次的、关联的、开放的和整体的系统工程。

系统是由各个要素构成的有一定特定功能⑧的有机整体。整体的功能大于各个部分的功能之和，每个系统又是其他系统的子系统。整体性是系统的基本特征之一，是系统论思想的灵魂。族群冲突是在一个冲突诱因、冲突过程、冲突扩大化、冲突治理以及冲突灭亡的整体过程，也是由族群系统、国家系统和国际系统

---

① 参见［法］勒内·托姆著《突变论：思想和应用》，周仲良译，上海译文出版社 1999 年版。

② 参见［联邦德国］M. 艾根、P. 舒斯特尔著《超循环论》，曾国译，上海译文出版社 1990 年版。

③ 参见［苏］A. H. 乌约莫夫著《系统方式和一般系统论》，闵家胤译，吉林人民出版社 1983 年版。

④ 参见［美］戴维·伊斯顿著《政治生活的系统分析》，王浦劬译，人民出版社 2012 年版。

⑤ 参见［美］塔尔科特·帕森斯著《社会行动的结构》，张明德等译，译林出版社 2012 年版。

⑥ 乔非、沈荣芳、吴启迪：《系统理论、系统方法、系统工程——发展与展望》，《系统工程》1996 年第 5 期。

⑦ 肖正德：《系统论视域下教师教育学科体系之特质与构建》，《教育研究》2014 年第 7 期。

⑧ ［法］莫里斯·迪韦尔热著：《政治社会学》，杨组功译，华夏出版社 1987 年版。

三个联动子系统构成的整体；层次性是因系统在结构和功能上的差异性，而呈现出来的等级秩序性。① 在族群冲突的过程中，冲突是一个由内向外的过程，虽然在这一过程中外部的因素同样不容忽视；关联性是系统论的一个基本特征，因为系统由相互联系的各要素构成的具有新的功能的整体，各要素之间是一种相互联动的关系，即某一要素的变化会引起其他要素相应的变化。族群冲突的各个子系统的变化都会给族群冲突的烈度和广度带来影响，有时甚至会起到蝴蝶效应。开放性是一个系统必不可少的特征，它是系统保持动态与活力的根本参量。② 一方面，系统内相互关联的要素是开放的，不停地与外界进行着诸如能量、物质和信息等的交流。另一方面，系统的开放性体现在系统可通过学习实现由一个低级系统演变为一个高级系统。族群冲突的国际化、冲突时间的长短等都会受到外部环境的影响。那么在一个族群冲突的系统中，最为关键的两个变量是族群、国家和国际行为体力量的变化和族群冲突整个结构的变化。

这一点与华尔兹的结构现实主义有所相似，即族群、国家、区域强国和世界强国力量的变化会改变族群冲突的结构，结构的变化反过来会影响族际关系。这一结构主要由三个子结构构成。一是多民族国家内部的族群关系结构，即在一个多族群国家之中，各个族群基于国家历史、文化、经济和社会的制度安排，相互之间形成了一种均势，这种均势便是族群结构。一旦各个族群力量在内外因素的影响下，出现发展不平衡，便会改变这一结构，相应的族群关系便会发生改变。对于这种改变，国家若有能力加以调整便会化干戈为玉帛，相反则会使各民族间的冲突重塑新的族群关系，直到达成新的平衡。二是族群—国家结构，在当下的世界中由多元文化结构、多元一体结构、熔炉政策下的国家霸权结构（只有国家认同没有族群认同或在一个多民族国家内只

---

① 魏宏森、曾国屏：《试论系统的层次性原理》，《系统辩证学学报》1995年第1期。
② 舒也：《"系统哲学"与价值困境》，《浙江社会科学》2015年第11期。

能有一种族群认同）等，各自因历史传统和现实因素发挥着自身的作用，但这一切都是以强大的国家能力为基础的，一旦国家能力变弱或多民族国家建设不完善，族群—国家结构便会失衡，极端状况下便会出现民族分离主义、极端主义等现象。三是国际社会结构，正如结构现实主义所强调的那样，这取决于世界大国间的实力变化，当变化达到可改变排列顺序时，国际结构会发生变化，届时国际冲突便会出现。正如在系统的特性中所述，族群冲突的这三个层次是相互联动的，一个结构的变化会影响到另外两个结构的变化，结构的变化反过来又会影响族群冲突。考虑到本书的国际关系方向，下面便从国际结构的变化入手，来进一步揭开族群冲突多重博弈的面纱。

3.2 族群冲突多重博弈的逻辑

注重国内政治与国际关系集合分析兴起于 20 世纪 70 年代，在基欧汉和米尔纳合著的《国际化与国内政治》一书里便开始强调这种结合的重要性，① 后来米尔纳将国内非政府组织、立法团体带入了国际关系的分析，指出国内的三个政治群体（立法者、行政者以及利益团体）和国外的国家共同形成了一个偏好体系（structure of preference），这个体系的偏好决定着国家间关系的走向。② 1988 年罗伯特·帕特南提出了国际关系的双重博弈模式，即国内政治和国际政治的结合。③ 然而这两种博弈的游戏却不能胜任关于族群冲突的分析，如导论中所述族群冲突是多个层面的，昆西·赖特也强调战争原因是复合性的，不能采取过分简单

---

① 参见［美］罗伯特·基欧汉、海伦·米尔纳主编《国际化与国内政治》，姜鹏、董素华译，北京大学出版社 2003 年版。

② Milner, H. V., *Interests, Institutions, and Information: Domestic Politics and International Relations*, Princeton, N. J.: Princeton University Press, 1997, p. 16.

③ Robert Putnam, "Diplomacy and Domestic Politics: The Logic of Two-Level Games", *International Organization*, Vol. 42, No. 3, 1988, pp. 427–460.

的方法来分析之。① 那么在族群冲突的游戏里，将族群、国家和国际三个层面的因素结合在一起是必要的。

首先，国际无政府状态的相对性。霍布斯的丛林法则成为古典现实主义无政府状态的主要思想来源，摩根索在《国家间政治》一书中提出了国际关系的无政府状态的原则，随后这一原则成为现实主义和自由制度主义分析的起点。结构现实主义主张同质化的国家在无政府状态下，需要维持均势来获得生存。进攻性现实主义者走得更远，认为在无政府状态下国家只有通过自助，最大限度地追求相对利益的最大化才能获取安全感。基欧汉和约瑟夫·奈对于国际社会无政府状态的假设率先提出了质疑，认为无政府状态是一种复合相互依赖的状态。② 不过没过几年基欧汉在《霸权之后》一书中又将国际社会的无政府状态作为分析的逻辑前提。反而是米尔纳提出了国际社会的混合状态（polyarchy），即介于国内垂直秩序与国际无政府状态之间的状态——在这种状态下，国家的偏好是由各种行为体在博弈过程中形成的。③ 之后马丁（Martin）在《民主国家的承诺：立法部门与国际合作》一书中对于立法机构与国际合作承诺的影响的分析，④ 进一步验证了米尔纳的观点。戴维·莱克（David Lake）认为国际社会中也存在着向国内政治秩序一样的等级制，大国基于地缘战略、资源需求、意识形态等因素对小国控制，小国基于安全庇护、经济发展、技术进步等需求对大国依附，在一种各取所需、相得益彰的

---

① Quincy Wright, *A Study of War*, Chicago: University of Chicago Press, 1942, p. 17.

② ［美］罗伯特·基欧汉、约瑟夫·奈著：《权力与相互依赖》，门洪华译，北京大学出版社2012年版。

③ Milner, H. V., *Interests, Institutions, and Information: Domestic Politics and International Relations*, N. J.: Princeton University Press, 1997, p. 11.

④ 参见［美］利萨·L. 马丁著《民主国家的承诺：立法部门与国际合作》，刘宏松译，上海人民出版社2010年版，第2页。

状态下形成了一种国际社会中的等级制。① 以上是基于国家理性的分析，对于观念、认同和价值等主观因素考量较少，基于此建构主义学者将这些因素带入了国际关系分析，认为无政府状态是一种主观建构的产物，是一种自我实现的预言，并将无政府状态的文化概括为霍布斯敌对文化、洛克竞争文化和康德合作文化的三种状态。

以当前的形式观之，国际社会的混合制政府状态是对国际现实更加真切的描述，是一种无序和有序相结合的状态。在这种状态下，一些族群冲突问题既是国内行为，也有国际原因，有时后者更为显著，如鲁道夫·斯塔文哈根（Rodolfo Stavenhagen）认为族群冲突与国际社会是一种相互影响的关系，诸如在国外族群的学院关系、外界意识形态的支持、相邻大国的支持等国际因素都可促使族群冲突的国际化。② 乔安娜·内格尔和布拉德·沃顿（Joane Nagel and Brad Whorton）认为伊拉克（1961—1991 年）和安哥拉（1974—1991 年）间的族群冲突与美国和苏联的在经济竞争、军事竞争和地缘政治上的争夺不无关系。③

其次，一些多族群国家的民族国家建设不足，国家社会碎片化严重，族群成为独立的政治力量。民族国家的内涵是国内外谈论的永恒话题，其思想源远流长。在西方，古希腊时的柏拉图、亚里士多德从伦理的角度考察古希腊城邦的主权问题。中世纪的奥古斯丁和阿奎那把国家置于神学光环之中。启蒙时代的社会契约论者从抽象的层面来解释国家建构的逻辑过程，④ 如霍布斯主

---

① ［美］戴维·莱克著：《国际关系中的等机制》，高婉妮译，上海人民出版社 2013 年版。

② Rodolfo Stavenhagen, "Ethnic Conflicts and Impact on International Society", *International Social Science Journal*, Vol. 50, No. 157, 1998, pp. 433-445.

③ Joane Nagel and Brad Whorton, "Ethnic Conflict and the World System: International Competition in Iraq (1961-1991) and Angola (1974-1991)", *Journal of Political and Military Sociology*, Vol. 20, No. 1, 1992, pp. 1-35.

④ 王威海：《西方现代国家建构的理论逻辑与历史经验：从契约国家理论到国家建构理论》，《人文杂志》2012 年第 5 期，第 156 页。

张君主制、洛克提倡有限权力政府、卢梭推崇人民主权、孟德斯鸠信奉三权分立。近代的马克思认为国家是阶级统治的工具；马克斯·韦伯则认为国家是在既定的地域内，通过固定的行政官员合法垄断暴力工具的政治组织；涂尔干认为国家是同社会其他部分交往的结构。现当代的斯考克波尔、米格代尔、埃文斯、曼恩等主张从国家与社会的关系中，寻求国家的自主性和能力。在中国，有"天下观"① 和"大一统"② 视野下的国家观念，整体上表现为帝制中国、民族国家、政党国家与宪政国家历史发展的四个面相，③ 具体是一种民族—国家建构、民主—国家建构④和民生—国家建构⑤的综合体。结合以上关于民族国家的思想，以及当下现代化和全球化对民族国家的影响，民族国家的建构应从国家认同、国家与社会的关系、国家能力以及国际社会四个维度来建构。基于此，目前国际社会中仍存在一些弱国家，即国家能力弱、国家建构不完善、国家社会碎片化严重。在这些国家中的族群冲突较为严重，也往往成为大国或国际组织干预的对象。

再次，国家间相互依赖的程度逐步加深。国家间相互依赖有利于国际合作，但也有利于产生国家间的控制力，这一方面取决于敏感性，即国家在某些政策框架内做出反应的程度———一国变化导致另一国家发生有代价变化的速度多快？所付的代价多大？另一方面取决于脆弱性，即行为体因外部事件（甚至是在政策发生变化之后）强加的代价而遭受损失的程度———行为体为有效适

---

① 参见赵汀阳《天下体系——世界制度哲学导论》，江苏教育出版社 2005 年版。

② 参见葛兆光《宅兹中国——重建有关"中国"的历史论述》，中华书局 2011 年版。

③ 参见任剑涛《从帝制中国、政党国家到宪政中国：中国现代国家建构的三次转型》，《学海》2014 年第 2 期。

④ 参见徐勇《"回归国家"与现代国家的建构》，《东南学术》2006 年第 4 期。

⑤ 参见申恒胜、王玲《民生-国家：现代国家建构的一个重要维度》，《理论与改革》2007 年第 3 期。

第1章　族群冲突的国内、国际多重博弈

应变化了的环境做出调整应付的代价。① 权力在这种敏感性和脆弱性的非对称中产生。相互依赖的核心是依赖的各方必须有意识地承担一定的义务和代价，这种代价是各方均需要付出的，尽管这种付出不一定是对等的。② 目前国家间的相互依赖程度更加紧密，使世界政治更加复杂化。③ 这种状态让族群冲突的域外干预和影响更加复杂化。

最后，国际组织、区域组织的作用日益突出。国际组织作为一种超国家的准政府结构开始于20世纪。1919年国际联盟的建立掀起了国际组织研究的第一波浪潮，④ 之后国际组织的作用受到卡尔、摩根索、华尔兹以及米尔斯海默等现实主义者的批判。然而从制度主义者、跨国主义者以及国际现实来看，国际组织在经贸合作、人权保护、环境保护、安全议题等方面发挥着重要作用。在族群冲突上亦是如此，如联合国。

区域组织在经贸合作、安全稳定方面发挥着日益重要的作用，⑤ 关于它们合作行为的研究，在国际关系理论研究中逐渐地形成了一种理论——区域主义，即在共同区域内至少三个以上的国家为了追求在一个或多个议题中的共同利益在政府间展开合作的一种理论。⑥ 区域主义经历了由旧区域主义到新区域主义再到区域间主义的发展历程，实现了增量发展。其功能逐渐扩展到各个领域，主体也由区域内发展到区域外、区域间，作用也日益突

---

① ［美］罗伯特·基欧汉、约瑟夫·奈著：《权力与相互依赖》，门洪华译，北京大学出版社，第12、14页。

② ［美］罗伯特·基欧汉、约瑟夫·奈著：《权力与相互依赖》，门洪华译，北京大学出版社2012年版，第10页。

③ Helen V. Milner and Andrew Moravcsik ed., *Power, Interdependence, and Non-state Actors in World Politics*, Princeton: Princeton University Press, 2009.

④ Paul S. Reinsch, *Public International Unions*, Boston: Ginn and Company, 1911, p. 189.

⑤ Kelly-Kate S. Pease, *International Organizations: Perspectives on Governance in the Twenty-First Century*, New Jersey: Prentice Hall, 2007.

⑥ Muthiah Alagappa, "Regionalism and Conflict Management: A Framework for Analysis", *Review of International Studies*, Vol. 21, No. 4, 1995, pp. 359-387.

出，对于民族冲突的治理便是其重要内容，如美洲国家组织对海地和尼加拉瓜以及洪都拉斯和萨尔瓦多间冲突的化解，非洲统一组织在布隆迪、利比里亚、索马里和塞拉利昂等国家冲突中的作为以及东南亚国家联盟对缅甸民族冲突的治理等。

以上四个原因构成了族群冲突的逻辑基础，那么族群冲突这种由内而外的由族群→国家→国际社会，和由外而内的国际社会→国家→族群之间的机制主要由两部分构成。

3.3 族群冲突多重博弈的机制

在由内而外的由族群→国家→国际社会的博弈中，笔者采用"回飞镖模式"（Boomerang Pattern）来分析。该模式由玛格丽特·凯克和凯瑟琳·斯金克在分析国内非政府组织怎样通过"信息政治（将民族冲突的相关信息准确有效的公之于区域或国际范围内）、象征政治（通过一些关于民族冲突的象征、行动和真实故事向更多听众传达冲突的危害）、杠杆政治（呼吁区域内强国来干预民族冲突）和责任政治（努力让区域内强国关于治理民族冲突的政策和原则）"等的方式来避开本国政府，向国际组织或大国寻求帮助时提出的。① 国际组织或大国会通过舆论压力、经济制裁或武力干预等措施，来影响国内政府做出相应改变。然而这一过程并非像模式中描述得那么理想，在现实中受到各种因素的影响，如国家与社会关系的类型——强社会—强国家类型、强社会—弱国家类型、强国家—弱社会类型、弱社会—弱国家类型，② 国际组织的能力、大国与该国的关系以及大国国际责任的担当，等等。"回飞镖模式"是跨国关系（transnational network）

---

① Margaret E. Keck and Kathryn Sikkink, *Activists Beyond Borders*: *Advocacy Networks in International Politics*, Ithaca and London: Cornell University Press. 1998, p. 13.

② Thomas Risse-Kappen, Bringing Transnational Relations Back In Non-State Actors, Domestic Structures and International Institutions, New York: Cambridge University Press, 1995, pp. 3-36.

第1章　族群冲突的国内、国际多重博弈

的重要模式，开启了国际关系中的第三层游戏，应用广泛。所以，笔者在"回飞镖模式"的基础上，提出了族群冲突与国际干预的模式，具体如图1-1所示。

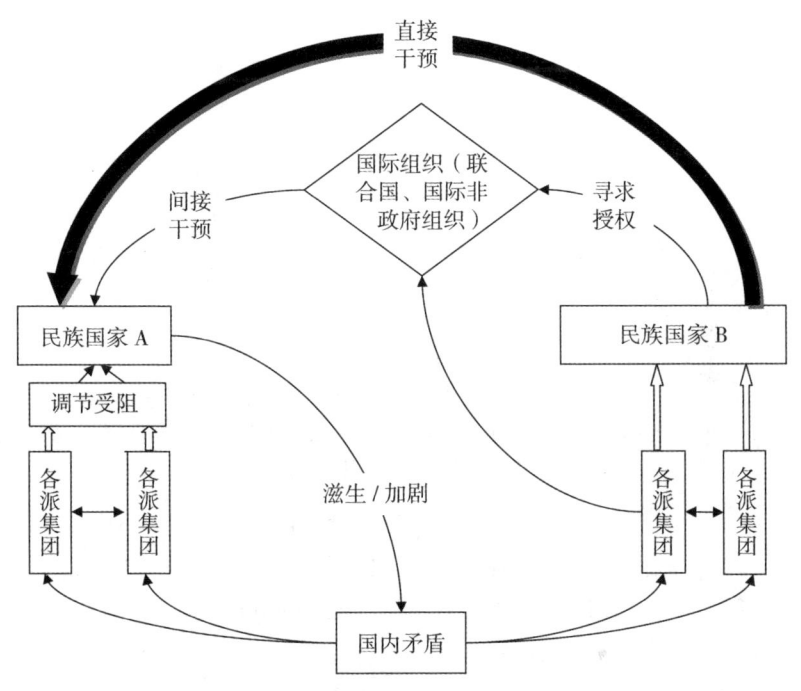

图1-1　族群冲突与国际干预由内而外模式

由于民族国家建构不完善致使民族国家 A 国内族群矛盾滋生，由此产生了以族群为载体的冲突，当族群冲突无法在族群间化解时，它们便会向民族国家 A 政府求助。然而由于民族国家 A 民族国家建构不善，致使其无力解决。这时民族国家 A 中的各族群便会向民族国家 B 寻求帮助，民族国家 B 在接到求助时有置之不理和积极应对两种方式。若是后者，民族国家 B 会首先向联合国等国际组织寻求授权，得到授权后民族国家 B 会采取国际舆论、经济制裁、武力威慑或武装干预等措施，向民族国家 A 施压，迫使其做出改变。此外还有一种情况是民族国家 B 得不到联合国等国际组织的授权，他也有可能直接向民族国家 A 施压，民族国家 A 内部的族群也可以直接向国际组织寻求帮助，但没有执法权的国际组织，也只能通过舆论压力这一"弱者的武器"来向民族国家 A 施压。①

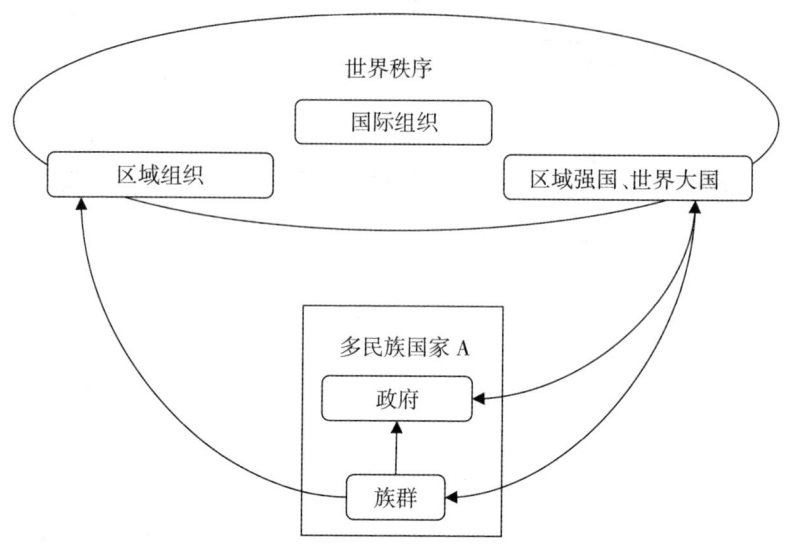

图 1-2　族群冲突与国际干预由外而内模式

由外而内的国际社会→国家→族群的模式是一种国际干预的模式。关于族群冲突的干预的行为体主要包括区域内强国、国际大国、区域组织和国际组织。这些国际行为体在世界秩序下，基于物质利益、观念、价值等方面的原因，关注多民族国家 A 内的族群权力、权利，一方面通过该国家内的政府进行国际价值、规范、理念的灌输、指导，以期通过现有政权，实现对其治下的族群影响。这种影响是双重的，有时可实现族群人权的改善、经

---

① 参见 Sidney Tarrow, "Outsiders Inside and Insiders Outside: Linking Transnational and Domestic Public Action for Human Rights", *Human Rights Review*, Vol. 11, 2010, pp. 71-182。

济、社会和政治的发展，但往往也会造成族群间的冲突。另一方面，这些国际行为体直接绕过该国家内的政府直接与族群联系，同样结果也是好坏兼有。还有另一种现象便是多民族国家 A 的族群绕过本国政府直接向国际行为体寻求帮助，这与图 1-1 中所表达的关系相同，这里便不再重复。

第 2 章　国际权力转移与族群冲突的机制分析

国际结构的变化始于国际社会中大国权力的兴衰,也即所谓的国际权力的转移。从历史中可知,国际社会几乎每次国际权力的转移都会带来相应的战争,难逃"修昔底德陷阱"。然而纵观前人的分析,其多聚焦于国家间战争和国际战争,关于国际的权力转移与族群冲突则少有。

1　族群权力、国家权力与国际权力

在讨论国际权力转移与族群冲突的关系之前,首先要明确几个问题,即族群权力、国家权力和国际权力的内涵是什么,它们之间的内在联系和区别是什么?要回答这个问题,首先要从权力的概念入手。

1.1　权力的来源与内涵

人类社会发展的历史在某种意义上便是权力更迭的历史,权力作为一个既古老又新颖的话题,成为人类社会共同的永恒主题之一。其思想在中西方均有论述,如孔子认为经济条件、军事力量和政治可信度构成了权力的主要内容,韩非子强调法(制度的

第 2 章　国际权力转移与族群冲突的机制分析

综合运用)、术(信息不对称的利用)和势(赏罚垄断)来构建权力。① 但对于权力的概念一直都是众说纷纭,正如莫里斯·迪韦尔热所述:"给权力下定义是难上加难的事情。"② 总结前人关于权力的来源,可将其分为以下几个流派。

第一,自然主义权力说。"人法地,地法天,天法道,道法自然"是老子在《道德经》中关于自然法最早的论及,主张遵循自然的规律而为,主张一种非情感特征的发展。③ 这是人类历史上关于自然法的最早描述,其思想对于越国崛起、魏国崛起、齐国的再次崛起均有影响,④ 后来被汉朝时汉文帝、汉景帝以及明朝嘉靖帝直接运用于国家统治,同时一些思想也被汉代的董仲舒纳入儒家思想的体系之中,成为影响中国的重要思想。在西方也有将自然视为"万祖之祖,万母之母"的传统,认为自然是一种客观性的本源,世界一切均来自自然,均需以自然而发展,并以此形成了一种价值判断。如泰勒斯认为世界的本原是水,赫拉克利特认为世界的本原是火等。以此种哲学,自然主义学派认为权力的生成是一种自然演进的过程,如亚里士多德认为城邦是经由自然的个体到家庭再到村坊,最后形成的人类最高的政治共同体,而这其中政治权力起到核心的作用。因为唯有在行使政治权力的过程中,人才能实现自我认同,毕竟人是天生的政治动物。⑤ 这种效法自然而来的权力影响深远,如格劳秀斯根据自然法确定了五条原则:他人的财产不得触犯;归还不属于自己的东西以及由此产生的收益给原主;由自己的过错而引起的损失应该予以赔

---

① 冯维江、余洁雅:《论霸权的权力根源》,《世界经济与政治》2012 年第 12 期,第 5 页。
② [法]莫里斯·迪韦尔热著:《政治社会学——政治学要素》,杨祖功、王大东译,华夏出版社 1987 年版,第 14 页。
③ 萧公权:《中国古代思想史论》,人民出版社 1985 年版,第 3 页。
④ 叶自成、龙泉霖:《华夏主义——华夏体系 500 年的大智慧》,人民出版社 2013 年版,第 143—150 页。
⑤ [古希腊]亚里士多德著:《政治学》,吴寿彭译,商务印书馆 1997 年版,第 7 页。

偿；应当践行诺言和契约；违法者必究。①

第二，神创主义权力说。神权政治是由英国人类学家弗雷泽于19世纪提出的，他认为国王是古代巫师或巫医的继承人。② 概括地来讲神权政治有四种类型。一为君权神授，如古埃及的法老被视为太阳神的后代。③ 二为教权至上说，主张由神的代表僧侣、教士或先知来直接统治人民，如中国商朝宗教领袖伊尹放太甲于桐，夺得政权七年。④ 在西欧中世纪时亦是如此，教会与国家并立，教会不但控制人们的精神世界，还通过独立的财政系统、教职制度控制世俗事务。三为天其律法说，认为作为政治权力基础的律法是神的旨意，在许多穆斯林国家便是如此，主张寻古兰经之法来实现国家的统治。在中国古代的华夏民族中奉行"獬豸决讼"，即以神兽"獬豸"来判断事情的是非曲直，⑤ 之后形成的中国后世法与"獬豸决讼"有着深刻的渊源。四为末世神权说，认为神对于尘世的罪恶不满，遂派使者重整世间秩序。基督教、佛教都存在末世审判说，伊斯兰教也有类似的信仰。⑥

第三，契约主义权力说。这种神权的思想终究难以代替尘世纷繁复杂的生活，几经波折权力跌下了神坛，落入尘世中来，权力起源的解说也被契约主义所另辟蹊径。自然主义将权力归为自然，神权主义将权力归为上帝等诸神，而契约主义以人类思想之启蒙，将权力归为理性人的产儿，是人造之物。契约主义关于权力的来源具体可分为：首先是人性阴暗说或人性恶。如霍布斯所

---

① 徐爱国：《破解法学之谜》，学苑出版社2001年版，第301页。
② ［英］詹·乔·弗雷泽著：《金枝》，徐育新等译，大众文艺出版社1998年版，第138页。
③ ［美］拉尔夫等：《世界文明史二（上卷）》，赵丰等译，商务印书馆1998年版，第84页。
④ 孙晓春：《商周时期不是神权时代》，《吉林大学社会科学学报》1987年第2期，第8页。
⑤ 《说文解字》，中华书局1963年影印版，第202页。
⑥ 赵满海：《商代神权政治的再认识——兼论文化的多样性与学科借鉴问题》，《史学集刊》2003年第3期，第93页。

第2章 国际权力转移与族群冲突的机制分析

言人性的恶，使人在丛林法则中为了生存，必须以冲突来获得安全，以致人们一直不断处于对死亡的恐惧和危险之中，最后以契约的形式建立利维坦。在这种状态下是一种人反对人的状态，出于安全和维护生命的考虑，人们愿意缔结契约，以寻求和平，权力得以产生。① 与霍布斯不同，洛克认为人类追求自由所带来的状态不是一种战争状态而是一种和平状态，即人们过着一种和平、友善、和谐、互助和安全的生活，但在这种生活状态下缺乏公共权威和法律。它们的缺失，对于生而自由的人而言，便可以为所欲为地追求自身的利益，这样也难免发生冲突。这也就需要一种"枷锁"来实现对无限自由的限制，人们互相订立契约，建立法律和公共权威来裁断冲突中的是非，权力也便产生。② 其次是分工合作说，霍布斯和洛克表述的状态虽有冲突和和平之别，但并未涉及人们之间分工合作的问题，没有合作，便很难实现经济、科学和技术的发展，基于此斯宾诺莎认为人们通过建立契约除了实现安全外，还能够实现社会分工，以利于经济发展，而权力便产生于该过程。③ 最后是实践中的契约主义权力说。无论是霍布斯、洛克还是斯宾诺莎，对于契约建立的过程的看法俨然是一种已发生过的经验事实，但这一过程却是一个"无知之幕"。对此，罗尔斯有不同的看法，他认为契约不是一个真实的历史过程，而只是一种合乎理性的推理，并认为在契约建立的实践过程中要遵循程序正义的原则，而只有这样，由契约所产生的权力才能得到全民的支持。④

第四，马克思主义权力说。在马克思眼里，无论是自然主

---

① ［英］霍布斯著：《利维坦》，黎思复、黎廷弼译，商务印书馆1997年版，第72页。

② ［英］约翰·洛克著：《政府论》（下篇），刘晓根译，商务印书馆1986年版，第77—78页。

③ ［荷］斯宾诺莎著：《神学政治论》，温锡增译，商务印书馆1982年版，第87页。

④ John Rawls, *Political Liberalism*, New York: Columbia University Press, 1996, pp. 12–13.

义、神权主义还是契约论主义都是唯心的,自然主义终结于超验的状态,契约主义也是一种个人理性的主观假设,神权主义是一种彻彻底底的唯心主义,因为只有人创造宗教,而不是相反。以历史唯物主义著称的马克思和恩格斯认为人类社会的发展必然产生权力,是在人因需求的产生到利益分配,再到利益矛盾的调和过程中产生的。在这里权力的产生得益于两个条件:一是生产技术的不断发展促使人产生新的需求和利益;二是分配机制和私有制的产生。正是这种历史唯物主义的态度,让马克思和恩格斯认为人类历史上各种社会形态维系权力的方式不同,如在原始氏族社会主要以血缘为纽带形成的共同体来维持权力;奴隶社会主要靠极端残忍的暴力和宗教来维系;封建社会主要依靠生产资料的地主所有制和森严的等级官僚体制来维持;资本主义社会主要依靠生产资料的资产阶级所有和暴力的统治机器来维持。①

第五,社会学派的权力说。上述四种关于权力的起源都建立在个人理性假设的基础上,但人之所以是理性的动物取决于它是社会的动物,正是人类社会进入了复杂社会,权力才得以产生。② 权力的社会学派认为社会既不像契约主义那样认为是人建构的产物,也不像自然主义那样认为是超然的天然存在,而是外在于一般的个人意识,并在时空上超越个人。如在涂尔干看来社会是自成一类的存在,有其自身的利益和意志,是一种集体利益的体现,不会受到个人的限定。③ 在社会学者的眼里,权力来自社会。

从社会心理的角度来看,权力来自对重要资源的不对称控制,来自对他人思想和行为的影响。④ 伯特兰·罗素把权力不仅

---

① 王浦劬:《政治学基础》,北京大学出版社 2006 年版,第 76—77 页。
② 参见 [美] 摩尔根著《古代社会》,张栗原等译,商务印书馆 1971 年版。
③ [法] 涂尔干著:《孟德斯鸠与卢梭》,李鲁宁、赵立玮、付德根译,上海人民出版社 2003 年版,第 96 页。
④ Fiske, S. T. & Berdahl, J., "Social Power", in A. W. Kruglanski & E. T. Higgins, *Social Psychology: Handbook of Basic Principles*, New York: Guilford, 2007, pp. 678-694.

第 2 章 国际权力转移与族群冲突的机制分析

看作一种欲望和机会,而且是一种现实的行为。① 从社会分工的角度来看,如同分工是生物学意义上的一种普遍意义一样,社会分工也是这种普遍发展的方式,只不过人类具有理智和意志而略显特殊罢了,正是这种分工造就了社会团结和社会权力;② 从社会结构来看,结构主义者将权力视为社会系统实现特定利益的媒介,是社会结构或系统的制度特征。③ 马克斯·韦伯从社会交往的角度出发认为"权力是在社会交往中一个行为者把自己的意志强加在其他行为者之上的可能性"。④ 但在吉登斯看来以上关于权力的定义可分为客体主义和主体主义两种权力观,前者认为权力是社会结构、系统或者共同体所具有的制度特征,是社会制度运行的媒介,通过它可以实现共同利益,后者认为权力是个人或组织通过利用其掌握的经济资源来实现其目的或意志的能力,具有一定的冲突性和压迫感。在吉登斯那里权力应该是多维度的,不应只是简单的主体和客体之别,而应是两者的结合,他认为权力应有主体自主性方面的转换能力和在主体过程中的支配能力。转换能力是指行动者发挥主观能动性以获得绝对性资源的能力;⑤ 支配能力是指行动者动员、支配资源的能力。⑥ 吉登斯认为正是转换能力和支配能力的相互作用才形成人类社会历史形态的部落

---

① [英]伯特兰·罗素著:《权力论》,吴友三译,商务印书馆 1991 年版,第 23 页。

② [法]涂尔干著:《社会分工论》,渠东译,生活·读书·新知三联书店 2000 年版,第 26 页。

③ Anthony Giddens, *Central Problems in Social Theory*, London: the Macmillan Press Ltd, 1979, p. 89.

④ [德]马克斯·韦伯著:《经济与社会(上卷)》,林荣远译,商务印书馆 1997 年版,第 81 页。

⑤ Anthony Giddens, *Classes and the Division of Labor*, London: Cambridge University Press, 1982, p. 29.

⑥ Anthony Giddens, *Capitalism and Modern Social Theory——An analysis of the writings of Marx, Durkheim and Max Weber*, London: Cambridge University Press, 1971, pp. 50-51.

社会、阶级分化社会和阶级社会三种类型。①

第六，语言学派权力说。"世界虽不等于语言，但世界只能在语言中得到表达。"② 语言既是人类的创造，也是人类的束缚，因为在什么场合，出于什么目的，而说哪些话都是由广泛的社会结构所决定的。受说话者的社会身份、地位以及对话语控制程度的影响，由此话语权力的不平等在话语活动参与者间便产生了，即主导者可主导交往的发展过程，相反则只能认同现状，或抨击、反驳。③ 由此也便产生了关于语言运用上的各种话语权研究学派。如索绪尔认为"语言是一种由不同符号构成的网络，在这个网络中每个符号都有其对应的位置，这种位置恰是符号的价值体现"。④

因此语言的力量便与价值体系联系在了一起，以至于20世纪60年代兴起了知识霸权（intellectual imperialism）研究的高潮，但这种知识霸权仅仅是内部化的结构，无法与实践结合。而维特根斯坦根据"语言即使用"的观点出发，将语言与现实有效地连接起来。他认为语言终究还是由具体时空下的人来说的，因此观察语言便也是观察人的活动，即观察语言的使用是否符合语言内嵌的语言游戏规则，因此在不同的语言游戏规则里面语言的意思是不一样的，可见游戏规则可产生权力。"语言决定了人，二人又创造性地反作用于语言"，⑤ 这也说明语言既可客观独立地发挥作用，同时也受到主观因素的影响和制约。但与以上几位学者不同，福柯虽然也讨论语言的结构和过程，不过他更侧重于话语秩

---

① 郭忠华：《吉登斯的权力观》，《东方论坛》2003年第4期，第100页。
② ［法］米哈伊尔·苏波特尼克：《言语行为哲学》，史忠义译，天津人民出版社2003年版，第246页。
③ 田海龙、张迈曾：《话语权力的不平等关系：语用学与社会学研究》，《外语学刊》2006年第2期，第7页。
④ ［瑞士］费尔迪南·德·索绪尔著：《普通语言学教程》，高名凯译，商务印书馆2003年版，第195页。
⑤ ［德］洪堡特著：《论人类语言结构的差异及其对人类精神发展的影响》，姚小平译，商务印书馆2002年版，第76页。

第2章 国际权力转移与族群冲突的机制分析

序分析。福柯认为话语的产生都有其程序的控制、选择、组织和重新分配的过程,① 话语是一种失去的权力。因为在充满着形形色色不平等权力的社会中,语言实践以及语言产品统统由权力所辖制,语言产品又制约着人的思维以及社会实践,成为束缚人们精神与生活的枷锁。一旦这种话语权力与知识和权利相结合,那么便会形成话语霸权。②

由上分析可知,权力可来自自然、诸神(宗教)、社会契约、阶级、阶层乃至话语等方面,可谓源出各方。但究竟何为权力呢?

综合上面关于权力的分析,本文将权力概括为个人或组织由于其特殊的自然、宗教(文化)、社会、阶级地位而占据着丰富资源,依赖于这些资源和动员资源的能力来让其他个人或组织做出按照其意愿的承诺或行为。权力按照其主体来划分,可分为个人、族群、社会组织、国家、区域组织、国际组织等权力;按照其领域来划分,可分为政治、文化、社会和经济权力;以权力发生的过程来看,权力又可分为输入权力、过程权力、输出权力以及反馈权力四种。输入权力指在政治系统中的输入部分,即大众对于某一政策或行为的需求,在这一过程中由于个人或组织所处的地位、掌握的资源、进入政治系统的渠道不平衡,会出现少数人代表多数人需求的现象,或者相反。过程权力主要指政治系统因各内部部分的不同,而产生的对于议题安排、议程设置等的控制;前两种权力构成了权力的第三种维度,即通过重塑人们的感知、认知、偏好以及价值观念机制等来完成对议题的操纵;输出权力主要指对于政策输出的控制,即对政策的最终表决权;这构成了权力的第一维度,即能够积极主动地参与政策制定的过程

---

① 参见 Noam Chomsky, Carlos Otero, *Language and Politics*, AK Press, 2004。
② [法]福柯著:《疯癫与文明》,刘北成、杨远婴译,生活·读书·新知三联书店2009年版,第15—16页。

中，形成有力的影响；① 反馈权力主要指对于政策反馈权的控制，政策都具有一定的增量性和路径依赖性，② 因此对于政策的不同意见会进行一定的控制。本章重点来分析族群、国家和国际权力。

1.2 族群权力、国家权力和国际权力

在一个多民族国家内，族群、国家是其内部的主要政治行为体，同时国家也面临着国际这一大的外部环境。

第一，族群权力。在多民族国家内的族群权力指两个部分，一是对于族群内部的权力，族群作为一个组织可通过族群认同、宗教信仰、风俗习惯、语言等影响，控制族群内部成员的意愿和行为。这种权力因族群内部的团结而异，族群内部越团结，族群权力越大，反之亦然。二是族群对外的权力，一方面族群与其他族群之间的权力关系，这主要取决于多民族国家内的族群结构，若是霸权结构则易形成一种控制与被控制的权力关系，若是族群的均势结构各族群间的权力关系便会相对和谐，若是族群的失序结构，族群之间会因宗教信仰、生活习惯、语言使用等方面的原因展开角逐，为追逐权力而展开斗争。当然这一切取决于国家的建设，这便是族群权力外部的另一个方面，即族群与国家间的权力。在一个建立完善的多民族国家内部，族群与国家间只有族群诉求、族群利益表达和族群在法律制度框架下的自治权力，而在多民族国家建设不完善的族群可能会向国家寻求自治、自决乃至分离的权力，后一种权力虽不被追捧，但却实实在在地存在着。族群对外权力的第三个维度是跨界族群、离散族群，这些族群间的权力则较为弱小，是一种文化、认同、语言等方面的影响力。

---

① ［英］史蒂文·卢克斯著：《权力：一种激进的观点》，彭斌译，江苏人民出版社2012年版，第17页。

② B. Guy Peters, Jon Pierre and Desmond S. King, "The Politics of Path Dependency: Political Conflict in Historical Institutionalism", *The Journal of Politics*, Vol. 67, No. 4, Nov. 2005, pp. 1275–1300.

第 2 章　国际权力转移与族群冲突的机制分析

第二，国家权力。国家权力是国家作为一个独立体系对内绝对统治权和对外独立自主权力的统一。① 主要包括四个维度的权力：国家认同权力、国家与社会的关系权力、国家能力以及参与国际社会的权力。因为领土和国界是国家行使权力的必要条件。领土是国家的空间维度，国界是对这一空间范围的确定。领土为其国民提供了空间和生存资源，国界是对其范围的空间界定，两者构成了民族国家建构的前提，是其主权的象征。因此在这里便不再赘述。

其一，国家认同权力。多民族国家的权力要得到人们的政治和文化等方面的认同。政治认同是对政治制度合法性的认可，正如安东尼·吉登斯所说，这种认可的形成过程是一种国家内部的"绥靖"过程，即国家行政资源的集中过程。② 文化的认同就是构建一个国家国族的过程，让各个民族获得在国家中的民族身份，这其中最为重要的便是民族心理文化的认同。

其二，国家自主性权力。疆域的确定、政治制度的建立以及国家认同的建构，仅是民族国家行使权力的第一个阶段，而国家的自主性则是第二个阶段，因为民族国家只有具有自主性，才能够实现其意志，这种自主性主要指国家对于社会的独立性和国家之于市场的自主性。

国家自主性的概念是由 20 世纪 70 年代回归后的国家学派所

---

① 虽然主权的绝对概念不断遭到挑战，如拉斯基的多元主义国家观、莱昂·狄骥的主权破产论、凯尔逊的国际法一元论、罗素的世界国家论以及全球正义者们的挑战，等等，但主权的观念仍不失它的价值，如汉斯·摩根索认为主权仍不可分割。参见［英］哈罗德·拉斯基著《政治典范》，张士林译，商务印书馆 1930 年版；［美］汉斯·凯尔森著《国际法原理》，王铁崖译，华夏出版社 1989 年版；［英］伯兰特·罗素著《社会改造原理》，张师竹译，上海人民出版社 1986 年版；［美］汉斯·摩根索著《国际纵横策论——争强权，求和平》，卢明华译，上海译文出版社 1995 年版。

② ［英］安东尼·吉登斯著：《民族-国家与暴力》，胡宗泽、赵力涛译，生活·读书·新知三联书店 1998 年版，第 145 页。

提出的，① 有绝对自主、相对自主和嵌入自主之分。绝对自主性是指政权机关和官僚体系能够完全独立于社会之外而实现国家意志，相对自主性是指国家的上层建筑对于社会具有一定的能动性，② 嵌入自主是指国家不仅能够通过内部的协同一致而获得自主性，而且能够渗透到社会与社会组织保持较强的结合性。③ 国家自主性主要受官僚组织的独立性、社会有无碎片化以及国际局势的影响。官僚组织的自主性主要体现在两个方面，一是官僚组织内部能否协同一致，通过官僚制度和文化来克服集体行动的困境，做到内部张力最小化，另一方面是官僚体系作为一个整体能否摆脱公共选择学派所谓的社会利益集团的干预，④ 独立地做出不受外界干扰的有利于国家的政策。若不能则会产生不好的影响，如日本的"政官财"铁三角体制严重制约着其经济发展⑤以及拉美在构建国家能力时的政治家困境⑥等。

国家自主性与社会碎片化是一种负相关的关系，美国政治学家米格代尔指出：由于受资本主义和殖民者的影响，广大第三世界国家出现了社会的碎片化，这种碎片化的社会严重制约着国家的自主性，易形成政策执行者、政客和社会强人之间相互妥协的

---

① 参见 Michael Mann, *States, War, and Capitalism: Studies in Political Sociology*, New York: Blackwell Pub, 1988。

② 主要是新马克思主义的观点，参见 Althusser, Louis, *For Marx*, Translated by Ben Brewster, New York: Vintager Books, 1970; Bridges, Amy Beth, "Nicos Poulantzas and the Marxist Theory of the State", *Politics and Society*, Vol. 4, No. 2, 1974。

③ Peter Evans, *Embedded Autonomy, States and Industrial Transformation*, Princeton: Princeton University Press, 1995。

④ 参见 [美] 布坎南著《同意的计算-立宪民主的逻辑基础》，陈光金译，中国社会科学出版社 2000 年版；James M. Buchanan, *Democracy in Deficit: The Political Legacy of Lord Keynes*, Indianapolis: Liberty Fund, Inc., 1977; William A. Niskanen, *Bureaucracy and Representative Government*, Transaction Publishers, 1971。

⑤ [日] 任云：《"失去的 20 年"与"安倍经济学"增长战略》，《国际经济评论》2014 年第 4 期，第 121—139 页。

⑥ Barbara Geddes, *Politician's Dilemma: Building State Capacity in Latin America*, Berkeley and Los Angeles: University of California Press, 1996。

第2章 国际权力转移与族群冲突的机制分析

病态关系，造成国家的意志难以实现。① 同样国家自主性也受到国家局势的影响，虽然国际社会中的无政府状态无实质性改变，但是有些国家处于地缘政治、国家安全、经济利益等，仍会把主权让渡给某一大国或国际组织，形成一种关系型权威，造成国际社会中某种意义上的等级制，② 影响着国家的自主性。

国家的自主性是国家对于社会的独立性，然而这种自主性要始终建立在国家能力的基础上，没有一定国家能力的国家建构是难以想象的，因为国家能力的强弱直接影响着国家的长治久安、繁荣安康，是国家权力的重要组成部分。③

其三，国家能力。首先是官僚体制的运行能力。以专业化分工、等级制、对法理化规则的遵从以及非人格化为主要内容的官僚组织是国家的基础，④ 它的主要内核是建立制度化的政治，如何做到就需要国家具备一定的制定制度的能力，并能够以制度和法律为基础履行国家的功能。其次，国家对社会的嵌入式平衡能力，主要指社会塑造国家的能力以及国家控制社会的能力。⑤ 具体指国家权力要蕴含于社会，是一种社会契约性的权力，即来自人民，受人民监督。再次，国家与市场关系视角下的促进经济增长的能力。历史的发展证明，不管是重商主义、古典自由主义、空想主义、马克思主义、边际的新古典主义、凯恩斯主义，还是

---

① Joel S. Migdal, *Strong Societies and Weak States: State-Society Relations and State Capabilities in the Third World*, Princeton, N.J.: Princeton University Press, 1988.

② [美] 戴维·莱克著:《国际关系中的等级制》，高婉妮译，上海人民出版社2013年版。

③ 刘媛媛:《浅论国家建构理论中的国家能力建设》，《学术月刊》2010年第6期，第104—105页。

④ 参见 [德] 马克斯·韦伯著《支配社会学》，康乐、简惠美译，广西师范大学出版社2010年版。

⑤ [美] 弗朗西斯·福山著:《政治秩序的起源》，毛俊杰译，广西师范大学出版社2012年版，第20页。

后凯恩斯主义和新马克思主义,① 都躲不开促进经济发展这一永恒的话题。最后,国家化解危机的能力。认同危机、合法性危机、贯彻危机、参与危机、一体化危机和分配危机等对国家能力形成不断的挑战和考验,处理不当便会引起政治不稳定和社会动荡。② 这就要求国家要树立大政府危机管理的理念,不断提高政府自身的危机管理能力、协调政府和社会的合作能力以及共同应对危机事件的能力。③

其四,国际社会维度下的国家权力。国际社会是在一个无政府状态下全球化日益加深的社会,在这种状态下国家的首要目的便是保护主权和领土的完整,通过自助来最大限度地追求国家利益的最大化,从而确保自力、自保和自强,④ 然而国际社会无政府状态也不是绝对的,⑤ 在这种状态下国际制度、规则可成为国家权力的来源。⑥ 所以制定国际规则、制度便成为国家权力的体现。同样全球化在增加国际交流与合作的同时,也给民族国家的主权带来了冲击,国家能否积极、有效地应对全球化的挑战,也

---

① [美] R. H. 奇尔科特著:《比较政治学理论:新范式的探索》,高铦、潘世强译,社会科学文献出版社1998年版。

② 参见 [美] 塞缪尔·亨廷顿著《变革社会中的政治秩序》,李盛平等译,华夏出版社1988年版。

③ 欧阳景根:《国家能力理论视野下的政府危机管理能力》,《中国行政管理》2010年第1期,第72—73页。

④ 参见 [美] 汉斯·摩根索著《国家间政治:权力斗争与和平》,徐昕等译,北京大学出版社2006年版;[美] 肯尼思·华尔兹著《国际政治理论》,信强译,上海人民出版社2006年版;[美] 约翰·米尔斯海默著《大国政治的悲剧》,王义桅、唐小松译,上海人民出版社2014年版。

⑤ 参见 Robert O. Keohane and Helen V. Milner, *International and Domestic Politics*, Cambridge University Press, 1996; Helen V. Milner, *Interests Institutions, and Information: Domestic Politics and International Relations*, Princeton, N. J.: Princeton University, 1997; [美] 亚历山大·温特著《国际政治的社会理论》,秦亚青译,上海人民出版社2008年版。

⑥ [英] 苏珊·斯特兰奇著:《国家与市场》,杨宇光著,上海人民出版社2006年版。

第2章 国际权力转移与族群冲突的机制分析

是国家能力的一个重要维度。① 随着国家间相互依赖的逐渐加深，各国的劳动输出、跨国公司以及海外投资日益增多，能否有效地保护它们的利益也成为衡量国家能力的一个重要指标。

第三，国际权力。论及国际权力，不得不涉及国际关系理论中关于权力的论述，虽然有学者发现在该领域有不下17个关于权力的定义，② 但根据现实主义、自由制度主义、建构主义以及其他的理论范式来看可将其简单归纳为以下几个方面：首先现实主义视角下的权力。卡尔在《20年危机》中强调权力是能够使别人的意愿与自身的意愿相一致的，进而能够更好地实现自我目标，并将军事力量、经济力量与支配舆论的力量作为权力的三种形式。③ 汉斯·摩根索（Hans J. Morgenthau）在《国家间政治：权力斗争与和平》中将权力定义为"人支配他人的意志和行动的控制力"。同时他系统地提出了诸如地理条件等八项内容作为国家权力的要素。④ 雷蒙·阿隆认为权力是影响他人行为和情感的能力。⑤ 在这些古典现实主义者眼里，军事力量是测量权力的重要指标，特别是能够赢得战争的军事实力。⑥

与古典现实主义不同，新现实主义者华尔兹认为权力应是国家在国际结构的位置，这一位置的测量应是人口的多少和疆域的

---

① 参见［加］约翰·拉尔斯顿·索尔著《全球化崩溃》，江美娜译，人民出版社2013年版；［美］曼弗雷德·B. 斯蒂格著《全球化面面观》，丁兆国译，译林出版社2013年版。

② Norman Z. Alcock and Alan G. Newcombe, "The Perception of National Power", *The Journal of Conflict Resolution*, Vol. 14, No. 3, Sep. 1970, pp. 335-343.

③ ［英］爱德华·卡尔：《20年危机（1919—1939）：国际关系研究导论》，秦亚青译，世界知识出版社2005年版，第93页。

④ ［美］汉斯·摩根索著：《国家间政治：权力斗争与和平》，徐昕、郝望、李保平等译，北京大学出版社2006年版，第56、148—188页。

⑤ Pierre Hassner, "Raymond Aron and the History of the Twentieth Century", *International Studies Quarterly*, Vol. 29, No. 1, Mar. 1985, pp. 29-37.

⑥ David A. Baldwin, "Power and International Relations", in Walter Carlsnaes, Thomas Risse, and Beth A. Simmons, *Handbook of International Relations*, London: SAGE Publications Ltd., 2005, p. 182.

大小、自然资源、经济能力、军事力量、政治稳定和能力等因素的粗略估计。① 约翰·米尔斯海默进一步发展了华尔兹的权力概念关于物质方面的强调，认为一国有效的权力最终取决于军事权力特别是与对手相比的相对地面军事力量。② 罗伯特·基欧汉和约瑟夫·奈把相互依赖与权力相联系，认为权力可以产生于非对称的相互依赖关系中，权力被视为对资源的控制或对结果的潜在影响。③ 基欧汉认为在无政府状态下国际制度也是国际权力的维度，重视国际组织等国际行为体在全球范围内的影响力。苏珊·斯特兰奇从安全结构、生产结构、金融结构以及知识结构的分析中得出结构性权力在国际社会中的隐性作用，指出在一些强制力量无法发挥作用时④，这四种结构在相互影响和作用下形成一种权力的四面体而作用突出。这种结构性权力的表达在传统的马克思主义者列宁、葛兰西、阿尔都塞那里也有体现，认为帝国主义对于资本、生产在全世界范围内的输出和对于世界市场的控制，造成了一种依附关系，形成了一种有利于资本主义国家的不对称权力。⑤ 同样西方学者，如沃勒斯坦也认为世界边缘—半边缘—中心体系下，发达国家占有生产技术、金融、市场等方面的优势，这种优势便是权力的体现。⑥

以上对于权力的解释多是物质层面的关怀，国际权力同样有非物质的层面。如跨国主义者们所强调的国际规范的权力在人

---

① Kenneth N. Waltz, *Theory of International Politics*, London: Addison-Wesley, 1979, p. 131.

② [美] 约翰·米尔斯海默：《大国政治的悲剧》，王义桅、唐小松译，上海人民出版社2014年版，第93页。

③ [美] 罗伯特·基欧汉、约瑟夫·奈：《权力与相互依赖》，门洪华译，北京大学出版社2002年版，第12页。

④ Helen V. Milner, *Interests, Institutions, and Information: Domestic Politics and International Relations*, Princeton: Princeton University Press, 1997, pp. 33-66.

⑤ Jonathan Friedman, "Marxism, Structuralism and Vulgar Materialism, Man", *New Series*, Vol. 9, No. 3, 1974, pp. 444-469.

⑥ Immanuel Wallerstein, "Class-formation in the Capitalist World-Economy", *Political and Society*, 1975, pp. 367-375.

第 2 章　国际权力转移与族群冲突的机制分析

权、生态、女性权利保护乃至安全等方面发挥着重要作用。如大卫·约翰·弗兰克（David John Frank）等通过研究亚洲环境保护政策的改革，发现国际生态保护的理念和规则在其中的作用显著。① 阿曼达·默迪（Amanda M. Murdie）和大卫·戴维斯通过分析 1992—2004 年的国际人权组织数据，发现国际人权组织通过人权的国际规范和制度在该时间段的世界范围内成功化解了 431起违反人权的事件。② 安德鲁·杨发现国际安全规范通过巴基斯坦和平联盟（Pakistan Peace Coalition）、美国之友服务委员会（American Friends Service Committee）、美国和平委员会（U. S. Peace Council）、非暴力国际（Nonviolence International）、关注南半球组织（Focus on the Global South）、基地行动网络（Bases Action Network）、组织战争联盟（Stop the War-Colition）等组织在反对海外军事基地建立的过程中成绩显著。③ 当然，关于国际权力非物质维度最为关注的当属亚历山大·温特。他认为权力是一种社会建构的产物，即观念赋予权力和利益以价值，并产生作用。④

亨廷顿等认为文明也是国际权力的来源之一，亨廷顿在《文化的重要作用——价值观如何影响人类进步》中引用丹尼尔·帕特里克·莫伊尼汉的话说"对一个社区成功起决定作用的是文化，不是政治"，并指出文化与一个国家的政治、经济和社会的

---

① David John Frank, Wesley Longhofer, Evan Schofer, "World Society, NGOs and Environmental Policy Reform in Asia", *International Journal of Comparative Sociology*, Vol. 48, Issue 4, 2007, pp. 275-295.

② Amanda M. Murdie and David R. Davis, "Shaming and Blaming: Using Events Data to Assess the Impact of Human Rights INGOs", *International Studies Quarterly*, Vol. 56, No. 1, 2012, pp. 1-16.

③ Andrew Yeo, "Not in Anyone's Backyard: The Emergence and Identity of a Transnational Anti-Base Network", *International Studies Quarterly*, Vol. 53, No. 3, 2009, pp. 571-594.

④ ［美］亚历山大·温特著：《国际政治的社会理论》，秦亚青译，上海人民出版社 2001 年版，第 40 页。

发展息息相关。① 同样在《文明的冲突与世界秩序的重建》中，亨廷顿认为"文化的界线正在重构着全球政治，即能走到一起的国家往往是文化相似的民族和国家，而文化不同的则会越加疏远"。② 文化成为世界秩序重建的重要砝码。江忆恩在分析中国历史上的国家战略中也曾强调文化在权力中的作用。③ 约瑟夫·奈认为权力有软硬之分，其中软权力主要指涉文化、意识形态和制度等的无形资源。④ 理查德·内德·勒博将荣誉、自尊等精神层面的要素当作权力的来源，他认为作为一种独特的动力，精神对政治具有重要的作用，因为人不仅通过个人活动获得自尊，而且借助其归属的社会单位的成就获得自尊。在古希腊，公民借助其城邦，近代之后人们借助国家的荣誉而获得自尊。⑤

结合学界关于国家权力的分析，笔者认为国际权力是在国际社会中，是一国基于其国家综合实力，通过国际规范、制度、观念、文化、军事威胁或干预、经济制裁等方式，影响或控制他国或族群意志和行为的能力。这一定义包含六层含义。其一，国际权力发生的场域是国际社会，国际社会的秩序、规范、观念和文化建构着国际权力。其二，国家是国际权力的主要行为体，国际权力是在国家交往互动中产生。但国家并不是国际权力的唯一行为体，国际组织、族群等行为体亦是国际权力的施动者或承受方。其三，国际权力既可以是一种强制力，也可以是一种影响力，前者主要涉及以武力威慑、干预，经济制裁等方式起作用的

---

① ［美］塞缪尔·亨廷顿、劳伦斯·哈里森主编：《文化的重要作用——价值观如何影响人类进步》，程克雄译，新华出版社 2002 年版。

② ［美］塞缪尔·亨廷顿：《文明的冲突与世界秩序的重建》，周琪、刘绯、张立平、王圆译，新华出版社 1998 年版，第 129 页。

③ 参见 Alastair Iain Johnston, *Cultural Realism: Strategic Culture and Grand Strategy in Chinese History*, Princeton: Princeton University Press, 1995。

④ 参见 Nye Jr., J. S., *Soft Power: The Means to Success in World Politics*, New York: Public Affairs, 2004。

⑤ ［美］理查德·内德·勒博：《国际关系的文化理论》，陈锴译，上海社会科学院出版社 2015 年版，第 122 页。

权力，后者主要是以国际制度、规范和文化等方式发挥作用的权力。其四，国际权力是能力和关系的结合物，国际权力是一种力，众所周知，力的功能取决于作用力与反作用力之间的关系，同样正如哈贝马斯所强调的，只有在交往行动中才能够事项行为者和主观世界、客观世界以及社会世界之间的关系，也才能够实现主体间性，即主体之间的合理性，发挥内在于主体的能力。① 其五，国际权力是物质因素和精神因素共同起作用的结果，如前文所述。② 其六，国际权力与国家权力既有重合也有不同，国家权力以国家权力为基础，但两者在场域、主客体、权力来源、权力行使的目的、权力的性质、使用形式和效用等方面存在着不同，具体如表 2-1 所示。

表 2-1　　　　　　国内权力与国际权力的比较

	主客体	场域	权力来源	规范性	性质	目的	使用方式	效用
国家权力	国家—国家	国际社会	综合国力	弱	公/私权力	国家利益	多样	弱
	国家—(族群)—公民	国内社会	统治权（世袭、战争或公民权力让渡）	强	亚政治权力	公民利益	单一	强

资料来源：参见周毅《论国际权力的特性》，《华中师范大学研究生学报》2012 年第 3 期，第 74 页；周毅、吕彬《国际政治理论与政治学中的权力学说：一种比较视角》，《江汉大学学报》2012 年第 2 期，第 21 页。

2　国际权力转移理论

国际权力不是永恒不变的，而是在国际社会中不停变化的。

---

① ［德］哈贝马斯著：《交往行动理论，第 1 卷——行动的合理性和社会合理化》，洪佩郁、蔺青译，重庆出版社 1994 年版，第 119—143 页。
② 封永平：《国际政治权力的变迁》，《社会主义研究》2011 年第 6 期，第 104 页。

历史的发展也显示,在民族主权国家成立以来,国际权力实现了多次转移,笼统地讲,近代以来在整个国际社会发展史中,人类共经历了从威斯特伐利亚秩序→维也纳秩序→凡尔赛秩序→雅尔塔秩序→冷战后新秩序的转变,① 在每次的转变中都伴随国际权力的转移。围绕着国际权力为何转移,转移的后果是什么等问题的研究,形成了国际关系研究中的权力转移理论。权力是政治最主要的组成部分,② 也是国际关系最为核心的话题之一,因为它关系到国际关系中的战争与和平。尤其是权力的转移构成了解析战争的主要理论之一。修昔底德关于雅典与斯巴达之间的权力转移及其对于伯罗奔尼撒战争影响的认知③可作为最早权力转移分析的逻辑。之后爱德华·卡尔关于"满足现状者"与"不满足现状者"之间冲突的分析,让权力转移的逻辑进一步展现。④ 汤因比指出了权力转移完成与全面战争结束后的过渡时期的"补充性战争"的关系。⑤ 汉斯·摩根索的以权力界定利益以及寻求权力的现状政策、帝国主义以及威望政策的分析对权力转移理论者也有较大影响。⑥

正是基于历史和现实主义权力理论的影响,奥根斯基(A. F. K. Organski)在《世界政治》一书中提出了权力转移理

---

① 王伟:《国际秩序转型与族群冲突》,《国际安全研究》2017 年第 6 期,第 61 页。
② [美]迈克尔·罗金斯、罗伯特·科德、詹姆斯·梅代罗斯、沃尔特·琼斯著:《政治科学》,林震等译,华夏出版社 2000 年版,第 14 页。
③ [古希腊]修昔底德:《伯罗奔尼撒战争史(上册)》,谢德风译,商务印书馆 1985 年版,第 19 页。
④ [美]爱德华·卡尔:《20 年危机(1919—1939):国际关系研究导论》,秦亚青译,世界知识出版社 2005 年版,第 212、231 页。
⑤ 参见 Arnold J. Toynbee, *War and Civilization*, New York: Oxford University Press, 1950。
⑥ 彭培根:《权力转移理论视角下的中国和平发展》,北京外国语大学硕士论文,2016 年,第 9 页。

第 2 章　国际权力转移与族群冲突的机制分析

论。① 该理论经过三代人的发展已经成为讨论国际关系中的重要战争理论,如詹姆斯·多尔蒂等将其纳入国际战争的宏观分析理论之中,② 乔纳森·迪西克和杰克·利维 (Jonathan M. DiCicco and Jack S. Levy) 也指出,在权力转移理论产生以来,从其在期刊论文、会议论文、博士毕业论文中所出现的数量,可知在学界的影响力之广泛和深远。③ 何谓权力转移理论,可从以下几个方面来看。

第一,权力转移理论的逻辑起点。首先,权力决定着国家在国际行为中的角色,奥根斯基深受现实主义的影响,在对国际权力的认知上与现实主义无异,均认为国际关系是权力政治。奥根斯基认为权力既指按照自身影响他国行为的能力,也指一国评估本国和他国权力时的主观意识。④ 其次,国际社会的等级制。金字塔式的等级制是权力转移理论者视国际社会的形态,处于最顶端的是主导国 (dominant nation),依次为大国 (great powers)、中等国家 (middle powers) 和小国 (small powers),与华尔兹各个国家功能相似的论调不同,权力转移理论者认为在金字塔结构中的国家功能和作用是不同的,权力转移最容易发生于主导国和崛起中的大国之间,因此它们之间的关系也便成为权力转移论者最为关心的内容。最后,国家是国际社会中主要的理性行为体。权力转移论者认为国家是理性的行为体,他们会根据所处的国际环境,进行成本额和收益的计算,并在此基础上选择最为恰当的方式以实现国家目标。⑤ 上述三项构成了权力转移理论的逻辑起点。

---

① 参见 A. F. K. Organski, *World Politics*, New York: Knopf, 1958。
② [美] 詹姆斯·多尔蒂、小罗伯特·普法尔茨格拉夫:《争论中的国际关系理论》,阎学通、陈寒溪等译,世界知识出版社 2013 年版,第 301—303 页。
③ Jonathan M. DiCicco and Jack S. Levy, "Power Shifts and Problem Shifts: The Evolution of the Power Transition Research Program", *The Journal of Conflict Resolution*, Vol. 43, No. 6, Dec. 1999, p. 675.
④ A. F. K. Organski, *World Politics*, New York: Knopf, 1968, pp. 124-125.
⑤ A. F. K. Organski and Jacek Kugler, *The War Ledger*, Chicago: University of Chicago Press, 1981, pp. 39-40.

第二，权力为何会转移。奥根斯基认为权力的要素主要由地理条件、资源、人口、经济发展、政治发展以及民族士气构成。后三者被其看作权力的社会决定要素，构成了权力变化的基本变量。其中政治发展用国内政治结构效率的提高、经济发展用工业化程度来衡量。正是科学技术的发展造成各个国家的政治、经济发展不平衡，使权力发生迅速的、无法阻止的转移。其次是权力转移的阶段。奥根斯基指出权力的转移存在三个时期：第一个时期为"潜在权力期"（period of potential power），在这一时期，国家的绝大多数人口从事农业生产，技术相对落后，生产力水平不高，工业化处于起步阶段，在国际事务中有一席之地；第二个时期为"过渡性增长期"（period of transitional growth in power），即从前工业化向工业化转变的阶段。在这一阶段，国家的主要特征是大量人口从农村向城市迁移，城市化水平迅速提高，科学技术得到迅速发展，工业化迅速膨胀，政治体制也开始变革等，国家权力因此得到增强；第三个时期是"权力的成熟期"（period of power maturity），在这一时期，工业化得到了全面实现，政治、经济体制的运转能力和效率进一步增强，社会福利有很大改善，国民情绪更加稳定，国际权力进一步增强。

这三个不同的阶段对应着三种不同的理论，均势理论适用于第一阶段，权力转移理论适用于第二阶段，第三阶段则期待新的国际关系理论的产生。① 均势理论认为大国间的实力均衡，可实现国际社会的和平稳定，一旦一个国家的权力超过了其他国家，其他国家会采取结盟来制衡过于强大的国家。然而在国家实现工业化之后，随着技术的发展，会造成国家间的政治、经济发展的不平衡，以致权力迅速发生转移，进而造成均势不能持久，不稳定。随着大国间权力接近均势，国家间会更加担心相互间的力量的对比，更加敏感于这种力量对比的波动，从而加大了战争的危险。正如伊尼斯·克洛德所说"如果平衡意味着任何一方都可能

---

① A. F. K. Organski, *World Politics*, New York: Knopf, 1968, pp. 351–354.

第2章 国际权力转移与族群冲突的机制分析

输,他也意味着任何一方都可能赢"。① 权力转移理论认为等级制比均势更容易带来和平与稳定,但在权力转移的过程中率先进入权力增长阶段和权力成熟阶段的国家会获得绝对的权力优势,成为主导国家,进而建立有利于自身的国际秩序。但工业化的进程是每个国家迟早会经历的过程,也会进入权力的增长阶段和成熟阶段,成为权力的拥有者和挑战者,那么是否满意原有的权力分配和秩序便成为战争爆发的焦点。据此,奥根斯基将其分为"弱小但不满意""弱小但满意""强大且满意""强大但不满意"四种类型,其中前两种是关键。若现存权力分配和国际秩序让挑战国和主导国不满,那么战争的风险增大,反之战争的可能性会降低。

对于挑战国是否满意,权力转移论者倾向于认为不满意,因为挑战国之所以感到不满,是因为它们认为原有的国际秩序是主导国所建立的,因此对其变革更有利于它们获得更快的增长。② 虽然权力转移论者强调主导国往往会扮演满意者的角色,但正如斯蒂文·陈(Steven Chan)所述"面对挑战国的挑战,主导国往往会先发制人,发动预防性战争",③ 这一点戴尔·科普兰(Dale C. Copeland)也认可,他认为某个担心失去往日辉煌的国家倾向于发动战争。④ 但不管谁先发动战争,权力转移理论者们始终确信权力差距缩小时或是权力持平时,尤其是一个敌对的想改变现状的挑战者与主导国权力接近时,战争便会爆发。奥根斯基在与

---

① Inis L. Claude, *Power and International Relations*, New York: Random House, 1962, p. 56.

② Douglas Lemke, William Reed, "Power is not Satisfaction: A Comment on de Soysa, Oneal, and Park", *The Journal of Conflict Resolution*, Vol. 42, No. 4, Aug. 1998, pp. 511-516.

③ Steven Chan, "Exploring Puzzles in Power-Transition Theory: Implications for Sino-American Relations", *Security Studies*, Vol. 13, No. 3, Spring 2004, pp. 103-141.

④ [美]戴尔·科普兰著:《大战的起源》,黄福武译,北京大学出版社2008年版,第2页。

其学生亚切克·库格勒合著的《战争分类》一书中，他仍坚持了这一观点，认为战争源于大国之间发展的不平衡，其中最为重要的是，主导国与挑战国发展速度的不同，致使后者超越前者。①

20世纪90年代，权力转移理论转向于区域层次，以解释区域权力结构中的次大国关系。兰姆克借用奥根斯基的等级秩序理论，认为除了全球的权力等级结构之外还存在着诸多区域性权力等级秩序，并以此建构了"多样性等级模式"（mulitiple hierarchy model），认为在区域范围内的次国家权力增长速度的不同，也会在区域等级秩序下形成区域主导国与挑战国之间的战争。② 与奥根斯基根据工业化的状态专注于内在要素分析不同，金宇祥将外部因素纳入权力转移理论的分析，认为大国间联盟的重组与变迁在一定的历史条件下可以改变大国间的权力对比，在此基础上提出了权力转移过程中的同盟转移，认为恰恰是同盟关系的变化导致了权力差距的缩小，实现了权力持平，因而产生了战争。③

强调外部因素的还有罗伯特·吉尔平。他认为支配帝国的过度扩张致使支配国权力减弱，为体系中的新兴国家提供了机遇，后者致力于重塑"支配国际体系的规则、势力范围乃至领土的国际分布"等，为了应对这种挑战，支配国可能采取限制承诺、削减扩张的成本、联盟、恢复友好关系等方式安抚挑战者。若不成

---

① A. F. K. Organski and Jacek Kugler, *The War Ledger*, Chicago: University of Chicago Press, 1981, pp. 39–40.

② Douglas Lemke and Suzanne Werner, "Power Parity, Commitment to Change, and War", *International Studies Quarterly*, Vol. 40, No. 2, Jun. 1996, pp. 235–260; Douglas Lemke, William Reed, "Regime Types and Status Quo Evaluations: Power Transition Theory and the Democratic Peace", *International Interactions*, Vol. 22, Issue 2, 1996, pp. 143–164.

③ Woosang Kim, "Alliance Transitions and Great Power War", *American Journal of Political Science*, Vol. 35, No. 4, Nov. 1991, pp. 833–850; Woosang Kim, "Power Transitions and Great Power War from Westphalia to Waterloo", *World Politics*, Vol. 45, No. 1, Oct. 1992, pp. 153–172.

第 2 章　国际权力转移与族群冲突的机制分析

功,支配国也会不惜一战,以战争维护其霸权地位。① 有学者认为长周期理论也应纳入权力转移理论的范畴。② 长周期理论由埃里克·麦克菲较早提出,他在重复的经济现象和战争间的经验性联系的基础上,经过分析 1850 年至 1914 年间的 20 多场战争,得出当衰退后的经济得以发展时,战争最有可能发生的结论。③ 后来汤普森又发现了在过去五个世纪的霸权、体系治理和战争中存在着周期性循环,认为战争是由权力不平衡增长率造成的。④

总之,权力转移理论有三个论断:其一,挑战国进行战争以反对主导国,或主导国先发制人在挑战国能够发起战争前予以打击;其二,当主导国与挑战国发动战争时,仍按照自身意愿来守护或重塑国际秩序;其三,战争这个沾满鲜血的医生,能够治疗权力转移引发的利益冲突。为此,奥根斯基和库格勒以拿破仑战争、普法战争、日俄战争以及两次世界大战为例。罗伯特·吉尔平以伯罗奔尼撒战争、第二次迦太基战争、三十年战争、路易十四战争、法国大革命、拿破仑战争以及两次世界大战来说明霸权战争。尽管有学者认为权力转移理论者关于战争可解决权力转移过程中的利益冲突的论调并不正确,⑤ 其分析的视角、逻辑前提

---

① Robert Gilpin, *War and Change in World Politics*, Cambridge: Cambridge University Press, 1981, p. 186.
② [美] 理查德·内德·勒博:《国家为何而战? 过去与未来战争的动机》,陈定定等译,上海人民出版社 2014 年版,第 32 页。
③ 参见 Alec L. Macfie, Theories of the Trade Cycle, London: Macmillan, 1934。
④ George Modelski and William R. Thompson, Long Cycles and Global War, in Manus I. Midlarsky, ed., Handbook of War Studies, Boston: Unwin Hyman, 1989, pp. 23–54.
⑤ [美] 理查德·内德·勒博:《国家为何而战? 过去与未来战争的动机》,陈定定等译,上海人民出版社 2014 年版,第 39 页;杜幼康:《权力转移理论质疑——以新兴大国中印崛起为视角》,《国际观察》2011 年第 6 期,第 32—39 页;王国欣、刘建华:《崛起国与主导国的关系模式——前景理论对权力转移理论的修正》,《国际论坛》2017 年第 5 期,第 58—65 页。

以及理论建构方面存在着缺陷,① 也没有处理好体系与单元行为体之间的互动关系,② 等等。但也正如范·埃弗拉（Stephen Van Evera）这位著名的战争问题研究者所述"权力转移打开了国际冲突新的脆弱的窗口",③ 毕竟权力转移理论确实开启了国际关系中冲突和战争解释的一个视角。④ 而后者却是本研究所要借鉴和完善的地方。

首先,国际社会中的权力转移是不争的事实。权力因人的欲望和需求产生,因利益的分配而得以呈现。⑤ 国际社会中的权力也因国家的需求和欲望而发,以国家利益的争夺和分配而呈现,但因人类社会发展不平衡的规律而产生权力增长速度的不同,致使权力在国家之间转移。同样,从历史的角度来看,权力转移时刻存在,一部洋洋洒洒110多万字的《全球通史》中充满着扩张、权力争夺所导致的战争。⑥

其次,权力转移中的行为体有待扩大。第一,权力转移理论者假定国际社会中存在着金字塔式的等级制,权力转移与战争也只在大国间进行。但这是一种单项逻辑,只考虑到主导国是受到挑战国的挑战而失去权力,事实上主导国也会因自身问题而丧失权力,如苏联解体。第二,虽然奥根斯基认为核战争并不能够阻止战争的发生,但世易时移,目前能够阻止大国间发生战争的因素越来越多,诸如国家间的相互依赖,新技术革命带来的科技制

---

① 李小华:《"权力转移"与国际体系的稳定——兼析"中国威胁论"》,《世界经济与政治》1999年第5期,第43页。
② 唐健:《权力转移与战争:国际体系、国家模式与中国崛起》,《当代亚太》2014年第3期,第68页。
③ 参见 Stephen Van Evera, *Causes of War: Power and the Roots of Conflict*, Ithaca and London: Cornell University Press, 1999。
④ 参见 Robert Powell, *In the Shadow of Power: States and Strategies in International Politics*, Princeton, NJ: Princeton University Press, 1999。
⑤ 王浦劬:《政治学基础》,北京大学出版社2006年版,第76—77页。
⑥ 参见［美］斯塔夫里阿诺斯《全球通史:从史前到21世纪（第7版）》,董书慧等译,北京大学出版社2005年版。

胜，国际社会中以和为贵理念在大国间的盛行，等等。第三，权力转移论者将目光聚焦于大国。在国际社会中大国固然重要，千里之堤溃于蚁穴，往往一些战争发端于国际社会中的一些小的冲突或战争。自第二次世界大战以来，更多的是族群冲突，如南斯拉夫战争。因此也应该给予这些族群冲突以更多的关注。第四，正如20世纪90年代以来的权力转移理论者所述，权力转移也发生于区域范围之内，目前来看，区域范围内的冲突较国际范围更为可能。

最后，权力转移理论所研究的战争范围应扩大到族群冲突层面。如前文所述，族群冲突已成为第二次世界大战后最主要的冲突方式。因此将挑战国与主导国之间的战争扩大到族群冲突将是必要的：其一，可以丰富权力转移理论关于战争的理论，即权力转移对于族群冲突的影响；其二，可以丰富族群冲突的国际理论，即在国际层面解析族群冲突的原因；其三，可实现国内政治与国际政治的结合。

由此可见权力转移对于族群冲突研究的意义。那么权力转移到底从哪些方面对族群冲突存在影响，它们之间的内在逻辑是什么？

3 国际权力转移与族群冲突的内在逻辑

"二战"后，由于毁灭性核武器、经济相互依赖以及科技制胜等因素的影响，大国家间的直接暴力冲突越来越少。不过，大国间关系也并不是海晏河清，而是暗潮涌动。他们往往以支持第三世界的国家作为其代理人进行较量。① 第三世界国家由于后发的特点，多民族国家建设多不完善，族群间的关系也较为复杂，这就为大国操纵它们的族群关系带来了契机。大国常常利用这种

---

① Duane Champange, "Social Structure, Revitalization Movements and State Building: Social Change in Four American Societies", *American Sociological Review*, Vol. 48, No. 6, 1983, pp. 754-763.

复杂的族群关系，通过支持一方来打击另一方，以此来获得在该国家或地区的利益。大国在国际社会中的作用以其国际权力为基础，那么国际权力的转移势必会影响大国的行为，而国际权力的转移又以大国间的竞争为起点，所以大国在政治、经济、意识形态等方面的竞争，以及大国自身权力的兴衰会给族群冲突带来影响。

3.1　国际权力转移的两个维度：大国竞争与大国权力兴衰

国际权力转移的逻辑前提是：权力决定着国家在国际行为中的角色，国际社会的等级制以及国家是国际社会中主要的理性行为体。在这一逻辑前提下，国际权力转移的主要行为体应是大国。无论是奥根斯基的挑战国与主导国、戴尔·科普兰的主导国与守城国、兰姆克的区域大国、金宇祥的大国联盟以及罗伯特吉尔平的支配帝国和新兴国家，都是指大国或崛起大国。为什么大国在国际社会中处于如此重要的位置，华尔兹在新结构主义中给出了答案。华尔兹指出"结构根据单元间能力的分配来界定，无论等级制的还是无政府性质的系统，能力分配的变化就是系统的变化"。[①] 单元能力强的被华尔兹称为强国，反之则为弱国，而国际系统的结构和变化也主要取决于强国之间的排序。

国际权力的转移也是指权力在主导国与挑战国间的转移，那么权力为何转移，它的开端是什么？毫无疑问是大国间权力对比的变化，权力发生变化是因为大国在相互竞争的过程中，能力的此消彼长。因此，我们便可将大国竞争视为国际权力转移的开端。正如刘均胜等指出的，"大国特别是崛起大国和霸权国之间的实力变化总是处于不断调整中，这导致他们之间总是处于竞争之中"。[②] "冲

[①] ［美］肯尼思·华尔兹著：《国际政治理论》，信强译，上海人民出版社2003年版，第134页。

[②] 刘均胜、沈铭辉：《亚太区域合作制度的演进：大国竞争的视角》，《太平洋学报》2012年第9期，第61页。

突"与"合作"是区分国际关系最为常见的二分法,① 但这种非黑即白的二分法却忽视了竞争这一中间状态的普遍存在。回顾国际关系史不难发现竞争的存在,而更多的国家间关系是在一定历史时期是处于一种竞争的状态。在所有类型的国际关系中,大国间的互动关系是首要的,由于各自利益在不同程度上存在交叉与重合,在国际权力转移过程中的大国对彼此来讲互为利益攸关方。因此,将大国竞争作为国际权力转移的开端以及其重要的过程是必要的。正如米尔斯海默所述,"大国的竞争是国际政治的常态,成为体系霸主是大国的必然追求,唯此方能保障其生存和发展的利益"。②

国际权力转移的完成是主导国或挑战国衰落之后,国际权力的重新组合。或主导国继续主导,或被挑战国打败,挑战国成为新的主导国,并由其主导国际体系。因此,可将大国的衰败视为国际权力转移过程的终结。大国兴衰的原因多重:奥根斯基认为大国的兴衰主要是由国内的工业化程度和发展速度造成的;保罗·肯尼迪认为大国兴衰可归结为生产力的发展水平;沃伦斯坦认为资本主义世界经济体无休止地追逐资本积累以及霸权国维护地位的开支是大国兴衰的原因;罗伯特·吉尔平认为大国维护霸权地位和提供公共产品与大国投入间的产出与效益的递减是大国衰落的根本原因;亨廷顿认为大国兴衰的一个重要指标是文明的主导地位,等等。③ 不管其原因如何,大国的兴衰构成了国际权力转移的重要维度,正如国际权力中心要具备的两个条件之一便是"要具有世界影响力的大国,该国需具备世界级的物质力量和

---

① K. J. Holsti, *International Politics: A Framework for Analysis*, New Jersey: Prentice Hall, 1983, p. 399.
② [美]约翰·米尔斯海默:《大国政治的悲剧》,王义桅、唐小松译,上海人民出版社2015年版,第2页。
③ 游博:《大国兴衰理论述评》,《社会主义研究》2005年第1期,第113—114页。

文化力量"。①

可见，大国竞争与大国权力的兴衰构成了国际权力转移视野两个主要维度，因此，分析国际权力转移视野下的族群冲突，便可从大国竞争与大国权力兴衰两个维度进行，那么它们两者与族群冲突的关系的基本逻辑是什么？

3.2 大国介入族群冲突的原因及条件

第二次世界大战之后，大国由于毁灭性的核武器、经济上的相互依赖和科技制胜等原因，相互之间大规模的直接战争已经减少。据理查德·内德·勒博统计，1945年以来的几十年所发生的国家间的战争，相对而言在数量上比较少，呈现出略微下降的趋势。② 如李巍所分析的：战争恐怖平衡机制抑制了大国战争的出现，如在冷战时期，这一特殊的大国关系形态的原因之一便是"核恐怖平衡"。在信息化和全球化的当下，大国不仅仅恐惧核战争，而且对一般性的武力冲突也产生了与日俱增的恐惧感和厌恶感；复合相互依赖机制在大国间创造了巨大的共同利益。随着全球化的日益深化，复合相互依赖机制充斥于政治安全、生产链条、金融网络、生态环境、经贸往来等多个维度，这种相互依赖促使国家更加理性地看待相互间的共同利益，而不是相对利益；科技创新制胜机制使国际竞争的方式发生了重大变化，因为对新技术的控制和垄断成为国际权力的重要来源，以垄断新技术而非武力打压对方便可增强权力地位，同时科技创新也改变了财富获得的零和博弈性质。在这三大机制的驱动下，大国间的战争、冲突概率越来越低，因为战争恐怖平衡使大国害怕恶性冲突，复合相互依赖使大国不愿恶性冲突，科技创新制胜让大国无须发生恶

---

① 阎学通：《世界权力的转移：政治领导与战略竞争》，北京大学出版社2015年版，第65页。

② [美]理查德·内德·勒博：《国家为何而战？过去与未来的战争动机》，陈定定等译，上海人民出版社2014年版，第3页。

第 2 章　国际权力转移与族群冲突的机制分析

性冲突。①

然而,大国间的直接冲突虽然减少了,但它们之间的竞争从未间断,这种竞争表现在安全领域便是通过盟友来进行代理战争。据美国系统和平中心统计,1990—2016 年国际社会共发生 116 起军事冲突,涉及 60 个国家,造成 5238500 人死亡,其中因族群冲突死亡的人数为 2759500 人,涉及 50 个国家。② 在这些族群冲突里面多有大国竞争的因素。

大国介入族群冲突主要基于以下几个原因。

第一,国家经济利益的考虑。一些族群冲突多发的国家有着丰富的资源,如尼日利亚、苏丹达尔富尔、叙利亚、也门等国家和地区。熊易寒、唐世平在分析族群冲突时认为,石油的族群地理分布是导致或加剧族群冲突的核心变量。③ 大国在这些族群冲突的国家中有着切身的利益,如 20 世纪 60 年代苏联对伊拉克政府的支持,美国对尼日利亚、乍得以及苏丹达尔富尔等地区族群冲突的干预,都与这些地区丰富的石油、天然气等资源有关。

第二,地缘政治的考虑。一些族群冲突的国家占据着重要的战略位置,如乌克兰作为欧洲与俄罗斯的地缘战略位置,叙利亚作为中东的中心,苏丹是非洲的门户,斯里兰卡是印度洋海上通道的咽喉,等等。为了获取或守卫在全球竞争中的有利位置,大国不惜挑起这些国家族群争端,以从中获利。

第三,意识形态的考虑。冷战时期,意识形态的争夺事关两大阵营力量对比和政权合法性。为此,苏联和美国积极介入第三世界国家的族群冲突,如在安哥拉族群冲突中美国、苏联和古巴

---

① 李巍:《国际秩序转型与现实制度主义理论的生成》,《外交评论》2016 年第 1 期,第 35—36 页。

② "Major Episodes of Political Violence 1946-2016", http://www.systemicpeace.org/warlist/warlist.htm.

③ 熊易寒、唐世平:《石油的族群地理分布与族群冲突升级》,《世界经济与政治》2015 年第 10 期,第 83 页。

之间的较量。冷战结束后，以美国为首的西方阵营在后冷战思维的支持下，对一些后共产主义国家的族群冲突也是积极介入的，如南斯拉夫解体后的波斯尼亚的族群冲突。

第四，地区安全的考虑。如前文所述，族群冲突对族性安全、国家安全、地区安全乃至国际安全均有影响。有时族群冲突作为社会运动的一种会引起一种连锁效应，如2011年的西亚北非动荡。那么作为大国即使想通过操纵族群冲突以获取自身利益，但其也会将族群冲突控制在一定范围之内。当族群冲突成为威胁地区安全的主要因素时，大国便会积极介入，如美国对于拉美族群冲突的干预。

第五，跨界族群和宗教纽带的考虑。一些族群冲突的双方是区域大国的跨界族群，如阿塞拜疆与亚美尼亚的族群冲突中，生活在伊朗北部的阿塞拜疆人便密切关注阿塞拜疆与亚美尼亚人的族群冲突，为了防止本国北部的阿塞拜疆人效仿，伊朗便转而支持亚美尼亚人。同样在斯里兰卡僧伽罗人和泰米尔人的族群冲突中，泰米尔人与印度的泰米尔人同属一族，这对印度后期介入斯里兰卡族群冲突有一定的影响。此外共同的宗教信仰对于大国介入族群冲突也有一定的影响。

第六，人权、正义等社会因素的考虑。族群冲突尤其是种族屠杀造成大量无辜生灵的涂炭，同时也产生大量的难民，这也是大国积极介入族群冲突的原因之一。如自2016年10月爆发的缅甸若开邦罗兴亚人与佛教徒间的冲突以来，已造成70多万难民的危机，43700人丧生，① 引起各方关注。大卫·坎普夫（David Kampf）认为美国应该积极介入罗兴亚人难民危机的治理。首先，美国的介入可实现华盛顿和缅甸当局的双赢，其次，美国的介入

---

① Laignee Barron, "More Than 43,000 Rohingya Parents May Be Missing, Experts Fear They Are Dead", http://time.com/5187292/rohingya-crisis-missing-parents-refugees-bangladesh/.

第2章　国际权力转移与族群冲突的机制分析

可增强美国在东南亚地区的影响,最后,可阻止危机的进一步恶化。①

上述六种因素构成了大国介入族群冲突的主观条件,但大国介入还需要一定的客观条件。

其一,族群冲突国家的民族国家建构不够完善,即民族国家呈现出碎片化状态。族群冲突多数因民族国家建设不够完善所致,其中一个重要表征便是民族国家的碎片化,对此前文(第1章)中已有详细论述,在这里便不再赘述。简言之,这种碎片化突出表现为各个族群是国家中主要的政治力量,族群是国家与公民间的连接人。换句话说,国家的意志只能通过族群才能够传达至公民这一层次,而公民最为关心的是族群这一共同体,而不是国家。这样在大国介入族群冲突的过程中,便会形成前文所述的大国↔国家↔族群间的互动关系。

其二,国际关系中的等级制。国际关系中一直在倡导无政府状态,但在客观的实际中确实存在着等级制,尤其是弱国家对于大国的依附。诚如大卫·莱克所述,"从政治权力来源的社会契约的角度讲,国家间存在着关系型权威,这种权威关系折射出国际秩序的等级状态"。② 在这种等级制中,大国和弱小国家有着互补的收益和成本。对于大国来讲它的收益是:免受小国对于安全的挑战与威胁;建立有益于自己的国际秩序;从附属国处获得针对第三方行动的合法权。大国所需要付出的成本是:保证小国的安全和领土完整,限制其他国家对小国的威胁企图;通过制定和巩固规则,提供地区或国际公共产品;遵守规则,惩罚背叛行为。这种等级制对于弱国的收益是:减少自我防御的成本,享受与大国贸易等的优惠条件;在与其他国家发生冲突时,可获得大

---

① David Kampf, "The International Community Needs to Put Concerted Pressure on Myanmar to Make Real Changes", http://nationalinterest.org/feature/3-reasons-why-trump-must-address-the-rohingya-refugee-crisis-25201.

② David A. Lake, *Hierarchy in International Relations*, Ithaca and London: Cornell University Press, 2009, p. 2.

国的庇护。弱国所需要付出的成本是：放弃部分自主权，遵从大国命令；在大国参与的战争中站在大国一方，并与之共同作战；放弃与大国关系不好的第三方的结盟，一旦违背便接受惩罚。① 这种等级制为大国介入弱国家族群冲突提供了合法性、合理性条件。

可见，多发于弱民族国家的族群冲突，以其自身的迫害性、大国意愿和自身国家碎片化的特征致使大国积极地介入。因此，在弱民族国家内的族群冲突会受到大国兴衰和大国竞争双重因素的影响。

3.3 大国竞争与族群冲突

大国竞争是国际权力转移的开端。大国在经济、政治、意识形态等方面的竞争会影响族群冲突。

首先，大国经济竞争影响族群冲突。资源、市场、资金上的竞争是大国经济竞争的主要内容。这种竞争会带来某一地区或国家内收入的不平等，这种不平等会促使族群展开竞争，诱发族群冲突。② 如前文所讲的"资源竞争理论"与"劳动力市场分割理论"都是对族群对有限资源的争夺和市场中职业分层的竞争，都会引发族群冲突，③ 而大国间的这种竞争更是加剧了这种族群竞争。如重商主义时期是国际经济竞争影响族群冲突的开端，该时期的老牌殖民国家通过与殖民地内的族群合作，扶持其在殖民地建立优势地位，以帮助殖民者进行统治，进而达到输出商品、攫取资源等目的。如在18世纪欧洲殖民者在北美殖民地与印第安人的合作。

---

① 高婉妮：《国际政治的等级状态？——评〈国际关系中的等级制〉》，《国际政治科学》2010年第1期，第118页。

② Rodrik, Dani, *Has Globalization Gone too Far?*, Washington, D.C.: Institute for International Economics, 1997.

③ Cliff Brown, "Terry Boswell, Ethnic Conflict and Political Violence: A Cross-National Analysis", *Journal of Political and Military Sociology*, Vol. 25, No. 1, 1997, p. 113.

第2章　国际权力转移与族群冲突的机制分析

然而这种"分而治之"的殖民统治术致使族群关系分化、异化：与欧洲等殖民者合作的族群，利用殖民者的生产技术优势以及买办关系等条件，发展较为快速，加之政治上的优势，便会成为一个主导族群。由于制衡的需要，殖民者通常选取非主导族群进行合作，这样便打破了原有的族群关系结构；殖民者之间的经济竞争促使他们在同一地区或国家寻找不同的族群作为其代理人，他们之间的竞争便会造成族群间的竞争，进而引发族群冲突。

此外，军事贸易作为大国经济竞争的一部分对族群冲突具有较大的影响。如弗雷德里克·皮尔逊发现军事武器的获得成为斯里兰卡族群冲突后期僧伽罗人和泰米尔人能否取得先机的关键。[1]

其次，大国在地缘政治上的竞争同样会引发族群冲突。地缘政治围绕着地理与政治关系的理论，以空间有机体、生存空间、海权、陆权、制空权等论述，对20世纪多民族、国家思维模式的形成和历史记忆的重塑产生了重要持久的影响，影响着国家间的关系，同时也影响着族群关系。正如卡普兰在《即将到来的地缘战争：无法回避的大国冲突及对地理宿命的抗争》中所述"如果当时借鉴了地理、种族和宗派的因素，我们可能会预见到冷战结束后巴尔干的动乱"。[2] 一些处于重要地理位置的多民族国家成为大国在世界这一有限空间范围内争夺的对象，加之国内族群复杂的关系，往往会擦出族群冲突的火花，如伊朗北部库尔德人和阿塞拜疆的独立运动之所以能够得到苏联的援助，正是由于苏联对伊朗和波斯湾石油通道的地缘战略的觊觎。同样20世纪80年代美国对阿富汗普什图人族群运动等的支持，也是和苏联竞争使然。

---

[1] John Silin, Frederic Peason, "Arms and Escalation in Ethnic Conflicts: The Case of Sri Lanka", *International Studies Pesperctives*, Vol. 7, 2006, pp. 137–158.

[2] ［美］罗伯特·D.卡普兰：《即将到来的地缘战争：无法回避的大国冲突及对地理宿命的抗争》，涵朴译，广东人民出版社2013年版，第47页。

最后，同样大国意识形态竞争也会导致族群冲突。意识形态之争是冷战期间美国和苏联之间霸权之争的主要内容之一。① 如熊彼特在《资本主义、社会主义与民主》一书中开宗明义地指出社会主义民主在价值上的优越性。② 同时关于民主危机的论述也没有停止。③ 这一时段围绕着意识形态的争夺，一些第三世界国家成为他们争夺的场域，因此也滋生出众多的族群冲突。

3.4 大国权力兴衰与族群冲突

首先，大国的权力兴衰将加剧国内的族群竞争。当今世界大多数国家是多民族国家，根据最近的估计，世界上有194个独立国家，却有600多个语言群体和5000多个族群。④ 在这些多族群国家中，国家是解决各族群集体行动困境的主导者，在各族群中围绕着国家权力这一主体形成了一种均势的族群权力平衡。这种平衡的权力结构是族群团结和稳定的决定性因素。国家权力是维持这种族群权力平衡的主体，尤其是在多族群的国家中更是如此。

大国权力的兴衰会给族群冲突带来影响。一是大国权力的上升会改变族群的权力结构。二是大国权力的下降会影响族群冲突。大国权力的下降会造成族群权力间的失衡，引发族群对于权力的竞争，导致族群冲突。其一，族群精英为获取权力会打族群牌，以族群为纽带进行族群动员。族群中的个体也会进行理性分析发现有利可图，届时精英出钱，普通人出力，两者一拍即合，

---

① Joane Nagel, "Ethnic Nationalism: Politics, Ideology, and the World Order", *International Journal of Comparative Sociology*, Vol. 18, No. 1, 1993, p. 109.

② ［美］约瑟夫·熊彼特：《资本主义、社会主义与民主》，杨中秋译，电子工业出版社2013年版，第223—224页。

③ ［法］米歇尔·克罗齐、［美］塞缪尔·P. 亨廷顿、［日］绵贯让治：《民主的危机——就民主国家的统治能力写给三边委员会的报告》，马殿军等译，求实出版社1975年版，第3页。

④ ［加］威尔·金利卡：《多元文化的公民身份：一种自由主义的少数群体权利理论》，马莉、张昌耀译，中央民族大学出版社2009年版，第1页。

第 2 章　国际权力转移与族群冲突的机制分析

族群冲突也随之而出。这便是伊斯曼对于族群动员理论的阐释。①其二，各种族群分离主义实力，往往趁国家权力下降之际，纷纷宣布独立。如南斯拉夫的解体，以及苏联的解体均如此。其三，大国权力的下降也会导致国家认同的减弱，特别是文化认同的减弱会给宗教派系复杂的族群以斗争的契机，届时以宗教为纽带的各种族群冲突也会出现。

其次，大国的权力兴衰会引起它所控制国家的族群冲突。如前文所述，国际关系中确实存在着大国与弱国间的权威型等级制，②这种等级制可让大国可控制一些较为弱小的国家，所以随着大国权力兴衰，它在这些国家内的控制力也会随之变动。这样大国所控制的国家内的族群权力结构也会发生变化。如果大国权力上升，那么会增强它所控制的力度和范围，这样会与其他大国产生竞争，这种竞争会带来族群之间的竞争，会出现一种以族群为代理人的竞争或冲突。如果大国权力下降，那么它在所控制国家内的控制力便会减弱，这样会带来两个方面的影响：一方面是被控制国内的族群为争夺权力而展开竞争，引发冲突；另一方面是其他大国进入，重新调整族群权力结构，同样也会引发竞争和冲突。

4　小结

本章在权力概念分析的基础上，分别界定了族群权力、国家权力和国际权力。族群权力有两个部分构成：一是对于族群内部的权力，族群作为一个组织可通过族群认同、宗教信仰、风俗习惯、语言等影响、控制族群内部成员的意愿和行为；二是族群对外的权力，即族群与族群、族群与国家、族群与境外族群三种关

---

① Milton J. Esman, *Ethnic Politics*, New York: Cornell University Press, 1994, p. 10.
② ［美］戴维·莱克：《国际关系中的等机制》，高婉妮译，上海人民出版社 2013 年版。

系型权力。国家权力是国家作为一个独立体系对内绝对统治权和对外独立自主权力，主要包括国家认同权力、国家与社会的关系权力、国家能力以及参与国际社会的权力。国际权力是在国际社会中，一国基于其国家综合实力，通过国际规范、制度、观念、文化、军事威胁或干预、经济制裁等方式，影响或控制他国或族群意志和行为的能力。在此基础上，总结了国际权力转移理论发展及影响，指出以往国际权力转移理论只关注权力转移对大国的影响，特别是大国间战争的影响，而对族群冲突关注不够。

　　面对此问题，本章进一步分析了国际权力转移对族群冲突的机制。首先，假定大国竞争和大国权力兴衰是国际权力转移的两个主要维度，因为大国竞争构成了国际权力转移的开端和过程，大国权力的兴衰则是国际权力转移完成的临界点。因此，国际权力转移视野下的族群冲突便转变为大国竞争、大国权力兴衰与族群冲突的关系研究。在此基础上，交代了大国介入族群冲突的原因：国家经济利益的考虑、地缘政治的考虑、意识形态的考虑、地区安全的考虑、跨界族群和宗教纽带的考虑，人权、正义等社会因素的考虑。同时，民族国家呈现出碎片化状态以及国际关系中的等级制是大国介入族群冲突的客观条件。接下来，指出大国竞争、大国权力兴衰与族群冲突的机制，即大国在经济、地缘政治、意识形态上的竞争以及自身权力的兴衰会诱发、加剧族群冲突。

第3章 大国竞争与族群冲突

权力转移源于政治、经济在大国间发展的不平衡，始于大国之间的竞争。大国间围绕着意识形态、经济、地缘政治和军事的竞争，对于族群冲突形成了鲜明的影响。关于军事冲突的数据库目前有许多，如战争相关性（Correlates of War，CoW）数据库[①]，失败国家（State Failure）数据库,[②] 等等。在战争相关性的数据库里面只包含在冲突中每年牺牲 1000 人以上的案例，而奥斯陆国际和平研究所的军事冲突数据库（PRIO，Armed Conflict Database）将 25 人视为最低死亡人数。[③] 但奥斯陆国际和平研究所的军事冲突数据库中只是关于军事冲突的数据，并没有区别军事冲突的类型。为了进一步收集到相关数据，笔者转而在国际危机组织（International Crisis Group）、[④] 和平与冲突研究中心的数据库、[⑤] 危险中的少数族裔（Minorities at Risk）[⑥] 等数据库进行筛选，根据筛选后的数据，1945—2015 年的族群冲突分布如图 3-1 所示。

[①] http：//www.correlatesofwar.org/.
[②] "State Fragility and Warfare in the Global System 2015"，http：//www.systemicpeace.org/inscr/SFImatrix2014c.pdf.
[③] https：//www.prio.org.
[④] https：//www.crisisgroup.org/.
[⑤] http：//www.systemicpeace.org/.
[⑥] http：//www.mar.umd.edu/.

世界政治中的族群冲突

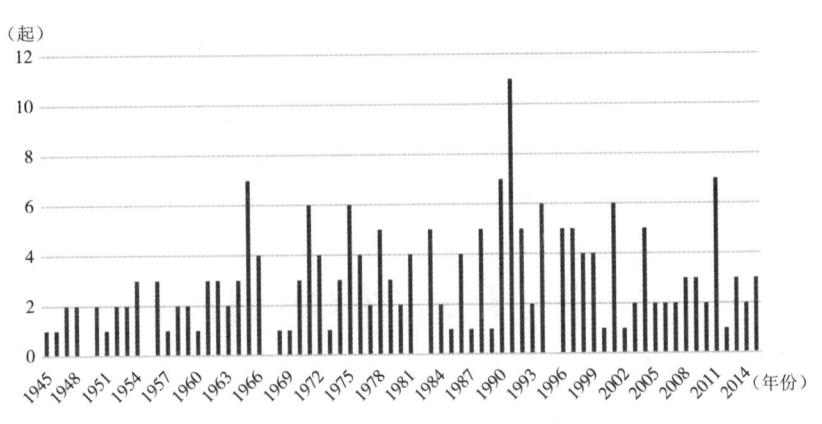

图 3-1 族群冲突：1945—2015 年

资料来源：美国系统和平中心，http://www.systemicpeace.org/。

从图 3-1 可见，族群冲突在 1945 年以后，有 1965 年 7 起、1991 年 11 起和 2011 年 7 起三个峰值。这三个峰值刚好对应 1963—1967 年、1989—1993 年、2009—2011 年三个时间段。美国和苏联在这三个时间段里面的实力对比有着明显变化。在 1963—1967 年，苏联实力大增，与美国几乎平衡。如 1950 年苏联的国民收入是美国的 31%，1965 年则达到美国的 65%；苏联在 20 世纪 60 年代中期以前，虽然在陆军数量上与美国旗鼓相当，但由于其武器装备较差，海军更是落后美国太远，致使其在军事常规力量上与美国相比始终处于劣势。但经过 1962—1972 年十年的发展，苏联在常规力量方面已大致与美国相当。苏联战略力量在古巴导弹危机之前与美国相比较为落后，当经过 1963—1973 年的迅速发展，双方开始持平，并一直延续到 20 世纪 80 年代初。[①] 1989—1993 年，苏联解体，美国成为全球唯一的超级大国，主导国际秩序的权柄也转移到白宫手中。

---

① 李东：《论美苏实力对比变化的发展趋势及其主要原因》，《复旦学报》1988 年第 2 期，第 11 页。

第3章 大国竞争与族群冲突

1 大国经济竞争与族群冲突：库尔德人与伊拉克的冲突

"天下熙熙皆为利来，天下攘攘皆为利往"，对于利益的争夺是国家间的常态，也是大国竞争的重要内容。其中在核威慑、复杂相互依赖和技术制胜的时代，经济竞争则成为大国利益博弈的最主要方式，随着现代性在全球的扩展，时空也变得抽离，大国的经济竞争也不再局限于相互临界的地方，而是在全球展开。竞争便会带来伤害，一些处于重要资源区域的族群便成了受伤者，伊拉克的库尔德族群便是其中之一。

中东库尔德人要求其所在国政府尊重和承认其民族身份、保障和扩大其民族权利、平等参与国家事务和自主决定命运所引发的政治、安全和社会问题，谓之库尔德问题。[1] 库尔德问题自产生以来便反反复复，从未停歇，成为中东第二大民族问题。近年来，随着中东地区局势的变化以及美国、俄罗斯、欧盟等国家和区域组织中东政策的调整，库尔德问题一度成为中东地区安全的焦点，特别是2017年9月伊拉克库尔德人独立公投的涟漪效应，[2] 叙利亚库尔德人与叙政府间的分分合合，[3] 土耳其总统埃尔多安连任后对库尔德人影响的未知，[4] 以及美国退出伊朗核协议和对伊朗制裁所引发的库尔德人武装运动抬头，[5] 等等。一时

---

[1] 唐志超：《库尔德人：百年梦想与未来征程》，《世界知识》2017年第20期，第17页。

[2] "What next for Kurdistan?", https://www.economist.com/the-economist-explains/2017/09/28/what-next-for-kurdistan.

[3] Charles Glass, "Syria's Kurds Return to Al Assad's Fold", https://worldview.stratfor.com/article/syrias-kurds-return-al-assads-fold.

[4] "Erdoğan in High Stakes Game on Kurdish Issue", https://ahvalnews.com/turkey-kurds/erdogan-high-stakes-game-kurdish-issue-academic.

[5] Seth J. Frantzman, "Iranian Kurds Increase Campaign Against Tehran Regime", https://www.jpost.com/Middle-East/Iranian-Kurds-increase-campaign-against-Tehran-regime-561800.

间库尔德问题成为牵动叙利亚局势走向、伊拉克的统一与分裂、土耳其做大中东和撬动美国与俄罗斯在中东博弈的关键因素。① 回顾历史可知,库尔德问题总是起起落落,当然这与它们所处的地理环境、地缘战略位置以及民族主义意识等因素有关,② 不过起着决定作用的仍是大国在中东势力的竞争,即库尔德问题通常表现为国家的内政问题,其实质却是国际问题,③ 是大国争夺霸权和势力范围的牺牲品。这使库尔德问题进入一个循环的怪圈,即库尔德人在初期得到许多承诺,之后遭到镇压,接着是军事政变,然后便是新一轮的循环。④ 如何解释这一怪象,需要在大国竞争的背景下,从库尔德问题产生的历史根源、内部困境和现实外部势力的利益交织层面来加以综合分析。

1.1 库尔德人的族群状况以及早期历史遗留问题

库尔德斯坦地区指伊拉克东北部、土耳其的东南部、伊朗西北部和叙利亚的东北部的地区。⑤ 该地区合计有 409650 平方公里,其中伊拉克有 72000 平方公里,土耳其有 194400 平方公里,伊朗有 124950 平方公里,叙利亚有 18300 平方公里。⑥ 居住在该地区的库尔德人大约有 2200 万人,其中约有 1100 万人在土耳其,

---

① 董漫远:《库尔德问题与中东局势》,《国际问题研究》2017 年第 4 期,第 49 页。

② 曹兴:《多重国际舞台中的库尔德人问题》,《中国世界民族学会会议论文集》,2004 年,第 9 页。

③ 杨兴礼:《简论中东库尔德民族问题》,《世界民族》1997 年第 2 期,第 23 页。

④ 李秉忠:《国际政治较量与库尔德学的演进》,《世界民族》2015 年第 4 期,第 17 页。

⑤ Erhard Franz, *Kurden and Kurdentum*, Hamburg: Deutsches Orient-Institut, 1986, pp. 12–13.

⑥ Abdul Rahman Ghassemlou, *Kurdistan and the Kurds*, London: Collets Holdings, 1965, p. 23.

有600万人在伊朗，有400万人在伊拉克，100万人在叙利亚。①在土耳其和叙利亚的库尔德人使用以拉丁字母为基础的库尔德语，以阿拉伯字母为基础的库尔德语主要为伊朗和伊拉克的库尔德人所使用。绝大多数的库尔德人是伊斯兰教逊尼教派中的沙斐仪教法学派（Shafi'i），少数生活在伊朗和伊拉克的库尔德人属于什叶派，极少的库尔德人信仰基督教。

公元前6世纪库尔德人被波斯帝国征服，随后又先后被希腊人和罗马人征服，7世纪库尔德人被阿拉伯帝国征服，并改信伊斯兰教。历史上库尔德人在阿拉伯帝国后期曾建立过如沙达德王朝（951—1075年）、马尔万王朝（984—1083年）、哈桑纳维王朝（959—1095年）等封建王朝，②但从未有过独立的政治实体。突厥人、蒙古人、亚美尼亚人、波斯人、拜占庭人、土耳其人和阿拉伯人先后统治过库尔德人。16世纪时库尔德斯坦被奥斯曼帝国征服，在1639年的《席林堡条约》中，库尔德斯坦被奥斯曼帝国和波斯萨非王朝一分为二，其中2万平方公里归属伊朗。

这一时期的库尔德人虽然享有诸如铸币权、宗教开放日以及无须向苏丹纳税等自治权，③但从18世纪末始，一些库尔德酋长为了库尔德人的独立而反抗奥斯曼政府，其中最为著名的是博坦（Botan）部落的穆罕默德和索兰（Soran）部落的贝迪尔汗，后者在1839年打败了奥斯曼帝国军队。对此，英国和法国以基督徒的利益受损为由，施压奥斯曼政府镇压贝迪尔汗，后者于1847年俘获贝迪尔汗。1853—1856年，贝迪尔汗的侄子亚兹丹·希尔（Yazdan Shir）领导的库尔德运动被在英国直接支持下的奥斯曼

---

① 注：有少数库尔德人散居在苏联地区，50万移民居住在西欧，一些居住在库尔德地区的非库尔德人也称自己为库尔德人，因此，得到一个十分确切的数字几乎是不可能的。

② David McDowall, *A Modern History of the Kurds*, New York: I. B. Tauris & Co. Ltd., 2007, p.23.

③ Gerard Chaliand, *A People Without A Country: The Kurds and Kurdistan*, London: Zed Books Ltd., 1993, p.14.

军队所镇压，因为英国害怕独立后的库尔德人会成为沙俄的傀儡。

第一次世界大战后奥斯曼帝国分裂，英国和法国相继占领了库尔德斯坦。这一时期库尔德精英及一些知识分子希望建立独立的库尔德国家，但这一想法被英国、法国所挫败，同时也被伊朗、伊拉克、土耳其等国家所反对。1920年，在由英国、法国所拟定的《色佛尔条约》的第62、第64条中，库尔德人获得独立建国可能性的承诺。但在1923年的《洛桑条约》中，库尔德人在关于土耳其的少数民族条款中并未得到提及，在随后的边界划分中，库尔德地区被伊朗、伊拉克、叙利亚分割，① 加上17世纪分割给伊朗的部分，库尔德斯坦被一分为四，即伊拉克东北部、土耳其的东南部、伊朗西北部和叙利亚的东北部的地区。②

征服与反抗成了库尔德人的历史主旋律，③ 这其中的历史根源便是大国竞争对库尔德人"分而治之"的殖民统治所带来的恶果。

1.1.1 民族边界的任意划分

库尔德人的边界被英国、法国等殖民者随意划分，他们将库尔德人划分在伊朗、土耳其、伊拉克和叙利亚四个国家。这种根据殖民当局利益和心血来潮划分的边界给库尔德人带来了深远影响。

一是传统的民族聚居区遭到人为的割裂，被划分为地域不同的群体，导致库尔德人难以形成统一的民族认同。库尔德人虽然

---

① 王剑峰：《多维视野中的族群冲突》，民族出版社2005年版，第42—43页。

② Erhard Franz, *Kurden and Kurdentum*, Hamburg: Deutsches Orient-Institut, 1986, pp. 12-13.

③ Ferhad Ibrahim, "The Kurdish National Movement and the Struggle for National Autonomy", in Berch Berberoglu ed., *The National Question: Nationalism and Ethnic Conflict & Self-determination in the 20^h Century*, Philadelphia: Temple University Press, 1995, pp. 36-60.

在 7 世纪时信仰了伊斯兰教,但在不同国家的库尔德人还略有差别,语言上亦是如此,土耳其和叙利亚的库尔德人使用以拉丁字母为基础的库尔德语,而伊拉克和伊朗的库尔德人却使用以阿拉伯字母为基础的库尔德语。这种宗教和语言差别的疆域化致使库尔德民族认同的统一性难度增大,① 因为民族作为一种继承的人类关系是由客观的语言、文化、宗教等社会组织来定义的,是一种继承的人类关系。②

二是库尔德民族边界的任意划分致使其民族认同被所在国的国家认同所削弱、取代。如 1924 年 4 月的《土耳其共和国宪法》第 88 条规定:"凡土耳其公民,不分种族、宗教,皆称为土耳其人","凡土耳其人,必须进土耳其学校,部分种族、宗教,皆称为土耳其人",并以"山区土耳其人"取代"库尔德人";③ 1946 年独立后的叙利亚制定了一系列边缘化库尔德人的政策,如剥夺库尔德人的公民权,否认其少数民族身份,严格控制库尔德人的政治活动,以及在库尔德地区推行"阿拉伯带"政策,等等;④ 1921 年以来的伊朗政府在政治上控制库尔德人在议会中的席位,禁止在学校、印刷出版等领域使用库尔德语,在军事上强力打压库尔德人的反叛,派遣驻军,军事化管理库尔德斯坦等;⑤ 1958

---

① Ayse Betul Celik, "Ethnopolitical Conflict in Turkey: From the Denial of Kurds to Peaceful Co-existence", in D. Landis and R. D. Albert (ed.), *Handbook of Ethnic Conflict: International Perspectives*, 241 International and Cultural Psychology, Boston: Springer, 2012, p. 243.

② 王伟:《分析折中主义:构建中国民族政治学理论的新视角——基于西方民族政治学理论范式的探析》,《中央民族大学学报》2016 年第 3 期,第 45 页。

③ 唐裕生:《库尔德人问题的发展历程与前景》,《世界民族》1998 年第 1 期,第 39 页。

④ 肖文超、王艺儒:《叙利亚库尔德问题的历史成因及其特征》,《国际研究参考》2016 年第 2 期,第 39—40 页。

⑤ Sharif Behruz, "Kurds in Contemporary Iran: Domestic and International Challenges to Self-rule and what Lies Ahead", http://www.iraqstudies.com/sherif%20behruz-Kurds%20in%20contemporary%20Iran.pdf.

年新成立的伊拉克共和国卡塞姆政权虽然以宪法的形式确定了阿拉伯人和库尔德人两大族群的合法地位，但在泛阿拉伯主义"卡米亚"与伊拉克国家主义"瓦坦尼亚"根本分歧的影响下，卡塞姆政权只承认库尔德人的文化权利，而不允许其政治自治。以后的伊拉克执政党基本沿袭了同化政策，有的甚至将库尔德人强行迁至其他非库尔德地区。①

1.1.2 对立民族认同的建构

殖民者任意、专横的库尔德人民族边界的划分，造成库尔德民族被分在不同的国家，加之"分而治之"政策的影响，致使库尔德民族认同与所在国国家认同和其他民族认同间的对立，如库尔德人与土耳其人、库尔德人与伊拉克人、库尔德人与伊朗人以及库尔德人与叙利亚人。在多民族国家中民族认同与国家认同是一种相生相克的辩证关系，相生是指各个民族能够基于国家领土的边界对主权国家形成一致的认同，在民族认同与国家认同出现张力时，个人将国家认同放在首位，相克则为相反的认同排序。从库尔德的民族主义运动的历史来看，库尔德民族认同显然属于后者。如在土耳其的库尔德人在土耳其建国初期被视为山地土耳其人，后来随着土耳其民主政治的发展和库尔德人武装斗争的进行，土耳其人对库尔德人予以"好坏"之分，即从库尔德地区迁入到土耳其地区的库尔德人被视为好的库尔德人，而留在库尔德地区开展民族运动的库尔德人被视为坏的库尔德人，② 这种以是否愿意被同化或归属土耳其国家认同为准绳的划分也成为土耳其

---

① 张超：《伊拉克库尔德问题的演变及其对伊准联邦国家构建的影响》，《兰州大学学报》2018年第1期，第174—175页。

② E. Fuat Keyman, "Rethinking the 'Kurdish question' in Turkey: Modernity, Citizenship and Democracy", *Philosophy Social Criticism*, Vol. 38, No. 4, 2012, pp. 467-476.

库尔德人反对土耳其政府运动的主要原因。①

1.1.3　民族间的分层与歧视

族群分层往往导致族群竞争，族群竞争往往是引发族群冲突的基础。殖民当局在殖民地通过强制力量建构了族群间的分层结构，处于顶端的是殖民者（多数为欧洲的白人），主要包括直接参与生产的官员、贸易商和商人，掌管进口、出口和运输公司的人员、教育工作者和传教士以及军事人员。他们分享着殖民地的国家权力，是统治阶层。处于最底端的是库尔德人，他们被殖民者以种族、语言划分为不同的群体，这些群体不能够按照殖民者的意愿来进行提供劳工和税收，成为殖民者剥削、打压、压制的对象，成为底层的民族。根据国际特赦组织的调查，伊朗的库尔德人在政治参与、宗教信仰、就业、住宅、教育以及妇女和儿童的发展方面受到伊朗政府的歧视，处于边缘地位。② 土耳其对库尔德人采取同化和镇压的双重策略，通过强迫迁移、禁止库尔德人使用本族语言、文字，以及经济上的劳动力市场分割等政策，致使土耳其库尔德人处于社会边缘的地位，无法形成统一的库尔德人认同，同时也降低了库尔德人正常参与土耳其政治系统的可能。③ 这一现象虽然在土耳其加入欧盟的过程中有一些改观，特别是2010年通过的宪法修正案更是给予了库尔德人里程碑式的权利，但在民族事实的平等和自由，仍有很长的路要走。④ 叙利

---

① Ross Dayton, "Identity and Conflict: PKK vs. Turkey (1984-Present)", http://digitalcommons.fiu.edu/cgi/viewcontent.cgi?article=1001&context=ippcs_studentworks.

② "Amnesty International, Iran: Human rights abuses against the Kurdish Minority", http://www.refworld.org/docid/489174f72.html.

③ Kurdok Törökországban, "Kurds in Turkey: Between assimilation and suppression", http://old.szocialismunka.btk.pte.hu/files/tiny_mce/File/Szocialis_Szemle/SzSz2011_1-2_78-81.pdf.

④ Ozgur H. Cinar & Tolga Sirin, "Turkey's Human Rights Agenda", *Research and Policy on Turkey*, Vol. 2, No. 2, 2017, p. 133.

亚的库尔德人长期处于边缘地位，被迫游离于国家体制之外，受到历届叙政府的严格控制，据澳大利亚红十字会统计，叙利亚库尔德人在就业和教育等方面一直受歧视，如占叙利亚人口17%的库尔德人在大学中任教的只有5人左右，在军队中达到上校级别的仅有不到2人，没有一人在外交部门任职。① 伊拉克尽管是最早签署《世界人权宣言》的国家之一，但其违反人权的事情却时有发生，特别是20世纪80年代至90年代尤为严重。2005年新宪法第14条和15条中有"各民族在法律面以前一律平等，禁止民族歧视"等的规定，库尔德地区也切实取得一定的自治、发展经济的权利，但库尔德人仍然处在宗教、政治以及劳动力市场等结构性权力的边缘地位。②

库尔德地区作为西方殖民者控制中东地区国家的筹码，而被专横地划分到不同的国家，致使库尔德人遭遇了"对立的民族认同""民族歧视与分层"等问题。路径的依赖性决定了这些殖民遗留问题进一步地影响库尔德运动的进程。

1.2 库尔德运动难题的内部症结

殖民统治和长期被分裂的历史境遇，致使库尔德人民族主义运动不断。第二次世界大战后随着英国、法国等去殖民化运动的开展和库尔德人民族意识的觉醒，库尔德民族运动开启了新的征程。由于库尔德缺乏国家认同、运动组织涣散以及地理环境等内部因素和外部大国竞争利益的交织，库尔德民族运动进程仍困难重重。

---

① "Human Rights Issues Concerning Kurds in Syria", https：//www.nyidanmark. dk/NR/rdonlyres/FF03AB63 - 10A5 - 4467 - A038 - 20FE46B74CE8/0/Syrienrapport2010pdf. pdf.

② Jaafar H. Khidir, Sarhang H. Salih, " Human Rights Situation in Iraq andKurdistan Region：Constitutionaland Political Prospects", https：//file. scirp. org/pdf/ BLR_ 2014123011471678. pdf.

1.2.1 被阻断的民族主义运动

民族主义是现代民族国家产生的思想基础。① 在19世纪末，受西方民族主义思想和奥斯曼帝国衰落的影响，库尔德民族主义得以出现，据统计，1804—1878年，库尔德斯坦地区大约爆发了50场起义，奥贝杜拉教长在1880年带领库尔德人起义时，号召土耳其和伊拉克的库尔德人联合起来，建立独立的库尔德国家。第一次世界大战前后，库尔德人如同其他民族一样寻求民族独立，但每每被土耳其和伊朗镇压，加之该地区拥有丰富的资源和重要的战略地位，致使西方"染指"库尔德的民族主义运动。这样，库尔德民族主义建国运动便在土耳其与西方势力的博弈中被阻断，如前文所述在《色佛尔条约》中，英、法给予了库尔德人建国的承诺，但随着凯末尔领导的土耳其革命胜利后所签订的《洛桑条约》彻底阻断了库尔德人的独立建国的梦想。届时，库尔德人民族主义的运动以土耳其为中心得以展开，一系列的库尔德文出版物在伊斯坦布尔发行，同时爆发了诸如谢赫·赛义德领导的大规模反对土耳其政府的起义。第二次世界大战前期，库尔德民族主义运动的中心转移到了伊朗，1945年在苏联支持下库尔德人建立的马哈巴德共和国将伊朗库尔德人民族主义运动带入高潮，但随着1946年4月苏联与伊朗共同开发伊朗北部油田协议的签订，苏联放弃了库尔德民族运动的支持，共和国很快被伊朗政府镇压。20世纪50年代以后库尔德民族主义运动的中心转移到了伊拉克，但在苏联、美国以及伊朗等国的干预下也以失败而告终。② 可见，库尔德斯坦这块资源丰富、战略位置重要的土地在土耳其、伊朗、伊拉克以及国际势力的干预下，其民族主义虽有觉醒，但其独立建国的构想却一直被阻断。

---

① [法]德拉诺瓦：《民族与民族主义：理论基础与历史经验》，郑文彬、洪晖译，生活·读书·新知三联书店2005年版。
② 王京烈：《困扰多国的库尔德问题》，《西亚非洲》1994年第5期，第55页。

1.2.2 薄弱的民族国家意识

库尔德人建国构想与被阻断的民族主义运动有关，但也与他们自身的建国理念和发展状态不无关系。国家是社会在一定发展阶段的产物，是在氏族组织瓦解的基础上产生的，国家认同意识的产生需要一定的物质基础，由于库尔德地区所处的自然环境以及一些历史因素的影响，库尔德人居住地区的发展水平远远落后于周边地区。这种落后的社会经济状况致使广大的库尔德人处于部落社会状态。部落下面又分为许多小部落，领导人分别由负责本部落事务的"阿迦"和宗教领袖"谢赫"（教长）或"毛拉"担任。手里握有武器但没有国家的库尔德人对家族、部落的认同远大于对库尔德民族的认同，遑论国家认同。

在这种条件下，历史上的库尔德人屡次错过独立建国的良机。库尔德斯坦到 12 世纪中叶始现统一的政治行政体，当时的大塞尔帝国在哈马丹迪纳维尔、克尔曼沙赫及其以西的沙赫里祖尔、辛贾尔等广大地区设立库尔德斯坦省。12 世纪中后期库尔德人的杰出领袖萨拉丁在埃及建立了阿尤布王朝，但萨拉丁一生都以恢复逊尼派在埃及的统治为己任，几乎没有动过建立库尔德国家的念头，更谈不上建立库尔德统一国家。13 世纪时，库尔德人深受蒙古人侵略的危害。16 世纪时，庞大的库尔德斯坦省只剩下阿尔德兰地区，这一时期的库尔德人与土耳其人走在一起，并形成了较为独立的库尔德斯坦行政体制，保持了库尔德埃米尔在自己领地上的独立和自由。为了拉拢库尔德人，土耳其人在保障库尔德内部事务独立的基础上，还常常把最好的土地和牧场授予库尔德的某些部落，并免除他们的徭役赋税。这样在利益的驱使下，库尔德小公国的统治者与中央形成了一种动态博弈的关系，即中央强他们便选择效忠，中央弱他们便寻求独立。18 世纪时，库尔德赞德部落的首领在伊朗政权混乱之时，乘机登上了伊朗王位，但库尔德一些部落不仅不支持赞德部落的首领，反而伙同卡

第3章 大国竞争与族群冲突

扎尔人粉碎了赞德人的斗争。①

1.2.3 涣散的政党和武装组织

自库尔德民族主义运动以来，库尔德人已经建立了为数不少的库尔德政党和武装组织，但由于政治主张分歧较大，正当的民族运动诉求和民族分离主义运动含混不清。这一方面体现在库尔德民族运动的成熟性，另一方面也反映了库尔德民族内部的不团结，致使各政党之间难以形成有效的合作。②

土耳其有库尔德工人党、和平民主党、人民民主党、权利与自由党、参与民主党以及一些较小的库尔德政党，其中成立于1978年的库尔德工人党的势力最大，库尔德工人党以"寻求库尔德斯坦地区内的库尔德人自治或实行联邦制""以武装斗争与政治斗争相结合的手段实现政治目标""消除民族歧视，赋予库尔德人应有的权利和地位""实现女性解放，维护女性权利，并组建女子部队"为目标，30多年与土耳其政府的武装斗争及其造成的影响，使库尔德工人党已经成为影响中东库尔德地区的重要武装力量。土耳其和平民主党成立于2008年，作为亲库尔德党有许多库尔德议员，一度获得土耳其大国民议会的36个席位。③2012年成立的土耳其人民民主党是一个库尔德政党，该党长期强调通过谈判与对话解决库尔德分离主义问题。2002年成立的权利与自由党是土耳其境内的库尔德民族主义政党，主张实行联邦制，倡导在土耳其东南部的库尔德斯坦实行库尔德人自治。2006年成立的参与民主党提倡库尔德民族主义，希望可以与伊拉克的库尔德民主党联手寻求库尔德斯坦自治。虽然土耳其国内库尔德政党林立，但是由于得不到土耳其政府的承认，各党派间的政治

---

① 朱克柔：《库尔德问题成因》，《世界历史》1992年第5期，第119页。

② 杨兴礼：《简论中东库尔德民族问题》，《世界民族》1997年第2期，第23页。

③ "Member Parties of the Socialist International", http://www.socialistinternational.org/viewArticle.cfm?ArticlePageID=931.

主张和目标不同，政党实力大小不一，发展不均衡，以及国际泛库尔德组织的影响，土耳其库尔德政党之间缺乏核心凝聚力，政党间的合作缺少实效性和有效性。①

叙利亚有六个库尔德政党。叙利亚库尔德民主党于1957年成立，后于1960年更名叙利亚库尔德斯坦民主党，其主要目标是争取和保护库尔德人的公民身份；将库尔德语视为叙利亚的官方语言之一；主张放弃武力解决库尔德地区问题，认为联邦制是解决问题的唯一方案；争取卡什米利（Al-Qamishli）和埃弗因（Afrin）地区成为叙利亚的主要省份；反对外部势力干预叙利亚问题。② 叙利亚库尔德民主联盟党成立于2003年，是叙利亚库尔德反对派政党中实力最强、影响力最大的政党，也是土耳其库尔德工人党的叙利亚分支，其目标主要有三点：在保证叙利亚政权不变的基础上实行民主自治；叙利亚库尔德问题在民族自决的基础上以民主的方式解决；反对外部势力干预叙利亚。叙利亚库尔德未来运动党是叙利亚库尔德运动中新兴力量。其主要目标是推翻叙巴沙尔政权，保护少数民族权利，重新制定宪法，建立一个民主和文明的国家，主张欧美大国对叙利亚实施经济制裁、政治施压，乃至军事干预巴沙尔政府的杀戮。叙利亚库尔德联盟党成立于1999年，作为叙利亚库尔德民族委员会的十个政党之一，其目标是：巴沙尔政权已丧失合法性，主张改变叙利亚政治体制；在民主的框架下，将库尔德人的合法权利和政治地位应写进宪法，并保证库尔德语为叙利亚第二大官方语言，库尔德人居住地区实行民族自治。叙利亚库尔德自由党是叙利亚库尔德政党中组织效能最高的派系之一，受到库尔德民众的广泛支持。叙利亚库尔德民主进步党于1965年成立，其目标是：承认叙利亚库尔德人的政治和文化权利；叙利亚政府应该是一个去中心化，包括

---

① 肖文超、余家溪：《土耳其库尔德政党与国际泛库尔德组织》，《国际研究参考》2017年第4期，第39页。

② Serhat Erkmen, "Kurdish Movement in Syria", *Orsam Report*, No. 127, August 2012, p. 21.

所有政治组织的权力结构体系；反对外部势力干预叙利亚事务。①通过比较这些政党的主张可见，叙利亚库尔德政党之间斗争此起彼伏，矛盾重重，这便导致他们不断的分裂和组合，加之各政党实力不均，目标多元和土耳其库尔德工人党和伊拉克库尔德地方政府的影响，致使政党之间冲突不断，难以形成有效的合作。②

伊朗库尔德人在民族运动中形成了不同派别的政党。库尔德斯坦自由生活党成立于2004年，是伊朗最大的反对派组织。该党拥有人民圣战组织、妇女组织和东库尔德斯坦青年运动三个武装组织，并拥有自己的无线电台，其目标是武力推翻伊朗神权政府，建立包括库尔德人、俾路支人、阿塞拜疆人和阿拉伯人在内的民主联邦制。伊朗库尔德斯坦民主党的前身是成立于1942年的库尔德斯坦复兴委员会，成立之初的目标是实现伊朗库尔德人的自治，扩大库尔德人的语言和社会权利以及在城市中的政治与社会影响。1945年8月伊朗库尔德斯坦民主党取代库尔德复兴委员会。1946年在苏联扶持下成了马哈巴德共和国，但仅持续了11个月便被推翻了。20世纪70年代，伊朗库尔德斯坦民主党与霍梅尼推翻了伊朗封建王朝统治，但霍梅尼执政后便对库尔德人发动了"神圣的战争"。之后库尔德斯坦民主党与伊朗政府间的武装冲突和政治斗争不断。科马拉是伊朗20世纪70年代较为激进的库尔德政党，其主要目标是消灭库尔德人民压迫者，实现库尔德人的民族自决，其后又提出建立联邦政府的目标。近年来虽然科马拉武装组织的数量已由几万人锐减为900人左右，但其坚信武装斗争才是争取民族权利的主要方式。伊朗除了以上三个影响较大的政党，还有一些诸如伊朗群众党、库尔德斯坦自由党等小党。作为民族性政党，伊朗库尔德政党呈现出"各政党主张与发

---

① Martin van Bruinessen, "The Kurds Iran and Iraq", *MERIP Middle East Report*, No.141, 1986, pp.14–27.
② 肖文超:《叙利亚库尔德反对派主要政党》,《国际研究参考》2014年第5期, 第57页。

展理念不同，没有统一的政治目标""部分库尔德政党存续时间并不长，且常常因内外因素而四分五裂，自身势力逐渐被削弱"等特点。①

伊拉克库尔德政党之间相互斗争、分裂的现象也充斥伊拉克库尔德民族主义运动的过程。具体细节在伊拉克的库尔德族群冲突的案例中将会体现，这里便不再赘述。

1.2.4 复杂的地缘政治环境

地缘政治理论以"空间有机体、生存空间、海权、陆权、制空权"等论述对20世纪多民族、国家思维模式的形成和历史记忆的重塑产生了重要持久的影响，也影响着国家间的关系和民族关系。正如卡普兰在《即将到来的地缘战争》中所述，"如果当时借鉴了地理、种族和宗派的因素，我们可能会遇见到冷战结束后巴尔干的动乱"。② 库尔德斯坦处于中东诸国交界处的内陆山区，具有特殊的地理环境，特别是其在土耳其、伊朗、伊拉克、叙利亚四国的分布，让库尔德运动更加复杂化、区域化。

首先，库尔德人成为中东有关国家处理国家间关系的工具，四国相互牵制，无法有效地单独解决库尔德问题。自20世纪50年代起，伊朗和伊拉克便以库尔德人问题作为筹码来影响双方国内政治。伊朗利用库尔德人问题在1975年迫使伊拉克政府签订《阿尔及尔协定》，同样在两伊战争中支持库尔德人反对萨达姆政权；叙利亚利用库尔德工人党与土耳其"叫板"，③ 支持库尔德

---

① 王艺儒、刘霞：《伊朗库尔德政党及其政治前景》，《国际研究参考》2017年第4期，第47页。

② ［美］罗伯特·D.卡普兰：《即将到来的地缘战争：无法回避的大国冲突及对地理宿命的抗争》，涵朴译，广东人民出版社2013年版，第47页。

③ James F. Jeffrey, David Pollock, "How to Stop the War Between Turkey and the Syrian Kurds", https://foreignpolicy.com/2018/01/25/how-to-stop-the-war-between-turkey-and-the-syrian-kurds/.

人反对伊拉克政府。土耳其利用叙利亚库尔德人问题出兵叙利亚,① 利用伊拉克的库尔德人来反对土耳其的库尔德人,等等。

其次,库尔德武装组织利用复杂的地缘政治环境在四国间"自由活动"。库尔德人武装组织利用库尔德人在四国分布的特点,每每遇到挫折或打击便躲避到邻国。如土耳其库尔德工人党在伊拉克、伊朗、叙利亚和黎巴嫩等国境内设立营地,并通过其领土潜回土耳其境内进行武装活动。② 2018年土耳其政府为了清除库尔德武装"人民保护部队"对叙利亚阿夫林地区进行了橄榄枝军事行动,并在土耳其和叙利亚边界建立了"安全区"。③

最后,国际势力利用库尔德人问题来为其在中东谋取利益。库尔德地区因其拥有着丰富的水资源、石油资源以及其他矿产资源,加之该地区战略位置的重要性,成为西方大国染指的主要原因。如欧洲人热衷打库尔德人的"人权"牌,来介入这些国家的内部事务,俄罗斯长期利用库尔德问题来扩大在该地区的影响力,美国一贯以"实用主义"来处理库尔德问题。④

总之,库尔德问题的反复有其殖民遭遇的历史根源,也有现实中被阻断的民族主义运动、难以建构的国家认同、涣散的政党和武装组织以及复杂的地缘政治等因素,而贯穿其中的是大国竞争。土耳其库尔德问题的西欧因素、伊拉克库尔德运动中的美苏(俄)之争,叙利亚库尔德问题的美俄之争以及伊朗库尔德问题的美国因素,等等,此种案例在库尔德运动史上随处可见,伊拉克库尔德运动便是其中之一。

---

① Till F. Paasche, "Syrian and Iraqi Kurds: Conflict and Cooperation", https://www.mepc.org/syrian-and-iraqi-kurds-conflict-and-cooperation.
② 邝生炎、陈志红:《库尔德工人党问题及其对土耳其内外政策的影响》,《西亚非洲》1995年第4期,第22页。
③ 刘中民:《库尔德问题成土耳其对叙利亚政策核心》,《中国社会科学报》2018年4月12日,第003版。
④ 李荣、唐志超:《困扰中东地区的库尔德问题》,《国际资料信息》2003年第4期,第8—9页。

1.3 库尔德人反对伊拉克政府族群冲突的过程

在伊拉克的库尔德人运动始于20世纪20年代。如1922年在伊拉克的库尔德领袖沙伊赫·穆罕默德（Sheikh Mahmud Berzendji）企图建立以自己为国王的库尔德斯坦王国，但以失败而告终。① 在这之后形成了各种政党如火如荼地展开。如代表伊拉克库尔德人农民利益的伊拉克—库尔德人希望党（Iraqui-Kurdish Party Hiwa）于1939年成立，代表市民利益的库尔德斯坦民主党（the Democratic Party of Kurdistan-Iraq）于1945年成立。正是各自代表着不同阶层的利益，这两个组织很难形成反对伊拉克政府的合力。按说针对这种分裂的状态，伊拉克政府可轻易地将它们各个击破。然而国际势力对库尔德人反对伊拉克政府的支持和库尔德人自治的意愿一经结合，便让库尔德运动成为一项复杂、长期且难以治理的难题，致使运动为期30年之久。按照运动内容的差异，可将库尔德人反对伊拉克的运动分为三个阶段：库尔德人与伊拉克政府的冲突（1961—1975年）、伊朗—伊拉克战争中的库尔德人运动（1980—1988年）、海湾战争中的库尔德运动。

在20世纪50年代，库尔德民主党希冀建立囊括整个库尔德斯坦地区的库尔德人民共和国，但希望很快破灭，因为他们发现建立库尔德人民共和国的目标并不现实。于是他们便退而求其次，以寻求区域自治替代之。区域自治的目标起先获得了伊拉克共产党等一些左翼政党的认同和支持，随着伊拉克政府在1958年倒台，该目标获得了政府承认。之后成立的阿卜杜勒-卡里姆·卡塞姆（Abd al-Karim Qasim）政府并没有回应库尔德民主党希望伊拉克进行议会自由选举和库尔德斯坦的自治的要求，翌日便爆发了库尔德人反对伊拉克政府的武装冲突。

伊朗在整个20世纪60年代给予了库尔德人大量的军事和资

---

① 王剑峰：《多维视野中的族群冲突》，民族出版社2005年版，第130页。

第 3 章　大国竞争与族群冲突

金支持,① 而伊拉克政府只是获得了苏联的少量支持。在 1970 年库尔德武装组织迫使伊拉克巴提（Baathist）政府签署了"同意库尔德人在语言使用、自治政府、经济发展等方面的自治权"的协议。②

随着伊拉克政府所面临的国际国内形势的改观，协议中的内容并没有得到实施。伊拉克政府一方面通过大量开采和出售石油，来增加国内收入，另一方面通过与苏联建立友好条约，以扩大其国际影响。鉴于此原因，从苏联回国的库尔德领袖巴尔扎（Mullah Mustafa Barzani）领导库尔德民兵组织和库尔德民主党武装组织在 1972 年重新发动了反对伊拉克政府的斗争。该斗争受到了美国、伊朗和叙利亚政府的支持，在伊朗和土耳其的库尔德人也积极响应他们。③ 而苏联则给予伊拉克政府军强大的军事支持。④

历经三年，库尔德人发动对伊拉克政府的这次武装斗争，却在 1975 年被国际关系打败。直接原因是伊朗国王与伊拉克副总统萨达姆·侯赛因在 1975 年 3 月所签署的《阿尔及尔条约》。该条约规定双方立即停止一切破坏对方的行动。这样伊朗在没有知会库尔德人武装组织的情况下，迅速停止了一切对库尔德人的支持，结果便是 2 万多库尔德人在孤立无援的形势下被伊拉克政府军杀害。⑤

---

① Nader Entessar, "The Kurdish Mosiac of Discord", *Thrid World Quarterly*, Vol. 11, No. 4, 1989, pp. 83-100.

② Edmund Ghareeb, *The Kurdish Question in Iraq*, Syrause: Syracuse University Press, 1981, p. 87.

③ Bernd Debusmann, "Kurdish Party Leaders Tells Reuters: Iraq Intensifies Battle Against US", in E. Franz ed., *Material Zum Kurden Problem*, Hamburg: German Orient Institute, Middle East Documentation Center, 1977, pp. 127-128.

④ Stephen C. Pelletiere, *The Kurds: An Unstable Element in the Gulf*, Boulder, CO.: Westview, 1984, p. 166.

⑤ Edmund Ghareeb, *The Kurdish Question in Iraq*, Syrause: Syracuse University Press, 1981, p. 174.

两伊战争结束后，伊拉克政府军开始残酷镇压库尔德人，在萨达姆·侯赛因统治期间（1979—2003年）库尔德人遭到了残酷的压制，如大规模摧毁库尔德人村庄，使用化学武器致使数千人死亡，等等。1991年海湾战争爆发，在美国的支持下库尔德人再次举起反对伊拉克萨达姆政府的大旗，但昙花一现，历经一个月（1991年3—4月）很快被镇压下去。

从1961—1975年的库尔德人反对伊拉克政府的族群冲突中，可看出此次族群冲突深受大国竞争的影响。1970年停火协议的签订很大原因是美国和苏联在背后的操纵。美国挑唆库尔德人反对伊拉克，基于伊拉克政府与苏联的密切关系，如伊拉克为了获取苏联的军事支持，不惜转让其海港的使用权。① 1972年伊朗占据了阿拉伯河（Shatt-al-Arab）航道几个有争议岛屿。这几个岛屿是两国通往波斯湾的必经之处，致使伊拉克极其不满，伊朗这个美国的盟友为了转移伊拉克政府的注意力，所以也支持库尔德人的斗争。② 为了减弱伊拉克对伊朗侵占岛屿行为的军事报复，伊朗遂伙同美国支持库尔德人运动。

在此案例中，库尔德人寻求自治、独立的族裔民族主义运动由来已久，但苦于力量的弱小，也从未真正取得过真正意义上的自治，但其决心不改，一旦有机会便会揭竿而起。伊拉克作为中东的地区大国和主要产油国，成为美国和苏联所青睐的对象，苏联企图通过支持伊拉克以获得其在中东地区的影响力。美国为了削弱苏联在该地区的影响力，确保丰富廉价的石油供应，一方面利用伊朗和伊拉克的边界矛盾来制衡他们，另一方面通过唆使库尔德人反对伊拉克政府来削弱苏联在该地区的势力。这一过程更多的是美国和苏联这两个大国对该地区丰富的油气资源以及地缘政治的争夺，当然其中多少也有意识形态的竞争。苏联解体后，

---

① Ismet Sheriff Vanlym "Kurdistan In Iraq", in Gerard Chaliand, eds., *People Without a Country: The Kurds and Kurdistan*, London: Zed Press, 1980, pp. 153-228.

② J. M. Abdulghani, *Iraq and Iran: The Years of Crisis*, London: Croom Helm, 1984, pp. 145-147.

俄罗斯在伊拉克的影响力减弱，美国试图填充这一权力的真空，以武力来打压、推翻萨达姆政权，这时长期反对伊拉克政府的库尔德人便成为美国的天然盟友。

1.4 库尔德运动的变与不变

库尔德运动百年荣辱征程，在大国竞争和四国夹缝中斗争，在争取库尔德人的权利上取得了一定的成绩。土耳其正义与发展党自 2002 年上台以来，改变了以往对待库尔德人的政策，库尔德人在身份承认、库尔德语言使用以及经济发展等方面取得新进展，① 埃尔多安总统连任后为这一政策的延续提供了一定程度上的保障；② 伊拉克库尔德人在伊拉克战争后维护了本民族的利益，库尔德语成为伊拉克的官方语言之一，获得了高度的自治权，保留了独立的库尔德军事力量；③ 叙利亚库尔德人在与政府共同打击组织中获取了与叙政府合作的政治资本，叙利亚在内战爆发前，库尔德人曾是这个国家饱受压迫的少数民族，叙利亚内战爆发后叙利亚库尔德人组织建立了自己的武装，并通过打击"伊斯兰国"控制了叙北部库尔德人居住的大片土地，并极力寻求自治；④ 伊朗库尔德人在美国制裁伊朗的形势下获得了新机遇。⑤ 近期，随着美国特朗普政府在中东战略格局的调整，俄罗斯在叙利亚问题上的武力介入，土耳其对于美国和北约的不满，伊拉克库尔德人公投等新问题，库尔德运动出现了一些新变化。

---

① Taha Özhan, "New Action Plan for Southeastern Turkey, Set a Foundation for Political", *Economic and Social Research Report*, No. 18, July 2008, p. 2.
② Arif Qurbany, "What Is the Future of Kurds in the New Turkey?", http://www.rudaw.net/english/opinion/04072018.
③ 田宗会：《伊拉克库尔德人问题的新变化及前景》，《世界民族》2010 年第 4 期，第 28 页。
④ 汪波、穆春唤：《叙利亚库尔德人内战前后的政治发展》，《阿拉伯世界研究》2018 年第 2 期，第 90 页。
⑤ Kosar Nawzad, "No Opposition Forces to Defend Kurds in Iran, US More Open: Kurdish Leader", http://www.kurdistan24.net/en/news/27840bd7 - 803c - 4efb-9465-c460ee57559d.

1.4.1 库尔德运动日益区域化、国际化

库尔德运动的区域化是指四国的库尔德运动牵一发而动四国，如叙利亚库尔德人武装力量的增强会引起土耳其政府军的不安；伊拉克库尔德人公投会让其他三国感到害怕，害怕公投引起多米诺效应。国际化是指库尔德运动日益走进国际视野，成为影响国际的运动。这一方面有大量库尔德人离开库区成为国际移民，并组建国际库尔德人组织的影响，如成立于1999年的库尔德斯坦国民大会会集了来自库尔德地区的库尔德人代表，游说外国政府、欧盟、联合国和其他国际组织来提高国际社会对库尔德斯坦地区形势的关注度；① 2007年5月成立的库尔德斯坦社会联盟是中东库尔德地区所有库尔德相关组织和政党的联合体，致力于以民主联邦制来解决中东冲突问题。② 2013年6月更名欧洲库尔德民主团体大会是利用欧洲民主框架来实现、保卫和发展库尔德人的社会、经济、政治和文化权利的组织，拥有全球近200个库尔德组织成员，是欧洲、北美和澳大利亚等地所有与库尔德工人党联系的中心。③ 另一方面也有国际势力对于库尔德运动的"青睐"。如库尔德人的人权问题成为欧盟衡量土耳其加入欧盟的条件；俄罗斯致力于利用库尔德人问题来扩大其在中东的影响；美国同样利用库尔德人权问题以及库尔德武装力量来扩大其在中东的利益。

---

① "Kurdistan National Congress –Kongreya Neteweyî ya Kurdistanê (KNK)", http://www.kongrakurdistan.net/en/.

② 肖文超、余家溪：《土耳其库尔德政党与国际泛库尔德组织》，《国际研究参考》2017年第4期，第38页。

③ Michael M. Gunter, *Historical Dictionary of the Kurds*, Lanham, Maryland: Scarecrow Press, 2010, p.167.

1.4.2 中东地区网络政治空间增长与库尔德运动网络串联新形式

2011年西亚北非的动乱以同种模式在短时间内席卷中东多个国家，暴露了中东国家对于网络政治空间控制力的弱小，同时也意味着中东网络政治空间的增长。随着互联网、半岛电视台（Satellite Television）以及手机等通信设备的广泛应用，中东地区形成了一种新的网络政治空间。它们给公众带来了新的政治交流技术和信息，摆脱了以往国家单一灌输政治信息的渠道，增强了中东地区政治活动的协调性、同步性，削弱了中东威权政府对于公共政治议程设置、政治信息披露的垄断权。① 这种高隐蔽性、便捷性的网络工具也给库尔德运动带来了契机。

1.4.3 中东地缘政治格局变化与库尔德运动之"春"

2011年西亚北非的动乱不仅给地区带来了大动荡，也改变了中东传统政治生态，催生了新的地缘政治格局和地区秩序。这种秩序的变化主要体现在五个方面：美国主导地位的变化、地缘政治和国际关系之变、地理政治版图和阿拉伯体系之变、传统政治结构和政治生态之变和地区安全秩序之变。② 这一变化刺激了库尔德人的觉醒，推动了土耳其、叙利亚、伊朗、伊拉克等国库尔德人发动了维护和扩大民族权利、实行民主自治的反政府抗议活动。③ 库尔德人新的运动促使中东国家作出政策调整和战略布局，然而深陷中东乱局影响的四国，给库尔德人扩充实力和加快独立步伐提供了难得机遇。④

---

① Marc Lynch, *The Arab Uprising: The Unfinished Revolutions of the New Middle East*, New York: Public Affairs, 2013, p. 11.
② 唐志超：《中东新秩序的构建与中国作用》，《西亚非洲》2014年第5期，第64—69页。
③ Claire Berlinski, "The Arab Spring is Now the Kurdish Spring", *Ekurd Daily*, July 29, 2012.
④ 唐志超：《中东新秩序下库尔德问题走向与中国的角色》，《西亚非洲》2015年第2期，第26页。

1.4.4 国际格局新变化与库尔德运动新态势

国际格局的每一次改变都给库尔德人带来机遇和挑战。第一次国际格局的变化，致使奥斯曼帝国和伊朗帝国分裂为十多个国家，由西欧、奥斯曼土耳其和伊朗主导的中东局势演变为西欧一家独导，库尔德斯坦地区也被一分为四；第二次国际格局的变化带来民族解放运动的同时，也形成了美苏争霸的格局，致使库尔德人既面临国内大民族主义的压迫，也被卷入美苏争霸的旋涡；冷战结束后，在美国的支持下，库尔德人迎来了新的机遇。2008年国际金融危机之后，国际力量的对比发生了新变化，国际格局也面临新一轮的调整。在这次新的调整中，库尔德人争取到更多利益，让人拭目以待。

在外部环境风云突变的同时，库尔德运动也保持着一些不变的形态。首先，库尔德人独立建国的初心不改。库尔德人在四国所面临的大民族主义压迫的境遇没有根本改变，库尔德政党和武装组织内部日益分化的趋势没有变，库尔德民族精英分子寻求建国的梦想仍然持续。其次，四国维护国家主权、领土完整的决心不变。土耳其埃尔多安总统始终在国家统一的框架下承认库尔德民族的身份，维护它们的合法权利；伊拉克库尔德人作为伊拉克战争的最大赢家，在政治、经济乃至领土管辖范围内取得了巨大进步，但其独立公投却招致了伊拉克政府的极力反对；叙利亚库尔德人在叙利亚内战中乘机做大自我，但叙政府是绝不允许库尔德人独立的，如2018年9月8日，在叙利亚政府军与库尔德武装组织的冲突中，18名库尔德武装分子被打死；① 伊朗的库尔德人虽然在美经济制裁的形势下有些活跃，但仍在伊朗政府的控制之内。最后，大国利用库尔德人的心思犹存。库尔德斯坦地区丰富的资源以及在土耳其、叙利亚、伊朗、伊拉克四国的分布，成为

---

① "18 Dead as Syria Kurds Clash with Regime Forces", http://www.dailystar.com.lb/News/Middle-East/2018/Sep-08/462811-kurds-say-18-dead-in-clashes-with-syria-regime-forces.ashx.

大国撬开中东大门、牵制四国的重要抓手,一旦库尔德斯坦成为独立的国家,这是大国所不愿看到的结果,这是原因之一;原因之二是库尔德斯坦的独立只有在四国国内政治极其混乱的情况下出现,而一个稳定、发展的中东才是大国之所愿;原因之三是库尔德斯坦的独立势必会带来中东局势的改变,新一轮政治秩序的形成会带来更大的混乱。总之,出于巨大的石油经济利益和地缘政治的考虑,西方大国实际上并不想由于库尔德问题造成该地区形势的过分动荡。①

就当前的态势而言,大国竞争导致中东地缘政治和区域格局的乱象,库尔德人从中做大、做强自己的限度是不能成立独立国家的。

2 大国地缘政治竞争与族群冲突:斯里兰卡的族群冲突

地理是国家权力的重要因素,是国家金字塔式权力得以确立的相对稳定的基础,也是人类自身历史的背景图,与经济、军事实力的分布一样成为国家行为的主要制约和推动因素。② 围绕着地理与政治的关系研究,在19世纪末形成了地理政治学。它在学界有着地缘政治学和地理政治学之分,前者由于在第二次世界大战时成为德国对外扩张的理论依据,让汉斯·摩根索等人嗤之以鼻,成为一种"臭名昭著"学说。后者认为地理和其他因素共同作用于国家间政治与关系。作为一种国际关系中的一种理论,地理政治学有有机国家论(Organic State Theory)和地理战略论(Geostrategy)。前者为拉采尔所倡导,主张将国家视为受制于领土性质以及空间区位影响的空间有机体,能否适应客观的地理环

---

① 解传广:《21世纪的库尔德问题》,《阿拉伯世界》2002年第1期,第28页。
② [美]罗伯特·D.卡普兰著:《即将到来的地缘战争:无法回避的大国冲突及对地理宿命的抗争》,涵朴译,广东人民出版社2013年版,第39—40页。

境成为国家成功与否的关键,并认为国家通过对外扩张来实现流量的增长是天经地义之事,充满社会达尔文主义的色彩。① 后者主要以马汉、麦金德和斯皮克曼为代表。马汉认为"对于海洋的控制尤其是那些具有战略意义的狭窄航道,对于大国的地位意义非凡"。② 随着铁路出现、内燃机等技术的发明,在20世纪初,陆权占据了统治地位。与马汉海权论不同,麦金德认为从东欧平原到西伯利亚平原的广阔地域是国际政治的中枢地区,并提出了"谁统治了东欧,谁就能控制大陆心脏;谁统治了大陆心脏,谁就能控制世界岛欧亚大陆;谁控制了世界岛,谁就能统治世界"的论断。③ 后来这一论断得到麦金德自身的修订,他在二战后认为只要英国、美国和法国联合起来,就足以抗衡苏联,制约德国。这种中心学说进一步得到斯皮克曼等的修正,他们认为处于欧亚大陆的周围的边缘地区建立起新的工业体系和交通中心,那么在这些边远地区便会比大陆中心更加重要。④ 随着飞机等航空航天工具的出现,制空权又成为地理政治的一种新视野。⑤

地理政治围绕着地理与政治关系的理论,以空间有机体、生存空间、海权、陆权、制空权等论述,对20世纪多民族、国家思维模式的形成和历史记忆的重塑产生了重要持久的影响,也影响着国家间的关系,同时也影响着族群关系。正如卡普兰在《即将到来的地缘战争:无法回避的大国冲突及对地理宿命的抗争》

---

① Geoffery Parker, *Western Geopolitical Thought in the Twentieth Century*, Landon: Taylor & Francis Ltd. , 1985, p. 89.

② Alfired Thayer Mahan, *The Influence of Seapower upon History*, *1660-1783*, Boston: Little, Brown, 1897, pp. 281-329.

③ Halford Mackinder, "Democratic Ideals and Reality: A Study in the Politics of Reconstruction", Forgotten Books, 2017, p. 150.

④ Colin S. Gray, "In Defense of the Heartland", *Comparative Strategy*, Vol. 23, No. 1, 2004, p. 19.

⑤ 参见 Giulio Douhet, *The Command of the Air*, trans. Dino Ferrari, New York: Coward McCann, 1942; Alexander P. de Seversky, *Victory Through Air Power*, New York: Simon & Schuster, 1942; General Thomas D. White, "The Inevitable Climb to Space, Air", *University Quarterly Review*, Vol. 4, 1959, pp. 3-4。

第3章 大国竞争与族群冲突

中所述"如果当时借鉴了地理、种族和宗派的因素,我们可能会遇见到冷战结束后巴尔干的动乱"。①

一些处于重要地理位置的多民族国家成为大国在世界这一有限空间范围内争夺的对象,加之国内族群复杂的关系,往往便会擦出族群冲突的火花,斯里兰卡的族群冲突便是。

2.1 斯里兰卡的族群冲突

斯里兰卡位于印度东南沿海不远的印度洋中,人口约1800万,是一个多族群结构的岛国。其中僧伽罗人占总人口的74%,多为信仰佛教,操僧伽罗语,并以三分之二的多数原则控制着斯里兰卡的选举政治。其余的三个族群说泰米尔语,斯里兰卡泰米尔人(Sri Lanka Tamils)占12.7%,信仰印度教(Hindu),多居住在斯里兰卡的北部和东部岛屿;印度泰米尔人(Indian Tamils)占总人口的5.5%,主要居住在努瓦拉·埃利亚产茶区,信仰印度教,但他们与斯里兰卡泰米尔人不同的是,他们是19世纪的英国人从印度带来种植茶叶的泰米尔人;最后是摩尔人(Moors),占总人口的7.1%,尽管他们说泰米尔语,但他们认为与泰米尔人不同,也没有参与族群冲突。②

斯里兰卡的族群冲突首先与国内的两种族裔民族主义有关:僧伽罗民族主义和泰米尔民族主义。在1948年之前,英国殖民者通过将斯里兰卡的精英欧洲化,即说英语、信基督教,且将其孩子送往伦敦接受教育等,成功抑制了斯里兰卡的民族主义。僧伽罗人的民族主义兴起于20世纪50年代,这时僧伽罗人的佛教徒开始有了僧伽罗人的认同,开始以僧伽罗人的意识来重新阐释

---

① [美]罗伯特·D.卡普兰著:《即将到来的地缘战争:无法回避的大国冲突及对地理宿命的抗争》,涵朴译,广东人民出版社2013年版,第47页。
② [美]戴维·莱文森著:《世界各国的族群》,葛公尚译,中央民族大学出版社2009年版,第471页。

佛教的历史。① 后来他们通过成立于 1950 年的斯里兰卡自由党（Sri Lanka Freedom Party）来提升僧伽罗语在全国范围内的应用以及控制全国的教育资源。1956 年自由党主席所罗门·韦斯特·里奇韦·迪亚斯·班德拉奈克（Solomon West Ridgeway Dias Bandaranaike）当选总理后，僧伽罗人的愿望得以实现，突出的表现是多数的僧伽罗政治人员开始穿传统的僧伽罗服装、说僧伽罗语，改信佛教，并得到广大僧伽罗农民的支持。班德拉奈克去世后，僧伽罗人的民族主义开始寻求符号意义，其中有对国家北部和东部一些岛屿的重新殖民化（recolonization），以图重新塑造阿奴拉达普勒（Anuradhapura）和波隆纳鲁沃（Polonuaruwa）时期僧伽罗灌溉文化的辉煌，但这些地区并不是僧伽罗人居住区，而是泰米尔人的传统居住地。正因为此，僧伽罗人这种民族主义运动被视为对泰米尔人的侵入，泰米尔人的民族主义也因此萌发。

随着 20 世纪 70 年代暴力事件在泰米尔人乡村的频繁出现，泰米尔人的民族主义也随之兴起。在这之前泰米尔人的民族认同较低。首先，居住在北部、东部岛屿的泰米尔农民与外界的联系仅限于与基督教徒建立在海边的教会学校。其次，泰米尔人的地理分布也限制着泰米尔认同的形成，斯里兰卡泰米尔人被分为东部和北部两部分，两者缺乏接触。再次，斯里兰卡泰米尔人整体上受教育水平低，只有生活在贾夫纳半岛上的泰米尔人受教育水平高，这也是得益于英国殖民者对它们的青睐。20 世纪 70 年代泰米尔反叛组织的出现，加速了泰米尔民族主义的兴起。对于泰米尔人的反叛，僧伽罗人利用政府和军队优势极尽镇压，继续维护僧伽罗人在社会、政治、经济上的优势。

2.2 族群冲突的阶段和国际势力介入

随着冲突的不断加深，各种国际势力开始介入，由最初的民

---

① 参见 George D. Bond, *The Buddist Revival in Sri Lanka: Religions Tradition, Reinterpretation and Response*, Columbia: University of South Carolina Press, 1988。

第 3 章 大国竞争与族群冲突

族主义斗争，演化为一种国际势力较量的角斗场。以重大事件为节点，可将斯里兰卡的族群冲突分为以下几个阶段。

第一阶段，1972—1983 年为组织建立阶段。这一时期冲突属于低烈度的族群冲突，也无外界力量介入，可定性为由泰米尔人的害怕以及泰米尔人认同与僧伽罗人认同之间的张力而引发的国家内部的族群冲突。泰米尔武装组织为更大的冲突准备着。泰米尔社会组织（Tamil Community）、印度泰米尔人以及其他一些组织为泰米尔游击组织提供训练。同时泰米尔游击组织的领导人去黎巴嫩等中东国家接受训练，并与当地的游击组织取得联系，还从事一些毒品贸易。斯里兰卡政府的对外接触也仅限于美国、英国来培训的军官。这时的印度虽然支持泰米尔人的斗争，但英迪拉·甘地（Indira Gandhi）也担心它们会与印度南部的泰米尔人一起宣布独立，害怕引火上身，沦为城门失火中的池鱼。因此印度通过第三方组织的形式来给予泰米尔游击组织帮助，将阿富汗游击组织的武器直接给予泰米尔游击组织，但首先给予泰米尔伊拉姆猛虎解放组织（Tamil Eelam Liberation Organization，TELO），之后又给予其他游击组织，这让泰米尔伊拉姆猛虎解放组织很是不满。

第二阶段，1983—1987 年为全面开火阶段。外部力量开始介入双方的冲突。泰米尔武装通过三种途径来寻求外界的支持：一是通过在美国、英国的泰米尔海外人士筹集资金；二是向欧洲和美国出售毒品；三是与印度泰米尔人（Tamil Nadu）建立联系，同时通过对外宣传自身所受的歧视、迫害以寻求印度的同情。印度基于保护泰米尔人、维护斯里兰卡内部稳定、防止国际势力介入、维护其在南亚霸权地位的考虑，开始为泰米尔游击组织提供训练，并协助流亡海外的泰米尔人为泰米尔武装组织筹集资金、药品和武器。由于害怕印度的干预，斯里兰卡政府开始寻求美国、英国、以色列的支持。美国总统里根派特使维农·瓦尔特（Vernon Walters）帮助斯里兰卡政府处理暴乱，瓦尔特帮助斯里兰卡政府与以色列的基尼-米尼服务公司（Keeney-Meeney

Services）建立关系。尽管他们没有直接派军，却提供了大量军事援助和训练军官等服务。美国的介入让印度更加重视斯里兰卡的族群冲突，印度害怕美国插手南亚事务，危及其在南亚地区的霸权地位。① 同时印度害怕美国利用斯里兰卡的族群冲突，借机在亭可马里（Trincomalee）港建立军事基地。以色列之所以介入，是因为泰米尔武装组织、黎巴嫩和巴勒斯坦的关系密切，损害了它在中东的利益。②

该阶段的族群冲突虽然仍旧受到泰米尔人的不满和族群认同的驱使，但显然已成为英国、美国、以色列和印度利益的争夺场。

第三阶段，1987—1990 年为印度全面介入阶段。该时期，印度军队应斯里兰政府的请求，陈兵于斯里兰卡的北部和东部的部分地区，打击泰米尔猛虎组织（LTTE, Liberation Tigers of Tamil Eelam）。1987 年印度和斯里兰卡签订了《印度—斯里兰卡和平协议》（Indo-Sri Lankan Peace Accord），该协定彻底改变了斯里兰卡族群冲突的局面。此时泰米尔人的普通百姓的处境越发困难，印度空投的物质也是杯水车薪，而国际人道主义势力也多导向LTTE，美国、英国也苦于与印度总理英迪拉·甘地纠缠。印度政府以保护泰米尔普通百姓之名于 1987 年 3 月将约 3000 人的军队派往斯里兰卡，称之为印度维和部队（Indian Peacekeeping Force）。该部队代替斯里兰卡政府在泰米尔地区的武装，同时要求泰米尔猛虎组织在 72 小时内解除武装。但这一行动很快遭到 LTTE 的反对，1987 年 10 月 10 日印度维和部队采取了帕万行动（Operation Pawan），在牺牲了 600 多人的代价下，维和部队占据了贾夫纳（Jaffina），泰米尔猛虎组织也退往乡村地区，继续与维和部队抗衡。然而形势很快发生了改变，1988 年普马达撒（Ra-

---

① 参见 Rohan Gunarana, *Indian Intervention in Sri Lanka: The Role of India's Intelligence Agencies*, Colombo: South Asian Network on Conflict Resolution, 1993。

② 参见 Victor Ostrovsky and Claire Hoy, *By War of Deception*, New York: St. Martin's Press, 1990。

nasinghe Premadasa）当选斯里兰卡总统，一上台他便反对《和平协议》（Indo-Sri Lankan Peace Accord），并要求印度军队于1989年7月31日前撤离斯里兰卡，但印度总理英迪拉·甘地拒绝撤军。不久，迫于国内压力，英迪拉·甘地开始逐步撤军。1989年12月2日维·普-辛格（V. P. Singh）当选印度总理后，认为印度维和部队是一个错误决定，给双方带来了损失，并同意于1990年撤军。①

第四阶段，1990—1994年为后印度干预时期。在1990年早期，印度开始撤军，冲突也随之停止。但同年6月，冲突又起。印度的干预被双方视为中间力量而存在，而印度撤军之后，双方更加依赖外部力量，谁有能力购买到武器成为决定冲突胜负的关键。此外，国际舆论开始成为解决冲突的新因素，而国内的民族主义也变得不那么重要了。

第五阶段，1994—1999年为钱德里卡统治时期的军事胜利阶段。钱德里卡·班达拉奈克·库马拉通加（Chandrika Bandaranaika Kumaratunga）于1994年当选总统后，开始展开积极的外交，建立强大的政府武装，给予泰米尔猛虎组织沉重打击。泰米尔猛虎组织被驱赶至北部、东部的丛林地区，与政府开展游击战。这一时期的大的武装冲突并不多，而更多的是外交战，政府尽一切努力切断泰米尔猛虎组织的物资援助。这时的民族主义因素又开始彰显，但有时国际因素又会决定冲突成败。

第六阶段，2000—2001年为钱德里卡统治时期的军事受挫到和谈阶段。1999年早期政府军取得了很大的胜利，将泰米尔猛虎组织限制在贾夫纳半岛、基利诺奇（Kilinochchi）地区和瓦尼（Vanni）丛林地区的几个大的城镇中。政府军在已占领的地区变得更富于攻击性，一鼓作气占领了马纳尔湾海滨公路（Mannar coastal road）和其他一些战略要地。1999年下半年，泰米尔猛虎

---

① Neal G. Jesse and Kristen P. Williams, *Ethnic Conflict: A Systematic Approach to Cases of Conflict*, New York: CQ Press, 2011, p. 264.

组织开始疯狂反扑，重新占领了贾夫纳半岛的中心地，2000年4月泰米尔猛虎组织攻占了埃勒芬特帕斯（Elephant Pass）的军事据点，该剧点是通往贾夫纳半岛的桥头堡。政府军的溃败招致以色列、美国和英国等外部势力对斯里兰卡政府的军事支持。外部势力的介入瞬间改变了冲突的局面，双方于2002年2月签订了停火协议。①

2.3 斯里兰卡的地缘战略位置

斯里兰卡是西方通往南亚和东南亚的重要海上航道，是茶、橡胶等产品的重要出口国。其中最为重要的是斯里兰卡与西欧国家和美国的持续关系，让它可以突出自身的地位和延伸利益。

在1948年之前斯里兰卡的主要贸易国是英国，与美国仅有极少的贸易往来。独立之后，美国便替代英国成为其主要贸易国，并在杜鲁门政府时期，与美国签订了合作协议（mutual cooperation agreement）。诞生于冷战时期的此协议，并不是偶然的。隐藏在美国进入斯里兰卡国内市场和后者共享美国经济发展成果的下面，实际上是参战于朝鲜战争的美国海军可在斯里兰卡的海港休整，斯里兰卡自然成了反对共产主义的国家。但这好处并未延及英国，1956年斯里兰卡左派当权后，宣布驱除英国在斯里兰的海军基地。但与美国的合作协议并未受到影响，两国间的贸易在1956—1961年间也在逐步加强。

1961年，斯里兰卡政府宣布将西方的炼油公司国有化，其中包括2家美国公司和1家英国公司，并从苏联、罗马尼亚和阿拉伯联合共和国进口石油。对此，美国以切断对斯里兰卡的一切援助为威胁，要求斯里兰卡对其公司进行赔偿。而斯里兰卡也宣布禁止美国第七舰队进入斯里兰卡海域，两国关系极速下滑。在1964年两国搁置争议，继续加大贸易往来，两国关系又恢复正

---

① Steven E. Lobell and Philip Mauceri, *Ethnic Conflict and International Politics: Explaining Diffusion and Escalation*, New York: Palgrave Macmillan, 2004, pp. 166-176.

常。1965年统一国民党（United National Party，UNP）掌权，斯里兰卡与美国的关系得到进一步提升，尽管两国在越南战争、阿拉伯-以色列战争方面的看法不同。1970年斯里兰卡左翼政府塞纳纳亚克（Senanayake）上台，对斯里兰卡外交政策做了重大调整，如承认民主德国、越南民主共和国和朝鲜，同时终止与以色列的外交关系，但同时宣称并不反对美国。在1970—1977年，斯里兰卡与美国又签订了一些双边贸易协议。

1983年泰米尔猛虎组织与政府间的族群冲突全面开始，此时的美国仍然保持与斯里兰卡的贸易往来，并力促和平解决冲突。到1984年时，美国政府认为斯里兰卡政府开始转向专制，并指责它们的一些违反人权的行为，并希望斯里兰卡政府转向民主、自由、开明的政府。但在1980—1990年，真正主导斯里兰卡危机的大国是南亚的区域大国印度，其间美国还促成了斯里兰卡与以色列的军火贸易。1997年美国克林顿政府将泰米尔猛虎组织视为恐怖组织，2001年"9·11"事件之后，小布什政府更是视泰米尔猛虎组织为恐怖组织，向斯里兰卡政府提供大量的经济、军事援助，据统计2002年的资助金额约为840万美元。2006年美国又进一步加大了对斯里兰卡的军事资助。2009年美国奥巴马政府要求斯里兰卡政府终止进攻性军事行为，希望泰米尔猛虎组织将武器交于第三方组织，并与政府展开对话。2009年3月12日，美国国务卿希拉里（Hillary Clinton）和英国外交大臣戴维·米利班德（David Miliband）呼吁政治解决斯里兰卡的族群冲突，并给予泰米尔人和其他少数族群在政治上的权力。但由于各种原因，这种期望并未实现。[1]

由于斯里兰卡特殊的海上交通要道的地理位置，以及它与西方大国保持的良好经贸关系，美国和英国干预斯里兰卡政府较少，而苏联鉴于斯里兰卡与美国间的良好而又稳定的关系也很少

---

[1] Neal G. Jesse and Kristen P. Williams, *Ethnic Conflict: A Systematic Approach to Cases of Conflict*, New York: CQ Press, 2011, pp. 259-261.

插手斯里兰卡的族群冲突。然而在南亚还有一区域性大国——印度则没有袖手旁观,而以武力直接介入了此次冲突。同时诸如国际红十字会(Red Cross)、英国乐施会(British Oxfam)、挪威救助儿童会(Save the Children Fund, Norwegian)、亚洲发展银行(Asian Development Bank)、世界银行(World Bank)以及国际货币基金组织(International Monetary Fund)等国际组织也介入进来,他们一方面游说(combatants)国际势力,另一方面将泰米尔人在冲突中的遭遇公布于国际社会,给斯里兰卡政府以舆论压力,为和平解决冲突而努力。

分析斯里兰卡的族群冲突可知:由于海上航道和海港的重要性,斯里兰卡成为一个地缘战略要地,招致英国和美国的青睐。而印度这一区域性大国又秉持"卧榻之侧,岂容他人酣睡"的观点,这便让斯里兰卡国内的族群冲突国际化;斯里兰卡的族群冲突在给国内带来混乱的同时,也搅动着国际社会的不安,如以色列的介入很大程度上是打击泰米尔游击武装与黎巴嫩和巴勒斯坦间的联系,泰米尔武装组织对外输出毒品、与阿富汗武装组织的沆瀣一气等均给国际社会带来一定的危害;斯里兰卡族群冲突始于僧伽罗人对于泰米尔人合理诉求的漠视,这种族群的不满和害怕最终酿成了族群冲突,但由于斯里兰卡政府的能力较弱,冲突双方开始向外求援,国家势力又基于自身利益考虑,两者一拍即合,让斯里兰卡的族群冲突国际化、复杂化。这一过程也说明了族群冲突由内而发的多重博弈的第一种模式。

3 大国意识形态竞争与族群冲突:安哥拉族群冲突

意识形态之争是冷战期间美国和苏联之间霸权之争的主要内容之一。学界围绕着社会主义与自由主义产出过不少作品,这一时段围绕着意识形态的争夺,一些第三世界国家成为他们争夺的场域,也因此滋生出众多的族群冲突。

第3章 大国竞争与族群冲突

3.1 大国意识形态竞争与安哥拉族群冲突

安哥拉共和国位于非洲的西南海岸，其北部和东北部地区与刚果接壤，东南部毗邻赞比亚，南接纳米比亚，西部是大西洋。安哥拉人口大约为1150万人，总面积为124.67万平方公里。全国划分为18个省，首都罗安达。官方语言为葡萄牙语，同时存在着许多土著语言，宗教以融合了非洲宗教和基督教内容的教派为主，其基督徒大多信仰罗马天主教。据统计，信奉天主教的教徒占到总人口的75%，信奉基督教新教的为15%，只有10%的人口还在信仰传统宗教。①

安哥拉矿产资源丰富，石油、天然气是其最主要的矿产资源。2014年，安哥拉已探明石油可采储量超过131亿桶，天然气储量达7万亿立方米。钻石储量约10亿克拉。安哥拉素有南部非洲"聚宝盆"之称。安哥拉总体地貌是沿海低平、高原宽阔、山地高峻、河流众多，具有发展农业的巨大潜力。林业资源丰富，是非洲第二大林业资源国。

1428年，葡萄牙人抵达安哥拉海岸开启了对安哥拉的殖民历程，在20世纪初实现了对安哥拉的全面殖民统治。1961年安哥拉爆发了反对葡萄牙殖民者的起义，并于1974年推翻葡萄牙殖民政权，1975年独立。

安哥拉是一个多民族的国家。最早生活在安哥拉境内的居民是操科伊桑语的狩猎者和采集者。在大约1000年前，班图语居民开始迁移到该地区，随着谷类作物的种植和冶铁技术的引入，班图语居民逐渐占领了该地区，成为该地区的主导族群。班图人占安哥拉居民的大多数，并在此基础上形成了几个独特的族群，其中人口最多的族群为翁本杜人（Umbandu）、姆本杜人（Mbundu）。翁本杜人在20世纪初被纳入咖啡种植业中，此后又到葡萄牙殖民者兴办的工厂做工，最后领导了安哥拉的民族解放运动，

---

① 刘海方：《列国志·安哥拉》，社会科学文献出版社2006年版，第48页。

终结了葡萄牙的殖民统治。姆本杜人主要分为两类：一类是在农村从事农耕的族群，另一类是通过接受教育、服役及从事政府工作在城市定居并按照葡萄牙生活方式生活的族群。此外安哥拉还有一些小的族群，如刚果人（Kongo）、隆达人（Lunda）、乔奎人（Choke）和恩甘格拉人（Ngangela），还有居住在安哥拉东南地区孤立的难民区中的布须曼人（Bushmen），居住在安哥拉南部的安博人（Ambo）、尼亚内卡人（Nyaneka）、赫雷罗人（Herero）以及其他更小的族群，如葡萄牙与非洲人混血后裔的梅斯提科人（Mestico）。①

独立后的安哥拉，由于族群、宗教矛盾不断，加之国外势力的干预，形成了1975—1991年、1992—1994年、1998—2002年三次较大规模的族群冲突，其间签订了8次和平协定，共造成约150万人死亡、400万人流离失所。安哥拉的族群冲突除了与国内因素有关，也与国际势力的介入有关，特别是美国和苏联的意识形态竞争有关。其中各族群力量及其国外势力的支持如下。

其一，1956年成立的安哥拉人民解放运动组织（Popular Movement for the Liberation of Angola，MPLA，简称安人运），主要由姆本杜人、梅斯提科人和受过教育的非洲安哥拉人（assimilado）组成。该组织为社会主义性质的组织，在国内主要受到来自安哥拉首都罗安达（Luanda）和安哥拉西部地区人民的支持，组织领袖多为知识分子，在国外受到苏联和古巴的支持。②安人运坚持马列主义和不结盟运动的基本原则。政治上，主张实现国家独立，奉行不结盟运动，反对帝国主义，坚持社会主义路线，提倡平等主义和实现多种族社会。经济上坚持独立自主，主

---

① ［美］戴维·莱文森著：《世界各国的族群》，葛公尚、于红译，中央民族大学出版社2009年版，第189页。

② 参见 Fola Soremekun, *Angola*: *The Road to Independence*, Ile-Ife, Nigeria: University of Ife Press, 1983, pp.6-7; Colin Legum, Tony Hodges, *After*: *The War Over Southern Africa*, New York: Africanna Publishing Co., 1978, pp.9-16; Arthur Jay Klinghoffer, *The Angolan War*: *A Study in Soviet Policy in the Third World*, Boulder: Westview Press, 1980, pp.9-16。

张合理利用外资和外国技术，并承诺进行土地改革，给农民分配土地。①

其二，组建于1968年的安哥拉解放国民战线组织（National Front for the Liberation of Angola，FNLA，简称安解阵），该组织主要由北刚果人组成，它们希望能够从安拉格北部独立出来，它的领袖多为北刚果人的统治阶层。安解阵反对共产主义，推行种族主义、部落体制、排斥白人和混血人种，主张国家独立、土地改革、经济发展和泛非统一体，受到美国和扎伊尔的支持。②

其三，安哥拉全国独立联盟（National Union for the Total Independence of Angola，UNITA，简称安盟）成立于1966年，主要成员为翁本杜人，希望从安哥拉东南部独立出来，其领袖多毕业于教会学校。③ 安盟反对苏联的社会帝国主义（social imperialism），强调非洲的民族主义，主张合作生产的经济发展政策，建立农村基层组织，努力提高农民的思想政治觉悟。④

正如霍罗威茨（Horowitz）所言"独立后的非洲围绕着国家控制权的族群争夺是20世纪50年代以来非洲政治的主要形式"，⑤ 这一点安哥拉也不例外。安哥拉的以上三个族群政治组织围绕着安哥拉国家的控制权展开角逐。1975年葡萄牙殖民政府将安人运、安解放以及安盟三个组织召集在一起签订了《阿沃尔协

---

① Suzanne Jolicoeur Katsikas, The Arc of Socialist Revolutions: Angola to Afghanistan, Cambridge: Schenkman Publishing Company, Inc., 1982, p. 68.

② John A Marcum, *The Angolan Revolution*, *Volume* 2: *Exile Politics and Guerrilla Warfare*, *1962-1976*, Cambridge: M. I. T. Press, 1978, pp. 230-239.

③ Gillian Guun, "The Angolan Economy: A History of Contradictions", in E. J. Keller and D. Rothchild eds., *Afro-Marxist Regimes*: *Ideology and Public Policy*, Bouldler, Co.: Lynne Rienner Publications, 1987, pp. 181-197; Lawrence W. Henderson, *Angola*: *Five Centuries of Conflict*, Ithaca: Cornell University Press, 1979, pp. 151-152.

④ Suzanne Jolicoeur Katsikas, The Arc of Socialist Revolutions: Angola to Afghanistan, Cambridge: Schenkman Publishing Company, Inc., 1982, p. 67.

⑤ 参见 Donald Horowitz, *Ethnic Groups in Conflict*, Berkeley: University of California Press, 1985, pp. 291-332。

议》(Alvor Agreement),希望在安哥拉建立一个三者权力共享的政府,并期望在同年11月份举行独立后的选举。①

然而由于三个组织目标的不同,继续沿袭葡萄牙的殖民政策以及国外势力的干预,此协议便付诸东流。之后便爆发了三个组织之间的武装冲突,由于每个组织都有着明确的族群界线,冲突更多地呈现出族群冲突的特征。在这其间,卷入的主要力量有苏联、美国、古巴、扎伊尔和南非等国家。其中苏联支持安人运组织,该组织占据着安哥拉卡宾达省这一丰富的产油区(Cabinda Province)。20世纪70年代苏联通过输出革命来扩大其在非洲的影响,所以在整个70年代苏联给予具有社会主义性质的安人运巨大的经济和军事支持。据统计,截至1974年年底,苏联对安人运的援助达到5400万美元,还帮助其获得了非洲统一组织的承认。② 1975年4—10月间,苏联运送的武器和弹药足以在安哥拉武装2万人的军队。③

同时,早在1962年便开始长期关注非洲革命运动发展的古巴④也紧随苏联也为MPLA提供支持,据统计古巴在70年代至80年代,派往安哥拉的军事人员约18000人和230名军事顾问。⑤

受冷战意识形态竞争的影响,美国支持安人运的反对者安解

---

① Stevens Christopher, "The Soviet Union and Angola, African Affairs", *African Affairs*, Vol. 75, No. 299, 1976, pp. 137-151.

② [美]罗伯特·唐纳森:《苏联在第三世界的得失》,任泉、刘芝田译,北京:世界知识出版社1985年版,第96页。

③ Fernando Andresen Guimardes, The Origins of the Angola Civil War: Foreign Intervention and Domestic Political Conflict, New York: Macmillan Press Ltd., 2001, p. 102.

④ 注:早在1962年,古巴就曾关注阿尔及利亚反政府革命,此后,古巴先后派遣若干支游击纵队支援几内亚比绍、莫桑比克、扎伊尔和刚果(金)等国的民族独立战争。截至1965年夏季,共有大约400名古巴士兵活动在非洲中部地区。Gleijieses, P., *Conflicting Missions: Havana, Washington, and Africa, 1959-1976*, Chapel Hill: University of North Carolina Press, 2002, p. 7.

⑤ 参见 William LeoGrande, *Cuba's Policy in Africa, 1959-1980*, Berkeley: Institute of International Studies, 1980.

第3章 大国竞争与族群冲突

阵组织和安盟，其中给予后者的资助最多。刘金质认为"美国政府对安哥拉事件感兴趣，并不是因为它对美国国家安全利益有多么重要的、直接的关系，二是由于对抗苏联的需要"①。基辛格也曾指出"绝对不能给予苏联动用军事力量来实现其侵略目标，而又不必担心与我们发生冲突危险的机会"②。

时任美国总统杰拉尔德·福特通过行动批准了对安解放和安盟的秘密援助。1975年7月18日授予初始600万美元。7月27日，福特又提供了800万美元。1975年8月，给予2500万美元支持。③ 美国中情局准军事和后勤官员还制定了一份武器运输清单：12辆M-113履带式水陆两用车、60辆卡车、20辆拖车、5000支来复枪、4万只不同口径的步枪、数以百万计的子弹，此外还有火箭炮、迫击炮、无反冲式步枪等。④ 这些武器多由扎伊尔蒙博托的军队转交给安解放和安盟组织。中情局还派遣军事顾问、工程技术人员、招募雇佣兵来支持安解阵和安盟组织。在整个战争期间，有超过100名的中情局官员和准军事人员活动于安哥拉、扎伊尔、赞比亚和南非，直接参与到了军事指挥和士兵培训等。工程技术人员在安哥拉境内帮助规划、建立战争通信系统。⑤

作为当时美国同盟的扎伊尔基于反对共产主义和地缘政治的考虑，也给予安解放组织以支持。

南非基于安哥拉有色金属的主要市场，同时害怕苏联支持安

---

① 刘金质：《冷战史》（中），世界知识出版社2003年版，第978—979页。

② Fernando Andresen Guimardes, *The Origins of the Angola Civil War: Foreign Intervention and Domestic Political Conflict*, New York: Macmillan Press Ltd., 2001, p. 192.

③ Jeremiah Bvirindi, "Angolan Conflict Analysis: A Lesson for Africa's", *Emerging Leaders*, Vol. 3, No. 7, 2019, p. 2.

④ John Stochwell, *In Search of Enemies: A CIA Story*, New York: W. W. Norton & Company, 1978, p. 86.

⑤ William Blum, *Killing Hope US Military and CIA Interventions since World War*, London: Zed Books, 2003, p. 252.

人运统治安哥拉之后，会增加南非受到苏联支持的纳米比亚（Namibia）的西南非洲人民组织（Southwest African People's Organization）攻击南非的危险，因此也支持安哥拉解放国民战线组织和安哥拉全国独立联盟组织，并且派军队直接干预安哥拉族群冲突，1975年10月23日，南非派遣了1500—2000名士兵。①

在各方势力的介入下安哥拉族群冲突日趋激烈，截至1991年方才结束。结束的主要原因是苏联的解体所带来的国际局势的变化：其一，意识形态斗争的结束，美国和苏联开始针对第三世界国家的问题展开对话；其二，南非（African National Congress）在1990年取得合法化，并建立了统一的政权；其三，纳米比亚在1990年取得独立，最后美国加大支持的力度。在这些外部势力发生极大改变的情况下，安哥拉结束了其长达近20年的族群冲突。

总之，安哥拉族群冲突呈现出冷战与内战相互交织互动的状态。美国、南非与扎伊尔大力支持反共产主义的安解阵和安盟，苏联与古巴积极援助信奉马克思主义的安人运。安哥拉战场背后事实上是苏联—古巴联盟与美国—南非—扎尼尔联盟的对峙。在大国竞争日渐激烈的时代，美苏两国均把安哥拉作为地缘政治竞争与意识形态博弈的舞台。②

3.2 西方式民主治下的族群冲突

苏联的解体，在某程度上意味着以美国为首的西方阵营在意识形态斗争中取得暂时胜利。一时间在西方自由民主的意识形态甚嚣尘上，一扫20世纪70年代民主危机之阴霾，③ 以至

---

① 参见 Chris Martiz, "Pretoria's Reaction to the Role of Moscow and Peking in Southern Africa", *Journal of Modern African Studies*, Vol. 25, No. 2, pp. 321-344。
② 陈翔：《内战如何演化成代理人战争》，《世界经济与政治》2018年第1期，第46—47页。
③ 参见［法］米歇尔·克罗齐、［美］塞缪尔·亨廷顿、［日］绵贯让治《民主的危机》，马殿军等译，求实出版社1989年版。

第3章　大国竞争与族群冲突

弗朗西斯·福山认为意识形态斗争的历史已终结。① 在这种形势下，以美国为代表的西方国家在全球范围内大肆输出西方式民主模式，主要手段包括：首先，给予雄厚的资金支持帮助民主化国家发展市场经济建立民主政府，如苏联解体后独立的东欧、独联体国家多施行了杰佛瑞·大卫·萨克斯的以"经济自由化、经济私有化、经济稳定化"为特征的休克疗法。② 同时，欧盟《哥本哈根标准》中的民主要求也推动了诸如土耳其、捷克、斯洛伐克、匈牙利和波兰等国家的民主化。③ 其次，通过武力打压权威体制国家以促使其实现民主化。如海湾战争后，美国在波斯湾地区陈兵50万以监督科威特等中东国家的民主化进程。④ 再次，美国自20世纪80年代中期开始对非政府组织、非营利组织等进行民主援助，以帮助非民主国家实现民主转型和巩固民主转型成功的政府，据统计，截至2003年，美国此项花费已达5亿美元。欧盟、加拿大、日本等国家和国际组织也参与其中。⑤ 最后，"民主和平理论"⑥ 对于冷战后国家民主化影响深远，⑦ 成为族群冲突国家选择以西方式民主模式治理族群

---

① 参见［美］弗朗西斯·福山《历史的终结与最后的人》，陈高华译，广西师范大学出版社2014年版。
② Anca Pusca, "Shock, Therapy, and Postcommunist Transitions", *Alternatives: Global, Local, Political*, Vol. 32, No. 3, 2011, pp. 341-360.
③ 参见郭洁《战后东欧政治发展研究》，九州出版社2013年版。
④ Samuel P. Huntington, "Democracy's Third Wave", *Journal of Democracy*, Vol. 2, No. 2, 1991, pp. 12-34.
⑤ Marina Ottaway, Thomas Carothers ed. , *Funding Virtue: Civil Society Aid and Democracy Promotion*, New York: Carnegie Endowment for Int'l Peace, 2000, p. 5.
⑥ 哲学家康德在"永久和平论"中认为共和制政府有利于实践国家间的和平。这对以后研究冲突和战争的学者影响较深，如迈克尔·多伊尔（Michael Doyle）在分析了1790—1983年的历史战争，发现在自由民主的国家间很少爆发军事冲突。参见 Michael Doyle, Kant, "Liberal Legacies, and Foreign Affairs", Part Ⅰ, *Philosophy and Public Affairs*, Vol. 12, No. 3, 1983, pp. 205-235.
⑦ Bruce Russett, *Grasping at the Democratic Peace: Principles for a Post-Cold War World*, Princeton, NJ: Princeton University Press, 1993, p. 3.

冲突的诱因之一。

此外，在治理世界范围内的族群冲突时，联合国主张采用权力共享（Power-Sharing）的民主体制，也促使族群冲突国家走向西方民主道路。20 世纪 70 年代，随着美国霸权的相对衰落，美国开始转向制度主义，即以国际制度、规范来获取国际社会中的结构权力，[1] 这一传统在冷战后得以延续。因此，在全球族群冲突治理中，美国常常以联合国的名义，借着"人权"，来实现其治理成本的最小化。联合国在治理族群冲突的过程中也主张以"和平维持、和平达成、和平建构"的方式来组建权力共享的民主政府。如 1964 年，联合国安理会通过"第 186 号决议"来治理塞浦路斯的族群冲突；1978 年，通过"第 425 号决议"组建联合国驻黎巴嫩临时部队，以实现对黎巴嫩族群冲突的治理，[2] 在卢旺达、布隆迪、索马里和波斯尼亚等国家[3]冲突后，联合国大多采用权力共享的方式来组建民主政府。

这些新兴民主国家选择西方式民主模式也有其内在原因。捷克斯洛伐克（1989 年）、波兰（1990 年）、罗马尼亚（1990 年）、匈牙利（1990 年）、亚美尼亚（1991 年）等后共产主义国家，一方面为了摆脱苏联帝国的影响，建构自身的国家认同，选择倒向西方阵营；[4] 另一方面，这些国家百废待兴、国家羸弱，需获取西方资本和技术支持，因而主动接受援助的政治标准，积极组建民主政府。

在这些新组建的民主国家中，由于民主与族群间的政治关系不同，其民主模式又可分为五种。第一种是协和式民主（Conso-

---

[1] Robert O. Keohane, *After Hegemony: Cooperation and Discord in the World Political Economy*, Princeton: Princeton University Press, 2005, p. 107.

[2] Stephen Ruyan, "Ethnic Conflict and the United Nations", *Ethnic and Racial Studies*, Vol. 13, No. 1, 1990, pp. 25-48.

[3] Timothy D. Sisk, *Power Sharing and International Mediation in Ethnic Conflicts*, New York: United States Institute of Peace Press, 1996, p. 87.

[4] 参见 Mark R. Beissinger, "A New Look at Ethnicity and Democratization", *Journal of Democracy*, Vol. 19, No. 3, 2008, pp. 85-97。

ciational Democracy)。利普帕特在分析荷兰、瑞士、比利时和奥地利体制的基础上，提出了通过协和式民主（Consociational Democracy）治理多民族国家的族群冲突。他认为，协和式民主通过以下方式可消除族群间的害怕和敌对行为：其一，建立一个包含各个族群在内的联合政府；其二，联合政府内的比例代表制能够确保每个少数族群参加公共治理；其三，族群间的相互否决权可杜绝损害少数族群权利的决议；其四，给予少数族群一定的自治权可缓解它们自决的要求。利普帕特认为通过协和式民主制度的建构可缓解族群间的张力，降低族群分离运动的风险。[①] 捷克斯洛伐克、塞尔维亚和黑山共和国、尼日利亚等国家采用了这种体制。第二种是多元文化民主模式（Multicultural Democracy），它介于自由式民主和协和式民主之间，承认各个族群的差异，但并不给予制度上和政治上的权力，如加拿大和南非共和国。第三种是民族民主模式（Ethnic Democracy）。这一种模式介于协和式民主和非民主模式之间，提倡由一个主导族群来构建民主体制，如以色列。第四种是个人自由民主（Individual Liberal Democracy），即个人是社会的原子单位，人与人之间只有一种文化、语言和族群认同，即"一族一国"的民主构想。第五种是共和式自由民主（Republican Democracy），即国家通过劳动力自由市场、公共教育、大众媒体、自由同化运动以及其他破坏和抑制族群多元性的方法，推行单一的文化和语言，来取缔多元族群的制度，实现同化的单一国家认同。第二次世界大战后西欧的很多国家为解决移民带来的族群冲突，多采用此种民主形式。

3.2.1 新兴民主国家族群冲突治理的实践

1980—2010 年，共有 78 个国家经历了族群冲突。这 78 个国家不同程度地尝试过民主化，但从目前来看，仅有不到三分之一

---

① 参见 Arend Lijphart, *Democracy in Divided Societies: Electoral Engineering for Conflict Management*, New Haven, London: Yale University Press, 1980。

的国家取得了一定成绩。① 这些新兴民主国家的族群冲突亦如此。实际上，从西方国家借鉴而来的民主治理模式并没有有效解决这些新兴民主国家的族群冲突问题。

1. 西方民主模式治理下的族群冲突总趋势

据美国系统和平中心统计，1990—2015年，国际社会共发生116起军事冲突，涉及60个国家，造成5230700人死亡，其中因族群冲突的死亡人数为2751700人，涉及50个国家。在这些国家中，民主体制为40个，死亡2420950人，占死亡人数的87.9%，威权国家10个，死亡人数330750人，占12.1%。通过表3-1中民主政府建立时间和族群冲突发生时间的比较可知，这些新兴民主国家的族群冲突几乎都发生在民主政府成立之后，一定程度上说明西方式民主在这些国家族群冲突治理中难以奏效。

表3-1　　　　族群冲突死亡人数统计（1990—2015年）　　　（单位：人）

国家	民主化时间	族群冲突时间	死亡人数	国家	民主化时间	族群冲突时间	死亡人数
安哥拉	1994	1975—2005	3500	苏里南	1987	1986—1989	900
阿尔巴尼亚	1992	1997—1999	2000	苏丹	2005	2003—2016	360500
阿尔及利亚	1990	1991—2004	60000	利比里亚	2005	2000—2003	1000
波斯尼亚	2006	1992—1995	200000	俄罗斯	1996	2008—2016	3000
亚美尼亚	1991	1990—1994	10000	加纳	1992	1981、1994	56900
不丹	2008	1991—1993	1200	摩尔多瓦	1991	1991—1997	2000
柬埔寨	1993	1990—1997	5000	尼泊尔	1991	1996—2006	67250
克罗地亚	1990	1991—1995	50000	巴基斯坦	2008	2004—2016	700
塞内加尔	2000	1992—1999	3000	尼日尔	1993	1990—1997	39500
吉布提	1977	1991—1994	1000	塞拉利昂	1991	1991—2001	25000
肯尼亚	1993	2006—2008	41000	南斯拉夫	2000	1998—1999	16000

---

① Donald L. Horowitz, "Ethnic Power Sharing: Three Big Problems", *Journal of Democracy*, Vol. 25, No. 2, 2014, p. 7.

续表

国家	民主化时间	族群冲突时间	死亡人数	国家	民主化时间	族群冲突时间	死亡人数
伊拉克	2004	2011—2016	600	乌克兰	2004	2014—2016	7000
刚果（金）	1992	1993、1996—2016	102500	尼日利亚	1999	1986—1993、1997—2016	536000
中非共和国	1993	2001—2003、2005—2016	16000	也门	1990	2004—2014、2015—2016	31500
埃塞俄比亚	1995	1999—2000、2007—2016	5000	卢旺达	1993	1990—1998、1996—2002	536000
科特迪瓦	1990	2000—2005、2011	500	黎巴嫩	2005	1975—1991、2006	2500
格鲁吉亚	2004	1991—1993、1998、2008	5000	几内亚比绍	1999	1998—1999	47000
印度尼西亚	1999	1963—1993、1999—2002	4300	土耳其	1982	1984—1999、2004—2016	12500
布隆迪	2005	1993—2005、2015—2016	101500	马里	1992	1990—1995、2012—2016	8000
阿富汗	2004	1978—2002、2001—2016	55000	吉尔吉斯斯坦	2004	2010	600

资料来源：本表根据美国系统和平中心数据而制。"State Fragility and Warfare in the Global System 2015", http://www.systemicpeace.org/inscr/SFImatrix2014c.pdf; "Democratic Regimes and When They Become Democratic", http://www.scaruffi.com/politics/democrat.html; Donald L. Horowitz, "Ethnic Power Sharing: Three Big Problems", *Journal of Democracy*, Vol. 25, No. 2, 2014, http://www.journalofdemocracy.org/sites/default/files/HorowitzAppendix-25-2.pdf。

由于美国系统和平中心的数据只是有关军事冲突的数据，在其冲突类型的分类中（国际战争、内战和族群战争）将族群冲突的范围窄化，即仅为族际冲突。然而在其归入内战的数据中，有很多也涉及族群因素，因此表3-1中关于族群冲突范围有所缩小。若像少数民族人权组织（Minority Rights Group, http://minorityrights.org/）将族群骚乱、抗议等活动也定为族群冲突的话，那么族群冲突在新兴民主国家中的数量将会呈几何数增加。诸如以色列、① 斐济、② 爱沙尼亚③等民主国家的族群冲突也应有所呈现，但考虑到数据收集的难度和质量，所以未将它们纳入。

2. 民族民主、多元文化民主模式与族群冲突

如前文所述，协和式民主、多元文化民主和民族民主、个人自由式民主及共和式自由民主五种模式是新兴民主国家治理族群冲突的主要选择。其中后两种模式多为西方发达国家所选，因为这些国家多为社会分化不严重，族群界线相对模糊的国家，常常以公民个体国家认同的建构来淡化族群认同。然而新兴民主国家社会分化较为严重，因此多选择前三种民主模式，即协和式民主、多元文化民主和民族民主。因此阿伦·利普哈特（Arend Lijphart）、④ 唐纳德·霍洛维茨（Donald L. Horowitz）、⑤ 罗伯特·格尔（Robert Gurr）⑥ 等主张在这些国家实行族群层次上的民主制来抑制族群冲突。在西方政治学界，民主模式也一度成为治理族群冲突，实现自由民主可持续发展，最有影响力的制度安排。⑦

---

① 参见 As'ad Ghanem, *Ethnic Politics in Israel*: *The Margins and The Ashkenazi Center*, New York: Routledge, 2010, pp. 142-175。

② 参见 Steven Ratuva, "Re-inventing The Cultural Wheel: Re-conceptualizing Restorative Justice and Peace Building in Ethnically Divided Fiji", in Anita Jowitt and Tess Newton eds., *A Kind of Mending*: *Restorative Justice in the Pacific Islands*, Canberra: ANU Press, 2010, pp. 149-163。

③ 参见 Raivo Vetik, "Ethnic Conflict and Accommodation in Post-Communist Estonia", *Journal of Peace Research*, Vol. 30, No. 3, 1993, pp. 271-280。

④ ［美］阿伦·利普哈特：《多元社会中的民主：一项比较研究》，刘伟译，上海人民出版社2012年版，第4页。

⑤ 参见 Donald L. Horowitz, "Democracy in Divided Societies", in Larry Diamond and Marc F. Plattner ed., *Nationalism*, *Ethnic Conflict*, *and Democracy*, Baltimore and London: The Johns Hopkins University Press, 1994, pp. 35-55。

⑥ 参见 Robert Gurr, "Why Minorities Rebel: A Global Analysis of Communal Mobilization and Conflict since 1945", *International Political Science Review*, Vol. 14, No. 2, 1993, pp. 161-201。

⑦ 左宏愿：《族群冲突与制度设计：协和民主模式与聚合模式的理论比较》，《民族研究》2012年第5期，第12页。

其中民族民主模式是一种主体民族霸权的模式，显然这种模式不利于少数民族权力的保护。这也是以色列熔炉政策失败的主要原因。① 多元文化民主模式只承认文化上的多元性，而在制度上并不给予少数民族权力，一度在加拿大和独立后的南非较为出名。然而，在新兴民主国家由于民族宗教势力盛行，往往借文化独立性的要求展开利益争夺，如在中亚和非洲大湖区的族群冲突，多是沿着文化认同展开，以共有的文化认同来获取更多的区域利益。② 从近年来法国、德国和英国等国家领导人宣告多元文化民主模式失败看，其影响力也在不断下降。③

3. 布隆迪的协和式民主选择与族群冲突

那么协和式民主是否可以取得族群冲突治理的预期效果呢？下面以非洲的布隆迪为例来阐述民主对新兴民主国家族群冲突的治理实践。布隆迪原名乌隆地，于16世纪建立封建王国，自19世纪中叶开始，先后受到西欧国家的殖民、代管，直到1962年建立布隆迪王国，重获独立。布隆迪大约有1050万人，由胡图族（84%）、图西族（15%）和特佤族（1%）三个部族构成。20世纪80年代末，布隆迪政府在政治上选择"民族失忆"，即忽视民族因素在政治上的影响。然而这种失忆并不能阻止族群冲突的爆发，1988年发生的族群冲突便是例子。1988年冲突之后，皮埃尔·布约亚（Pierre Buyoya）成为总统，他迫于国际压力选择了西方民主模式，以期通过族群间的平等来治理族群冲突。1988年秋季，在内阁和研究民族团结问题的国家委员会中实现了胡图族和图西族的等额代表制。这是胡图族第一次取得与图西族相同的政治地位。

---

① As'ad Ghanem, *Ethnic Politics in Israel: The Margins and The Ashkenazi Center*, New York: Routledge, 2010, pp. 190-198.

② Barnett R. Rubin, "Central Asia and Central Africa: Transnational Wars and Ethnic Conflicts", *Journal of Human Development*, Vol.7, No.1, 2006, pp. 5-22.

③ 王伟：《分析折衷主义：构建中国民族政治学理论的新视角——基于西方民族政治学理论范式的探析》，《中央民族大学学报》2016年第3期，第48页。

该国1992年的《宪法》规定：政府的组建应考虑到各个族群的利益，包含一切族群。如《宪法》第84条规定政府应本着民族团结精神，包含一切布隆迪人民；《宪法》第101条规定议会议员也广泛代表各族群。这一民主体制宪法的设计在1993年的总统选举中得到实施。挑战者梅契尔·恩达达雅（Melchior Ndadaye）获得了65%的选票，在任者皮埃尔·布约亚获得32%的选票。恩达达雅的布隆迪民主阵线（Front for Democracy in Burudi，胡图族）获得议会选举中71%的选票，而争取民族进步统一党（Union for National Progress，图西族）只获得21%的选票。在这次选举中，胡图族占据了85%的席位，15%的席位属于图西族。这引起了图西族对胡图族政治霸权的害怕，因为在这种席位安排中，图西族无法获得至少20%支持以否决对其族群不利的议会决策。总统恩达达雅也意识到图西族的不满，因此在议会席位设置上，给予图西族政党——"争取民族进步统一党"提供了多于25%的议会席位，并任命图西族精英塞尔维·肯内基（Sylvie Kinigi）为首相，这样图西族占据了多于三分之一的议会席位。①然而这所有的努力并没有换来图西族的认可，1993年10月20日夜间，图西族的军人发动了军事行动，总统恩达达雅和一些幕僚被杀，同时数以万计的人被杀。这次事件成为布隆迪长达10年族群冲突的开端。②

可见，这种看似包容、平等和自由的民主安排，并没有给布隆迪的族群冲突带来福音，反而使其走向一种恶性循环。

---

① Filip Reyntjens, "The Proof of the Pudding is in the Eating: The June 1993 Elections in Burundi", *Journal of Modern African Studies*, Vol. 31, No. 4, 1993, pp. 563-583.

② Filip Reyntjens, Institutional Engineering, "Management of Ethnicity, and Democratic Failure in Burundi", *Africa Spectrum*, Vol. 51, No. 2, 2016, pp. 65-78.

3.2.2 西方式民主模式难以解决新兴民主国家族群冲突的机理分析

西方式民主模式没有终结族群冲突，相反在某种程度上起到了催化作用。究其主要原因，与自由主义和民族主义之间的张力、民主化过程和民主制度安排有关。

1. 自由主义与民族主义间的张力

自由主义和民族主义是法国大革命后兴起的两股政治思潮，自由主义强调个人的理性和道德权力，民族主义注重对集体的权力和价值。① 这对孪生兄弟间一直存在着个人主义和集体主义之争。然而，族群冲突多为民族主义使然，拿自由主义之药来疗民族主义之伤，恐有"风马牛不相及"之嫌。当代西方自由民主模式囿于理论局限，在解决民族问题时越来越捉襟见肘，② 因为自由主义虽是民族国家的道德，但民族国家本身则是非自由主义的终极价值结构。③ 自由民主包含着一种张力，一方面认为自己"支撑着某些东西"，另一方面也看到了这种信念正受着民族国家的威胁。正如哈贝马斯所述"新自由主义政治正在有序的进行，并摆出一副洋洋得意的样子。打破新自由主义政治的出路在于，在民族国家之外为民主过程找到一个合适的形式"。④ 正如自由主义倡导的市场经济全球化在一定程度上孕育和加剧了族群冲突。苏珊·奥扎克（Susan Olzak）通过数量分析发现1984—2002年的族群冲突与全球化呈正相关，即全球化滋养了族群冲突，因为经济的全球化造成各族群间经济发展的不平衡，文化的全球化，致

---

① Steven Wall ed., *The Cambridge Companion to Liberalism*, Cambridge: Cambridge University Press, 2015, pp. 1–2.
② 佟德志：《当代西方族际民主模式的比较研究》，《民族研究》2013年第6期，第2页。
③ [美] 保罗·卡恩：《摆正自由主义的位置》，田力译，中国政法大学出版社2015年版，第268页。
④ [德] 尤尔根·哈贝马斯：《后民族结构》，曹卫东译，上海人民出版社，第73页。

使人权等议题成为族群争端的缘由。① 20世纪80年代后，西方发达资本主义国家多以援助为由，大肆输出其自由、民主体制，事实上这种援助不仅没有有效帮助第三世界国家的发展，反而造成这些国家经济结构的不合理和市场的混乱。②

2. 民主化过程中的族群冲突

民主化过程多指国家由权威体制向民主体制的转变，其主要有三种方式。第一种是转变（Transformation），即由政府自上而下的改革，在这种转变的过程中要有一个强大的政府，以至于能够抵御反对派的攻击，西班牙佛朗哥后的改革以及巴西的改革都属于这一类的民主化。第二种是替换（Replacement），即原政府被民主政府代替，一般是权威体制自身的垮台或被推翻，在这一过程中由于政府力量的弱小，需要各派力量协商建立民主政府，如菲律宾费迪南·马克斯政府垮台后的改革和罗马尼亚尼古拉·齐奥塞斯库死后的改革便属于此类。第三种是转位（Transplacement），它介于转变和替换之间，在这种模式当中政府和反对派均有均势的力量，任何一方都不能取得绝对胜利，两者往往通过协商、妥协来组建民主政府，如波兰的民主化便是如此。③

新兴民主国家民主化看似可以给予少数族群更加平等、自由、民主的政治权利，至少可以提供一种政治表达机会。如纳韦尔认为在以下八种状态下民主化可缓解族群间的张力：一是在民主转变的过程中能够早些注意到族群间的紧张关系；二是族群关系在转变前较为和谐，那么在转变的过程中应尽量避免将族群纳入政治过程；三是在民主政府中应给予各个族群等同的政治权力；四是如果原威权政府不是由少数族群把握，那么民主化便可

---

① Susan Olzak, "Does Globalization Breed Ethnic Discontent?", *Journal of Conflict Resolution*, Vol. 55, No. 1, 2011, pp. 3-32.

② Michael Maren, *The Road to Hell: The Ravaging Effects of Foreign Aid and International Charity*, New York: Free Press, 1997, pp. 162-177.

③ Samuel Huntington, *The Third Wave: Democratization in the Late Twentieth Century*, Norman, Okla: University of Oklahoma Press, 1991, pp. 109-163.

第 3 章　大国竞争与族群冲突

缓解族群冲突；五是如果主体民族是反对威权政府的主体，那么民主化便可降低族群紧张；六是如果族群的精英是温和的，那么民主化便可降低族群冲突的可能性；七是如果没有外部的族群联盟（指跨界族群），那么民主化便可降低族群冲突的风险；八是如果军队忠于国家而不是忠于某一族群，那么民主化可以减少族群冲突。① 总此八项要求。在民主化的实践中能同时满足其中五至六项条件便实属难得，要同时满足更是难上加难。无论是发达国家还是发展中国家，民主化可能会放大族际冲突，成为族际冲突的催化剂。② 因为在一个族群分裂的社会，由于民主化初期政治信任的匮乏，其暴力加剧机制往往早于暴力缓解机制的出现。③ 可见民主化在更多的时候是加剧了族群冲突，原因如下。

第一，民主化造成国家能力和自主性的下降。民主化造成国家能力和自主性的下降是一种普遍共识，如亨廷顿、米格代尔、福山等均有此种看法。据美国系统和平中心对 167 个国家的国家脆弱性（State Fragility）测量中，分数在前 30 名的国家几乎都是新兴民主国家。④ 国家能力的下降不但无法治理已有的族群冲突，而且会激发潜在的族群冲突，同时会给第三方力量以可乘之机，致使冲突更加复杂。如塔拉斯（Taras）教授在分析中非共和国、卢旺达、刚果（金）和苏丹等国家的族群冲突时指出：弱国家的特性是族群冲突的主要原因，而这种现象在安哥拉、科特迪瓦、尼日利亚、索马里和肯尼亚同样存在。⑤

---

① Renee de Nevers, "Democratization and Ethnic Conflict", in Michael E. Brown ed., *Ethnic Conflict and International Security*, Princeton: Princeton University Press, 1993, pp. 68–71.
② 佟德志：《民主化进程中的族际冲突研究》，《民族研究》2015 年第 4 期，第 1 页。
③ 刘瑜：《民主转型与政治暴力冲突的起落：以印尼为例》，《学海》2017 年第 2 期，第 45 页。
④ Monty G. Marshall and Benjamin R. Cole, "State Fragility Index and Matrix 2014", http://systemicpeace.org/inscr/SFImatrix2014c.pdf.
⑤ Raymond C. Taras, *Understanding Ethnic Conflict*, New York: Longman, 2006, pp. 210–242.

第二，民主化无法消除历史上族群间的仇恨。族群仇恨是族群冲突的重要原因，因为族群仇恨会增加族群间的害怕和不安全感。在南斯拉夫解体之前，波斯尼亚的穆斯林和塞尔维亚族之间的关系较为和谐，而在 1992 年的波黑战争之后，在波斯尼亚穆斯林和塞尔维亚人之间的族群仇恨意识明显增强。这种仇恨意识并没有随着波斯尼亚的民主化而改变，据巴克曼调查发现，现在波斯尼亚穆斯林对于克罗地亚人的态度有所缓和，但对于塞尔维亚人在斯雷布雷尼察犯下大屠杀事件的滔天罪行始终难以消除，成为埋在波斯尼亚族群关系中的定时炸弹。① 虽然南非大主教图图曾宣称"没有宽恕就没有未来"，故以真相和解来换取自由，但南非在 20 多年民主化过程后，这种族群间的不平等并没有得到缓解，白人仍坐享着族群不平等留下的遗产。②

第三，民主化改变族群地位，引发族群冲突。民主化以前的政府若为少数族群掌握，那么民主化便会加剧族群冲突。因为民主化主张赋予各个族群相同的权力，然而这种强行改变族群地位的安排会造成族群冲突，如前文分析的布隆迪在 1992 年的选举后，导致图西族对胡图族的屠杀。同样拉脱维亚、爱沙尼亚和立陶宛在苏联解体前，政府多为俄罗斯族掌握，因此在苏联解体后的民主化过程中，这三个波罗的海国家执行特别严格的国籍政策，致使居住在这三个国家的大量俄罗斯族人难以入籍。这成为影响这三个国家主要族群关系的不稳定因素。这一现象在斐济亦是如此，斐济在印度人加入斐济国籍的过程中，也有着苛刻的政策。③

第四，民主化会让某一族群主导政府，使政府成为族群统治

---

① 参见 Nida Bikmen, "Collective Memory as Identity Content After Ethnic Conflict: an Exploratory Study, Peace and Conflict", *Journal of Peace Psychology*, Vol. 19, No. 1, 2013, pp. 23–33。

② 参见 Eusebius McKaiser, *Run Racist Run: Journeys Into The Heart of Racism*, Johannesburg: Bookstorm, 2015, pp. 32–54。

③ David Welsh, "Domestic Politics and Ethnic Conflict", *Survival*, Vol. 35, No. 1, 1993, pp. 63–80.

的工具。有些国家的民主化过程是由单一族群主导的，民主政府的组建也是单一族群内部的协商结果，这样便会造成其他族群的不满和反对。斯里兰卡的民主化过程中，僧伽罗人利用人口多数的原则，在民主政府的建构过程中，无视泰米尔人的正当要求，在国家经济和社会发展的决策中，常常以民主多数的原则来实现僧伽罗人利益的最大化。泰米尔人在这种民主游戏规则中，难以看到自身正当要求得到满足的希望，奋起反之，形成长达20年的族群冲突，造成7万多人被杀害的惨剧。①

第五，民主化导致族群精英的恶性竞争。民主化由政治精英来主导，如上所述，族群精英能摆脱族群狭隘的认同，以国家利益为首要才是民主化的福音。换言之，族群精英是否具备家国情怀，是否具有富国强国之抱负事关民主化之成败。然而，在民主化实践中，民主只是族群精英手中的筹码，沦为其攫取利益的工具。如乌克兰的政治精英很少有强国、富民的思想，对国家复兴和发展难有担当。更有甚者，某些族群精英借民主化上台，以国家为机器推行族群灭绝之策。

第六，民主化导致一些国家军队的族群化。对暴力的合法垄断是现代民族国家建构的基本要求之一。② 而在一些国家民主政府的建构中，族群也建立了自身的武装力量，严重威胁着国家对暴力的垄断权，为族群间的军事冲突提供了后盾。尼日利亚在1960—1979年的民主改革失败后，又在1999年5月开启了新的民主征程。然而本着"多数原则和少数权利"组建的依法治理的民主政府却在很多地区滋生了族群武装，如约鲁巴人大会组织（O'odua Peoples' Congress）、阿热瓦人大会组织（Arewa Peoples'

---

① 参见 Neil Devotta, "From Ethnic Outbidding to Ethnic Conflict: the Institutional Bases for Sri Lanka's Separatist War", *Nations and Nationalism*, Vol. 11, No. 1, 2005, pp. 141–159.

② [美]道格拉斯·C. 诺斯等：《暴力与社会秩序：诠释有文字记载的人类历史的一个概念性框架》，杭行、王亮译，格致出版社、上海人民出版社2013年版，第16页。

Congress)、伊博人大会组织（Lgbo Peoples' Congress）、巴卡斯男孩组织（Bakassi Boys）。这些武装力量以族群利益为重，在利益争夺中引发族群冲突。①

第七，民主化与宗教世俗化间的张力。自由主义自法国大革命产生以来，便主张宗教的世俗化，特别是去政治化，然而这在一些政教合一的国家不但无法实现，反而会加剧宗教的政治化。如詹姆斯·库尔斯（James Kurth）在比较分析宗教与族群冲突的各种范式理论中，发现原有的原生主义、现代主义和政治失序范式都存在不足，而真正能够将其综合起来的是宗教世俗化范式。因为宗教世俗化导致原有利益的重新洗牌，在利益重组中各族群借助宗教作势，引发族群冲突。②

可见，西式民主化会造成族群冲突，引发各种族群矛盾，强行建立的西方式民主体制也并没给族群冲突带来福祉，相反在很大程度上助燃了族群冲突。

3. 西方式民主模式治理族群冲突的局限性

如上所述，新兴民主国家里多采用协和式民主模式，因为在一个多族群的社会里，协和式民主可通过权力共享来最大化地满足每个族群的要求，而不会像总统制那样出现"赢家通吃"的局面。③ 在总统制的民主国家，总统的竞选是一种零和博弈，即由当选的总统来任命政府官员。这在多民族的国家里面易形成主导国家之族群，压制其他族群利益，易引发族群冲突。④ 这也是族

---

① 参见 Atare Otite, "Ethnic Militia Threat to Democracy and Security in Nigeria", *Journal of Alternative Perspectives in the Social Sciences*, Vol. 3, No. 4, 2012, pp. 809-826。

② 参见 James Kurth, "Religion and Ethnic Conflict——in Theory", *ORBIS*, Vol. 45, No. 2, 2001, pp. 281-294。

③ 参见 Montville, *Conflict and Peacekeeping in Multiethnic Societies*, Lexington, Mass: Lexington Books, 1990。

④ Ulrik G. Theuerkauf, "Presidentialism and the Risk of Ethnic Violence", *Ethnopolitics*, Vol. 12, No. 1, 2013, pp. 72-81。

第 3 章　大国竞争与族群冲突

群民主模式遇到的最大挑战。①

那么以多元平衡、权力共享著称的民主模式为何在新兴民主国家族群冲突治理中难奏其效呢？从以下三个方面分析。

首先，族群分裂的制度化。制度是解决安全困境的有效办法，这是国家关系自由制度主义学派对防范国家安全困境的共识，如罗伯特·基欧汉（Robert O. Keohane）认为制度可降低合法交易的成本、增加非法交易的代价，提供信息以减少不确定性，从而走出安全困境。② 比较政治学的结构主义也认为结构（制度）是解释暴力革命的有效变量。③ 普特南同样认为政治制度对于提高意大利南部的民主水平也有所裨益。④ 为此，在治理族群冲突的安全困境中，李普塞特等学者们希望通过民主的制度安排来实现族群的和解。然而他们忽视了一个基本要素，即这种沿着族群界线的制度安排，只会加剧族群间的差异感，而族群冲突的和解能最大限度地实现族群界线的模糊化，形成在国家统摄下的"你中有我、我中有你"的格局。如西蒙森（Simonsen）在比较分析阿富汗、科索沃和伊拉克等冲突后重建的过程中，发现单纯的民主制度安排不利于族群去政治化。⑤ 同样，梅森克-麦科瓦（Macek-Mackova）认为捷克斯洛伐克、塞尔维亚和黑山共和国的协和式民主鼓动了政治沿着民族的界线前行，不利于族群冲

---

① Daniel L. Byman, *Keeping the Peace: Lasting Solutions to Ethnic Conflicts*, Baltimore and London: The Johns Hopkins University Press, 2002, p. 156.

② Robert O. Keohane, *After Hegemony: Cooperation and Discord in the World Political Economy*, Princeton: Princeton University Press, 2005, p. 107.

③ 参见 Theda Skopol, *States and Social Revolutions: A Comparative Analysis of France, Russia, and China*, Cambridge: Cambridge University Press, 1979。

④ Robert D. Putnam, *Making Democracy Work: Civic Traditions in Modern Italy*, Princeton: Princeton University Press, 1994, pp. 18-67.

⑤ 参见 Sven Gunnar Simonsen, "Addressing Ethnic Divisions in Post-Conflict Institution-Building: Lessons from Recent Cases", *Security Dialogue*, Vol. 36, No. 3, 2005, pp. 297-318。

突的和解。①

其次，脆弱的权力平衡。民主的精髓便是族群间权力的共享和制衡，从而杜绝族群霸权的现象。然而这种权力的均衡只是一种乌托邦遐想。从历史上看真正权力均势平衡的时代只在第一次世界大战前的欧洲大陆短暂的出现过，在真正实践中平衡是脆弱的，难以为继。② 民主的制度安排并没有考虑到平衡的脆弱性，没有用变化、动态的眼光来审视族群冲突。但在实践中，族群的力量因全球化、资源、人口、环境等因素的影响而不断变化。随着势力在族群间增长的不平衡，族群冲突便会如影而至。如蔡美儿认为自由经济、民主在全球化的过程中滋养特定的族群，让这些特定族群控制国家的经济命脉，而随着其他族群在民主体制的政治游戏中逐渐觉醒，族群间的不满也一触即发。③ 巴特拉伊指出发生在2012年尼泊尔的塔鲁族和帕哈迪（Pahadi）的族群冲突，与在经济发展中崛起族群的政治诉求不无关系。④

最后，制度设计与政治实践的背离。即使民主可超越前面两种困境，但在政治实践中它还面临一系列适应性问题。首先，族群利益偏好的不同，占多数的族群偏好统治的多数原则，而占少数的族群偏好拥有否决权的比例统治。西方民主往往被少数族群喜好，这样只有在主体族群力量较为弱小或受外力压制时，西方式民主才可能实现。然而主体族群力量的弱小只是暂时的，一旦沉睡的雄狮醒来便可能会推翻协和式民主，如上文所提到的布隆

---

① 参见 Emanuela Macek-Mackova, "Challenges in Conflict Management in Multis-Ethnic States: the Dissolution of Czechoslovakia and Serbia and Montenegro", *Nationalities Papers*, Vol. 39, No. 4, 2011, pp. 615-633。

② 参见 Michael Sheehan, *The Balance of Power: History & Theory*, New York: Routledge, 1995。

③ Amy Chua, *World on Fire: How Exporting Free Market Democracy Breeds Ethnic Hatred and Global Instability*, New York: Anchor Books, 2003, p. 6.

④ 参见 Ishwari Bhattarai, "Ethnic Entrepreneurs and Political Mobilization: Exploring a Case of Tharu-Pahadi Conflict", *Dhaulagiri Journal of Sociology and Anthropology*, Vol. 9, No. 3, 2015, pp. 191-208。

迪的胡图族的案例所示。其次，族群政治中的风险规避问题。族群冲突是一种高风险游戏，冲突中的族群总会吸取以往教训和他者经验来规避风险，因此很难有一种普遍制度来治理千差万别的族群冲突。再次，族群谈判是一种前置游戏。在冲突后的谈判中，族群精英们在体制的选择上，总是将眼光放在那些没有、很少或从未发生过族群冲突的国家，而这些国家的模式并不适合他们，往往会水土不服。又次，在民主体制确定后，政治选举往往被族群精英操纵，他们利用手中族群的砝码来获取竞选胜利或连任，致使民主成为族群强人间的游戏。瓦格纳分析了23个国家族群冲突后的第一次选举发现，几乎没有任何一个选举系统能够公正地代表每个族群的利益。① 最后，族群化的政党系统严重威胁着政治稳定。如撒哈拉以南非洲多为族群政党系统，在这里的选举中，政党很少尊重民意，人民对于他们所提供的公共服务和政治腐败极为不满。②

4 小结

本章讨论了大国竞争与族群冲突的关系。首先以伊拉克的库尔德族群冲突为例，分析了苏联和美国这两个大国在冷战时期的经济竞争与族群冲突的关系。在伊拉克的库尔德族群分离主义由来已久，但在伊拉克、土耳其、叙利亚等政府的联合压制下始终未能如愿。正是这一客观存在的问题，让域外大国有了可乘之机，苏联为了伊拉克的石油支持伊拉克政府，美国为了维护自身在中东的地位以及石油资源的共赢，资助库尔德族群反对伊拉克

---

① 参见 Wolfgang Wagner, "Sofie Dreef, Ethnic Composition and Electoral System Design: Demographic Context Conditions for Post-conflict Elections", *Ethnopolitics*, Vol. 13, No. 3, 2014, pp. 288-307。

② 参见 Robert A. Dowd, "Ethnically Dominated Party Systems and the Quality of Democracy: Evidence from Sub-Saharan Africa", Afrobarometer Working Paper, 2006, pp. 1-32。

政府，伊朗基于地缘和区域大国的考虑也支持库尔德族群运动。这样一个国内的族群冲突便演化为大国角力的场所。

然后以安哥拉的族群冲突为例阐释了大国意识形态的竞争与族群冲突的关系。与伊拉克库尔德的族群冲突和斯里兰卡族群冲突不同，安哥拉族群冲突的主要原因是外部势力的干预，葡萄牙殖民时期的"分而治之"的政策造成安哥拉三个族群势力各自为政，独立后三支族群力量为争夺国家权力而展开冲突，苏联、古巴等社会主义国家支持具有社会主义性质和拥有丰富产油区的安哥拉自由运动组织，而美国、扎伊尔和南非支持安哥拉解放国民战线组织和安哥拉全国独立联盟组织。虽然扎伊尔和南非有地缘政治的考虑，但安哥拉的族群冲突在很大程度上是冷战时期苏联输出社会主义革命和美国自由主义之路的竞争造成的。冷战之后，美国等西方国家继续奉行后冷战思维，在世界范围兜售西方式民主模式，但以个人主义为核心的自由民主很难让一些民族主义盛行的多民族国家实现族群关系的和谐。

虽然本章将经济竞争和意识形态竞争分开讨论，但在每一个族群冲突的案例中都是它们相互作用的结果。如苏联对伊拉克的支持虽然以石油资源为主，同时也有帮助伊拉克左翼政府掌权和中东这一地缘战略的考虑，美国亦是如此；在安哥拉的族群冲突中，虽然大国以意识形态竞争为主，但苏联支持的安哥拉自由运动组织，同时也是安哥拉最为丰富的产油区，南非也在觊觎安哥拉的有色金属，扎伊尔害怕族群冲突之火烧到自身的考虑。因此，本章中所涉及的大国竞争的几个维度是共同作用于族群冲突的，只是侧重点不同而已。

20世纪90年代苏联这一帝国分崩离析，国际权力也逐渐转移到美国。一时间大国竞争也不再像两极格局中那么明显，但也不乏大国与区域大国之间的较量。第4章就以苏联解体后的族群冲突为例，分析大国权力变迁与族群冲突的关系。

第4章 大国权力兴衰与族群冲突

1 冷战后十年的族群冲突（1989—1998年）

苏联的解体宣示着两极格局的结束，也意味着意识形态的论战告一段落。国际权力再次转向美国，由苏联解体造成的权力真空和美国在全球范围的填充，造成一些地区的动荡，其中以族群冲突最为突出。如表4-1所示，在1989—1998年的冷战后十年中约有54个国家发生了族群冲突，造成1156879人死亡。

表4-1　　　冷战后十年的族群冲突（1989—1998年）　　　单位：人

国家	时间	死亡人数	国家	时间	死亡人数
阿富汗	1990—1998年	31961	摩尔多瓦	1992年	1187
阿尔及利亚	1991—1998年	20843	摩洛哥	1989年	1417
安哥拉	1991—1998年	19695	莫桑比克	1991—1992年	2694
阿塞拜疆	1993—1995年	3562	缅甸	1989—1998年	32723
孟加拉国	1989—1991年	3381	尼泊尔	1996—1998年	4400
波黑	1993—1995年	10774	尼加拉瓜	1989—1990年	3240
柬埔寨	1990—1998年	14466	克罗地亚	1995年	1183
乍得	1989—1998年	28450	巴拿马	1989年	1622
科摩罗	1989、1997年	2767	菲律宾	1989—1998年	27885

续表

国家	时间	死亡人数	国家	时间	死亡人数
埃及	1993—1998 年	7104	罗马尼亚	1989 年	7309
厄立特里亚	1997 年	2686	萨尔瓦多	1989—1991 年	4848
格鲁吉亚	1991—1993 年	8258	斯里兰卡	1989—1998 年	16204
危地马拉	1989—1995 年	11151	索马里	1989—1996 年	18925
印度	1989—1998 年	62522	布隆迪	1991—1998 年	16610
菲律宾	1989—1998 年	27885	苏丹	1989—1998 年	19688
伊拉克	1989—1996 年	16362	西班牙	1991 年	1156
以色列	1989—1998 年	21536	土耳其	1989—1998 年	15180
老挝	1989—1990 年	2176	乌干达	1989—1998 年	22712
利比亚	1989—1990 年	4075	爱沙尼亚	1989—1998 年	35018
马里	1990、1994 年	2747	委内瑞拉	1992 年	1603
刚果	1993 年	1399	巴拉圭	1989 年	1585
塞尔维亚	1991—1992、1998 年	5952	塔吉克斯坦	1992、1997—1998 年	6827
英国	1989—1991、1998 年	4497	塞内加尔	1990、1992—1993、1995 年	8286
卢旺达	1991—1994、1996—1998 年	536000	伊朗	1990—1991、1996—1997 年	7619
吉布提	1991—1994、1998 年	6911	圭亚那	1990、1992—1996 年	7026
巴基斯坦	1990、1994—1996 年	4788	印度尼西亚	1990—1992、1997—1998 年	8038
俄罗斯	1990—1991、1993—1996 年	10695	尼日尔	1991—1992、1994—1995、1997 年	6902

资料来源：奥斯陆和平研究所：乌普萨拉冲突数据库（全球版本 5.0，2015），UCDP Georeferenced Event Dataset（GED）Global version 5.0（2015）、http://ucdp.uu.se/downloads/。

表 4-1 中列出的冲突只来自乌普萨拉冲突数据库，同时期还有一些族群冲突未被纳入进来。虽然该表格未有统计学意义上的

回归分析和显著分析,不能妄断地说,这些族群冲突都是国际权力转移的结果,但至少有一点是可以肯定的,即冷战后国际权力转移的十年,国际社会中的族群冲突是增加了的。那么这种增加与国际权力转移关系的内在逻辑是什么本章将加以分析。

2 大国衰落与纳卡族群冲突

阿塞拜疆与亚美尼亚族群之间的冲突主要发生在纳戈尔诺-卡拉巴赫(Nagorno-Karabagh,下文简称"纳卡")。"Nagorno-Karabagh"一词从词源的角度来看,由"Kara"和"bagh"组成,前者在土耳其语是"回"的意思,后者在波斯语中是"家园"的意思,"Nagorno"在俄语中是"山区"的意思。① 由此可见该地区是突厥、波斯、俄罗斯共同的遗产,是一个富有民族冲突的地区。纳卡族群冲突的直接方是阿塞拜疆和亚美尼亚。因此有必要先了解一下两国民族的历史渊源。

阿塞拜疆在公元前4世纪末期和3世纪初期,就出现了第一批国家雏形。从公元前1000年开始,在阿塞拜疆领土上,相继出现了马纳、伊斯基姆、斯基特、西徐亚以及像高加索阿尔巴尼亚和阿特罗帕特纳等国家。其中马纳是现代阿塞拜疆领土上的第一个国家形式。公元前7世纪,马纳被西亚军事强国亚述帝国占领,不久之后又被位于伊朗西部高原的米底国占领。公元前550年马纳被并入波斯阿黑门尼德王朝。公元前323年阿特罗佩特斯在今阿塞拜疆北部建立了阿特罗帕特纳王国,定都加萨卡。公元前1世纪阿塞拜疆被罗马人统治。从公元4世纪开始,阿特罗帕特纳脱离罗马人统治并入波斯萨珊王朝。公元7世纪波斯萨珊王朝被阿拉伯人打败,阿特罗帕特纳成为它的属国。11世纪中前期,突厥—塞尔柱打败阿拉伯人,占领阿塞拜疆。从7世纪阿拉

---

① Suzanne Goldenberg, *Pride of Small Nations:The Caucasus and Post-Soviet Disorder*, London:Zed Books, 1994, p.157.

伯人占领时开始,阿塞拜疆开始接受伊斯兰教。公元9—10世纪,在现代阿塞拜疆的领土上形成并建立了一些封建国家,其中什万沙赫最为有名。公元12世纪,塞尔柱人的政权开始衰落。

15世纪末16世纪初,伊斯玛依尔·哈塔依建立起统一的伊朗—阿塞拜疆萨非王朝。18世纪初期,随着萨非国家逐渐走向衰落,到18世纪下半叶阿塞拜疆分裂成15个小的汗国和苏丹国。在18世纪后期,这些小国被迫接受俄罗斯的"保护"。1803—1805年,沙皇俄国吞并了卡拉巴赫、舍基、占贾汗国。随着1828年俄国与波斯的《土库曼条约》和1829年俄国和土耳其的《阿德里安堡条约》签订,阿塞拜疆被一分为二:北阿塞拜疆并入俄罗斯,南阿塞拜疆并入伊朗。同时这两个条约在法律确定了亚美尼亚人向阿塞拜疆的迁移,到19世纪末期,南高加索的亚美尼亚人已经达到了130万人。十月革命前阿塞拜疆一直处于俄罗斯的统治之下;沙皇俄国崩溃之后,阿塞拜疆虽然短暂地实现了独立,但不久之后重新并入新成立的苏联,成为其一个加盟共和国,一直到1991年才真正地实现独立。①

独立后的阿塞拜疆,北部与俄罗斯交界,西北部毗邻格鲁吉亚,西部与亚美尼亚接壤,南邻伊朗,东濒里海。现有人口1024.6万,其中91.6%为阿塞拜疆人,2.2%为列兹金人,1.35%为亚美尼亚人,1.34%为俄罗斯人,1.26%为塔雷什人,2.25%为其他族群的人。阿塞拜疆人讲阿塞拜疆语,是土耳其语的一种方言,信奉伊斯兰教,其中75%为什叶派,25%为逊尼派。②

亚美尼亚约有3500年的历史。公元前860年,乌拉尔图人在亚美尼亚高原上建立了统治。公元前782年,乌拉尔国王阿尔吉什提一世建立了埃勒布尼,即现在的亚美尼亚的首都埃里温。公元前7世纪晚期,乌拉尔图王国灭亡。稍后不久,亚美尼亚人建

---

① 道明:《阿塞拜疆在欧亚格局中的战略地位研究》,外交学院博士学位论文,2011年,第11—16页。
② [美]戴维·莱文森编:《世界各国的族群》,葛公尚、于红译,中央民族大学出版社2009年版,第344—345页。

立了第一个本民族的王朝——耶烈万杜尼王朝。之后四个多世纪的时间里，耶烈万杜尼王朝相继被米底王国和波斯帝国所统治。在亚历山大大帝去世之际，亚美尼亚宣布独立，史称亚美尼亚王国（公元前321—公元428年）。公元301年，亚美尼亚将基督教定为国教。① 之后，亚美尼亚经历一个繁荣的时代，然而这一进程被阿拉伯人、蒙古人、土库曼人、奥斯曼突厥人和伊朗萨法维王朝的入侵而时断时续。1045年拜占庭吞并了亚美尼亚王国，1065年塞尔柱—突厥人占领了亚美尼亚。此时，大批亚美尼亚人流散到西里西亚，建立了小亚美尼亚王国。1375年，小亚美尼亚王国被埃及的马穆鲁克征服。

从16世纪初开始，在奥斯曼帝国和伊朗萨法维波斯帝国激烈的争夺下，亚美尼亚民族遭受了多达两个多世纪的痛苦。1639年双方停战后，亚美尼亚领土被一分为二，西亚美尼亚并入奥斯曼帝国，东亚美尼亚归伊朗所有。1828年，俄国吞并了东亚美尼亚。1918年俄国革命之后，亚美尼亚独立，建立了亚美尼亚第一共和国。1936年，亚美尼亚成为苏联加盟共和国之一。苏联解体期间，亚美尼亚共和国于1991年宣布独立。②

独立后的亚美尼亚北邻格鲁吉亚，东邻阿塞拜疆，南邻伊朗，西邻土耳其。人口为296.4万人，94%的人口为亚美尼亚人，信仰基督教。此外还有少量的阿塞拜疆人、俄罗斯人、库尔德人和耶西迪人。③

2.1 纳卡族群冲突的历史渊源

纳卡民族冲突大约始于1813年的《古丽斯坦条约》(Treaty

---

① Mary Boyce, *Zoroastrians: Their Religious Beliefs and Practices*, London: Psychology Press, 2001, p.84.
② 亓佩成：《亚美尼亚民族起源：一个民族主义话语之争》，《历史教学》2019年第10期，第15—16页。
③ [美]戴维·莱文森编：《世界各国的族群》，葛公尚、于红译，中央民族大学出版社2009年版，第12—14页。

of Gulistan)签订之时。该条约规定波斯将其在阿塞拜疆的权力转让给沙皇俄国，① 导致阿塞拜疆由说土耳其语、信仰什叶派的穆斯林占据，从那时起北部由俄罗斯统治，南部由波斯统治。1882年沙皇俄国吞并了纳赫吉万（Nakhjivan）和耶里温（Erevan）两个地区后，大量的亚美尼亚人（东亚教徒）从波斯和奥斯曼帝国迁移到沙皇俄国统治的阿塞拜疆地区，经过一个多世纪的繁衍生息，亚美尼亚人改变了纳卡地区的民族人口结构，逐渐超过了原先居住于此的阿塞拜疆穆斯林，成为纳卡地区人口最多的民族。② 19世纪80年代，亚美尼亚民族主义在沙皇俄国和波斯争夺对其控制权的过程中得以产生。奥斯曼帝国发现亚美尼亚人越来越忠于沙皇俄国，便对原亚美尼亚人的核心居住区——安纳托利亚（Anatolia）东部的亚美尼亚人展开了疯狂的报复，两年间致使百万人丧生。1905年俄国革命之后，爆发了亚美尼亚人和阿塞拜疆人的冲突。此次冲突造成双方上百个村庄被毁，上千人死亡。③ 然而更为糟糕的事情接踵而至，1915—1917年，奥斯曼帝国借口亚美尼亚人在第一次世界大战中支持俄罗斯，将100多万亚美尼亚人驱逐出境，其中绝大多数丧生途中。

1918年5月刚刚独立五周时间的高加索联邦（Transcaucasian Federation）垮台，分裂为亚美尼亚、格鲁吉亚和阿塞拜疆三个国家。早在3月，阿塞拜疆与亚美尼亚便发生了冲突，很快发展成战争。此时的纳卡地区虽然处于阿塞拜疆的统治下，但生活在该地区的亚美尼亚人不断起义来反对阿塞拜疆的控制。1920年，阿塞拜疆军队开进纳卡首都苏沙（Shusha），居住在苏沙市的亚美

---

① John P. LeDonne, *The Russian Empire and the World*, 1700-1917: The Geopolitics of Expansion and Containment, New York: Oxford, 1997, p. 116.

② Suzanne Goldenberg, *Pride of Small Nations: The Caucasus and Post-Soviet Disorder*, London: Zed Books, 1994, pp. 157-158.

③ Christopher J. Walker ed., *Armenia and Karabagh: The Struggle for Unity*, London: Minority Rights Publication, 1991, p. 24.

尼亚人或被杀害或被流放。① 同年4月阿塞拜疆与亚美尼亚展开全面军事冲突，紧接着苏俄军队开进巴库，阿塞拜疆被吞并，11月亚美尼亚军队也进入巴库。苏俄当局将卡拉巴赫和纳赫吉万划给阿塞拜疆，将赞热祖尔（Zangezur）归入亚美尼亚。1921年7月，外高加索政治局投票赞成纳卡地区加入亚美尼亚。斯大林基于维护亚美尼亚和伊斯兰世界和平的需要没有同意这一要求，相反进一步强化了纳卡地区与阿塞拜疆的经济联系。1923年纳卡地区成为阿塞拜疆一个高度自治的州。1936年苏联宪法继续延续了这一安排。② 1936年，亚美尼亚共产党第一书记汗吉安（Khanjyan）向苏联当局提出统一卡拉巴赫地区的要求，但很快被拒绝。1945—1949年亚美尼亚共产党新任第一书记哈鲁琼扬（Hartunyan）向莫斯科重申了统一纳卡地区的要求，再次被拒绝。之后，该要求直到1980年每届亚美尼亚第一书记都会提出，但均无果而终。③

在苏联的多数时期，阿塞拜疆和亚美尼亚围绕纳卡地区的诉求在克里姆林宫的管制下相对克制，纳卡地区基本上维持了一种相对自治、稳定的状态。④ 然而，在苏联解体前期，纳卡地区的民族冲突再次浮出水面，进入了大规模冲突时期。

2.2 苏联解体前后的纳卡族群冲突

苏联解体前期，占卡拉巴赫（Karabagh）地区人口绝大多数

---

① Suzanne Goldenberg, *Pride of Small Nations: The Caucasus and Post-Soviet Disorder*, London: Zed Books, 1994, p. 159.

② Carol Migdalovitz, "Armenia-Azerbaijan Conflict", *Congressional Research Service*, July 9, 2003, p. 4.

③ Gerard J. Libaridian, *The Karabagh File: Documents and Facts on the Region of Mountainous Karabagh, 1918-1988*, Cambridge, Mass: Zoryan Institute, 1988, pp. 42-48.

④ Ali Askerov, "The Nagorno Karabakh Conflict: The Beginning of the Soviet End", https://www.researchgate.net/publication/339415817_The_Nagorno_Karabakh_Conflict-_The_Beginning_of_the_Soviet_End.

的亚美尼亚人要求独立，且并入亚美尼亚苏维埃共和国（Armenian Soviet Socialist Republic）。这一要求很快得到了卡巴拉赫最高苏维埃（Karabakh Supreme Soviet）和亚美尼亚最高苏维埃（Armenian Supreme Soviet）的认可，尽管此时该地区还处于苏联共产党的控制之下。围绕着卡拉巴赫的独立，阿塞拜疆人和亚美尼亚人的族群冲突于1987年展开。此时的卡拉巴赫地方政府由占人口多数的亚美尼亚人控制，他们利用所掌握的权力积极地推动民族分离主义运动。

随后，苏联、亚美尼亚和阿塞拜疆当局的介入，使该族群冲突进一步扩大化。族群冲突发生后，阿塞拜疆人开始在全境展开对亚美尼亚人的迫害，造成大量流血事件，两年后绝大多数生活在阿塞拜疆的亚美尼亚人开始流向卡拉巴赫地区和亚美尼亚，同时亚美尼亚也在境内展开了对阿塞拜疆人的清洗。据统计，这一时期共造成2000多人死亡，上百万人流离失所。[1] 亚美尼亚人为了将卡拉巴赫并入其国内，进行了广泛的族群动员，并成立了泛亚美尼亚民族运动组织"APNM"（the Armenian Pan-National Movement），其被称为卡拉巴赫委员会（Karabagh Committee），形成了强烈的亚美尼亚民族主义。反观阿塞拜疆的民族主义只是对亚美尼亚民族主义的反应，并不强烈。

这一时期的苏联只是间接地干涉此次族群冲突，以确保它对阿塞拜疆和亚美尼亚共和国的控制。冲突开始时，戈尔巴乔夫希望以中立者的角色对双方进行调停以化解危机，但很快戈尔巴乔夫便偏向了阿塞拜疆。因为阿塞拜疆的共产党精英群体相比亚美尼亚的共产党精英更加忠于苏共中央，亚美尼亚的共产党并不打击反对它的APNM组织，相反还与其合作争取卡巴拉赫地区的独立运动。所以莫斯科当局便放弃了由其来管理卡巴拉赫地区的决定，而是将其归入阿塞拜疆辖制。1990年苏联军队以保护阿塞拜

---

[1] Suzanne Goldenberg, *Pride of Small Nations: The Caucasus and Post-Soviet Disorder*, London: Zed Books, 1994, p. 155.

疆境内的亚美尼亚人免遭阿塞拜疆暴徒迫害为由开进了阿塞拜疆首都巴库（Baku），然而阿塞拜疆暴徒行为早在一周前便结束了。这次带来流血的入侵，被阿塞拜疆人称为黑色一月（Black January）。此次苏联军队进入的真正目的是巩固对阿塞拜疆的控制。此时的亚美尼亚苏共群体已失去了对政府的控制。1990年5月，亚美尼亚最高苏维埃选举，共产党的反对派——泛亚美尼亚民族运动组织——在一部分同情亚美尼亚人共产党的支持下赢得了选举的多数席位，亚美尼亚苏共也随即解体。

掌权的泛亚美尼亚民族运动组织以最大限度地支持卡巴拉赫地区的亚美尼亚民族分离主义运动。苏联也加大对阿塞拜疆的支持以图维护南高加索地区的稳定，1990年末开始以准军事行动支持阿塞拜疆对卡拉巴赫亚美尼亚民族分离势力的打击。1991年4—8月期间，苏联当局所控制的军队仍和阿塞拜疆军队一起实施环形行动（Operation Ring），即打击和摧毁在卡巴拉赫地区周围的亚美尼亚人的居住区，但遭遇了顽强的抵抗。随着苏联的解体，冲突变得更加扑朔迷离。

1991年8月苏联解体，随后阿塞拜疆和亚美尼亚宣布独立。独立后的亚美尼亚继续支持卡巴拉赫的亚美尼亚人运动，与叶利钦修好，实现了与莫斯科政府关系正常化。而重新掌权的阿塞拜疆共产党政府，在总统阿亚兹·穆塔利博夫（Ayaz Mutalibov）的领导下，寄希望于新成立的独联体（the Commonwealth of Independent States）对冲突进行调停，然而没有了苏联武装力量，独联体却无计可施。这样便造成阿塞拜疆在冲突中的失利。失利造成了巴库的恐慌，总统穆塔利博夫也随即下台，迫使阿塞拜疆共产党与反对派阿塞拜疆人民阵线（the Azerbaijani Popular Front）共同执政。几个月后，阿塞拜疆共产党及穆塔利博夫集团失利被清除下台，1992年5月阿塞拜疆人民阵线的领导阿布法兹·埃尔奇贝（Abülfaz Elibey）掌权，并开始倒向土耳其和西方，希望以西方的市场自由化和政治民主化来摆脱阿塞拜疆的困局。与此同时，卡巴拉赫的亚美尼亚准军事组织实现了对该地区的完全控制。

　　与苏联分道扬镳的阿塞拜疆并没有受到土耳其和西方大国的青睐。虽然在军方的支持下，叶利钦于1991年8月击败了俄罗斯最高苏维埃的势力，但他很快意识到军方对于维护后苏联地区稳定的殷殷期望。于是，俄罗斯的这种不干预政策很快发生了转变。土耳其和西方势力成为俄罗斯在中亚和南高加索地区最大的威胁，因为居住在这些地区的多数人都说土耳其语，如阿塞拜疆人宣称自己为土耳其人（Turkish People）。

　　表面上土耳其和西方势力奉行不干预政策，实际上却给予大量的经济援助。为应付此局面，俄罗斯开始拉拢伊朗来对抗土耳其，并公开支持卡巴拉赫的亚美尼亚人。1992年中，土耳其开始将大量兵力投送与亚美尼亚交界处，以阻止亚美尼亚对卡巴拉赫亚美尼亚人的军事支持，而此次行动很快因俄罗斯武装力量进驻亚国而终止。

　　阿塞拜疆在总统阿布法兹（Abülfaz）带领下，对卡巴拉赫亚美尼亚武装势力进行严厉打击，阿塞拜疆政府武装被派往卡巴拉赫北部地区。然而这支军队却被俄罗斯所支持的苏拉特·侯赛诺夫（Surat Huseinov）撤回阿塞拜疆的甘佳市（Ganjia），在该市还有苏联留守的俄罗斯军队。阿塞拜疆当局立即要求俄罗斯撤军，虽然俄罗斯军队撤出了甘佳市，但却将大量的武器装备留给了苏拉特·侯赛诺夫。苏拉特·侯赛诺夫挥师首都巴库，并将总统阿布尔法斯驱逐出境，与新阿塞拜疆党领导人盖达尔·阿利耶夫（Heidar Aliev）共同执掌阿塞拜疆。1993年10月，阿利耶夫就任总统后将阿塞拜疆人民阵线废黜，并取代了苏拉特·侯赛诺夫成为名副其实的阿塞拜疆军事统帅。此时的亚美尼亚人完全控制了卡巴拉赫，并将居住在卡巴拉赫东部和南部的阿塞拜疆人驱逐出去。为了确保政权的稳定，阿塞拜疆与亚美尼亚两国于1994年5月签订了停火协议，而停火的唯一条件便是废除俄罗斯在阿塞拜疆的军事基地和终止俄罗斯调停人的角色，其最终目的是防止俄罗斯支持时任总理苏拉特·侯赛诺夫夺权。阿利耶夫还终止

第4章 大国权力兴衰与族群冲突

了与西方公司签订石油开采协议，以图获得俄罗斯的青睐，然而并未奏效，俄罗斯继续向亚美尼亚提供经济援助、军事援助。①

1994年停火协议之后的20多年的时间里，纳卡地区一直处于一种非战非和的状态。非战是指冲突双方能够相对隐忍，没有再次爆发大规模的冲突，但小的擦枪走火事件时有发生。非和的状态是指冲突双方在国际势力的多方斡旋下，经过多次谈判、协商，而就纳卡地区归属问题始终没有达成实质性的协议，没有实现和解。例如，围绕纳卡地区的归属问题，1992年春季欧洲安全委员会（the Conference for Security and Co-operation in Europe）的明斯克小组（Minsk Group）便开始介入调停。该组织主要以俄罗斯、法国和美国为轮值主席，本着"停止使用武力、领土主权完整和民族自决三项原则"，先后经过20多年的斡旋，却并没能使冲突双方达成实质性的协议。②联合国安理会先后出台了822决议、853决议、874决议、884决议。伊斯兰会议组织（Organization of the Islamic Conference）先后提出了20项决议以促进冲突和解。欧盟就纳卡冲突先后多次提出声明，以促进和解，但在冲突和解方面作用甚微。③

这种非战非和的状态在2020年9月27日被打破，纳卡地区民族冲突再次大规模爆发。冲突爆发后，阿塞拜疆和亚美尼亚随即宣布国家进入战争状态，双方在纳卡地区展开了厮杀。纳卡这一搅动高加索地区安全与稳定的支点又一次成为国际社会的焦点。一方面阿塞拜疆获得了来自盟友土耳其的无条件支持。据亚美尼亚国防部声称，"其一架苏-25军用飞机被一架从阿塞拜疆

---

① George Schopflin, "The Rise and Fall of Yugoslavia", in John McGarry and Brendan O'Leary ed., *The Politics of Ethnic Conflict Regulation*, London: Routledge, 1993, p.185.

② Sabine Freizer, "Twenty Years after the Nagorny Karabakh Ceasefire: an Opportunity to Move Towards More Inclusive Conflict Resolution," *Caucasus Survey*, Vol.1, No.2, 2014, pp.109-122.

③ "Amernian-Azerbaijan, Nagorny Karabakh Conflict," pp.87-274.

起飞的土耳其 F-16 击落"。① 以色列也给予阿塞拜疆军事支持。例如纳卡地区领导人阿雷耶克·哈鲁特尤恩扬（Arayik Harutyunyan）谴责以色列应对阿塞拜疆当局利用以色列提供的无人机和罗拉导弹袭击纳卡地区负责。② 流亡在外的部分阿塞拜疆人和一些来自叙利亚激进分子也加入了冲突。法国总统马克龙在 10 月 1 日宣称"我们有确切的信息显示来自土耳其的叙利亚激进分子已进入阿塞拜疆，并加入了与亚美尼亚的战斗"。③ 另一方面亚美尼亚也获得了各方的声援或支持。例如黎巴嫩的亚美尼亚人开始向亚美尼亚提供资金和物资支持。一位生活在黎巴嫩的小商主说道，"这不是一场基督徒和穆斯林之间的战争，而是一场关于亚美尼亚实体存在与否的战争，自己已经时刻准备奔赴战场"。④

2.3 纳卡族群冲突痼疾所在

民族冲突是指两个或两个以上的民族为了一定的利益而有意发生的冲突。关于民族冲突发生的原因，目前学界有族群竞争理论、族群精英理论、族群接触理论、安全困境理论、文明冲突论等。⑤ 就纳卡民族冲突而言主要涉及阿塞拜疆和亚美尼亚两个民族，有着较为复杂的原因。

（1）悬而未决的纳卡归属问题。1994 年停火协议后，两国就纳卡地区归属问题上的认知一直是针锋相对的，矛盾难以调和。阿塞拜疆认为：根据领土完整的原则，纳卡必须无条件地

---

① Hollie Mckay, "Death Toll Soars as Armenia-Azerbaijan Conflict Escalates: 'This is a Fight against Jihadists'," *Fox News*, Oct. 10, 2020.

② Zachary Keyser, "Azerbaijan Uses Israeli LORA Missile in Conflict with Armenia-Watch", *Reuters*, Oct. 3, 2020.

③ Stepan Kocharyan, "Macron Says Has Facts about Turkey-backed Syrian Islamists Fighting in Karabakh", https://armenpress.am/eng/news/1029822/.

④ Bassem Mroue, "Armenia-Azerbaijan Conflict Draws in Fighters from Mideast", *The Associated Press News*, Oct. 9, 2020.

⑤ 王伟：《殖民主义的历史遗毒：当代族群冲突的根源探析》，《探索》2018 年第 5 期，第 91—92 页。

第4章 大国权力兴衰与族群冲突

统一于阿塞拜疆；阿塞拜疆当局应该给予居住在纳卡地区的亚美尼亚人经济优惠政策，但前提是让这部分亚美尼亚人意识到这是处于阿塞拜疆统治下才会享受到的待遇；最理想的选择是给予纳卡地区高度自治权，但在法律上纳卡必须是阿塞拜疆的一部分。亚美尼亚则认为，依据民族自决原则，纳卡地区不能是阿塞拜疆的，因为这一地区居住者亚美尼亚人，他们说亚美尼亚语，他们的政府也是亚美尼亚人组建的，他们的一切都是亚美尼亚的；纳卡地区的冲突已经解决，是一场有输赢的战争，问题的关键是阿塞拜疆不接受这个现实；最理想的选择是承认纳卡地区的独立。①

（2）没有宽恕的民族仇恨。阿塞拜疆和亚美尼亚可谓是世代仇敌，民族不信任、民族害怕和民族仇恨一直难以和解，这恰恰构成了民族冲突安全困境的前提。② 民族冲突的历史事件虽然不能被遗忘，但是可以被宽恕。正如南非圣公会开普敦大主教德斯蒙德·图图（Desmond Tutu）所述"有了宽恕，就有了未来"。③ 而阿塞拜疆和亚美尼亚却选择了相反的道路。

首先在亚美尼亚人的叙事中，亚美尼亚人从来不把阿塞拜疆当作一个独立的民族，而是将其视为突厥民族的一支，认为阿塞拜疆人和土耳其人在历史上给亚美尼亚人带来了深重的灾难。在10—12世纪阿塞拜疆人伙同突厥人入侵了纳卡地区，屠杀了包括亚美尼亚人在内的无数原住民。这种历史上的迫害一直延续到1915年的奥斯曼土耳其帝国。据统计，在1915—1923年间，约有150万亚美尼亚人惨遭屠杀。④ 这段惨痛的经历成为塑造亚美

---

① Alvard Sargsyan, "The Nagorno Karabakh Conflict: An Inside View", Policy Paper, Strategic Policy Institute, 2018, p. 6.
② Daniel L. Byman, *Keeping the Peace: Lasting Solutions to Ethnic Conflicts*, Baltimore and London: The Johns Hopkins University Press, 2002, pp. 14–16.
③ ［南非］德斯蒙德·图图：《没有宽恕就没有未来》，江红译，广西师范大学出版社2014年版，第232页。
④ "The Armenian Genocide, 1915 – 1923, Brief Histories", https://iwitness. usc. edu/sfi/documents/armenia/ArmenianGenocideOnePager_ HighSchool. pdf.

尼亚民族认同的重要因素。在亚美尼亚集体记忆中，认为操突厥语的阿塞拜疆人作为土耳其民族的组成部分，是屠杀、清洗亚美尼亚人的罪魁祸首。因此，生活在纳卡地区的亚美尼亚人缺乏安全感，害怕种族屠杀的灾难再次上演，故致力于脱离阿塞拜疆。此外，在亚美尼亚人眼里纳卡地区成为亚美尼亚集体记忆中的"圣地"。纳卡地区与亚美尼亚人生活的其他地区相比一直处于相对自治、独立的状态。亚美尼亚在苏联解体之后虽然获得了独立，但亚美尼亚的民族认同在苏联时期难免会受到苏联影响、同化，相比之下纳卡地区的亚美尼亚人的文化、认同更加纯洁。据一些亚美尼亚历史学家的研究，认为纳卡地区被视为亚美尼亚人的最后的据点，成为亚美尼亚人眼中纯洁的圣地。失去了纳卡不仅仅是领土的失去，而且是对亚美尼亚民族认同的极大稀释。①

其次，纳卡民族冲突也成为阿塞拜疆增强民族认同的重要因素。阿塞拜疆认为，他们是高加索阿尔巴尼亚人和奥斯曼突厥人的后裔，文化传统因袭了伊斯兰什叶派文化。有些学者认为阿塞拜疆的民族认同在17—19世纪开始得以固定，但也有学者认为阿塞拜疆固定的民族认同始于10世纪。两者之所以不同，与阿塞拜疆穆斯林群体到底来自奥斯曼帝国还是波斯帝国有关，但这不影响阿塞拜疆的穆斯林认同。在阿塞拜疆的历史叙事中，亚美尼亚人给阿塞拜疆人带来了诸多灾难。历史上沙皇俄国实行同化政策，将大量基督徒迁至阿塞拜疆人的居住区，同时将大量阿塞拜疆穆斯林迁至其他地方，并支持这些包括亚美尼亚人在内的基督徒在政治、经济上的统治地位。在阿塞拜疆的集体记忆中，亚美尼亚人在1918年伙同俄罗斯人屠杀了大量的阿塞拜疆人，视亚美尼亚人为追随俄罗斯的投机侵略者。纳卡地区在阿塞拜疆人眼里是一个特殊的地区，被认为是阿塞拜疆认同的诞生地，是阿

---

① Phil Gamaghelyan, "Rethinking the Nagorno-Karabakh Conflict: Identity, Politics, Scholarship," *International Negotiation*, No. 15, 2010, p. 38.

第4章 大国权力兴衰与族群冲突

塞拜疆的文化中心，是众多音乐家和诗人的家乡，因此失去纳卡地区就等于失去了阿塞拜疆民族认同。

概而言之，对于纳卡地区的争夺不仅仅是领土归属的问题，更是新仇旧恨叠加的难以打开的民族心结。

(3) 无法调和的文明冲突。伊斯兰教是阿塞拜疆的主体宗教，基督教是亚美尼亚的主体宗教。因此阿塞拜疆与亚美尼亚的民族冲突往往被冠以文明的冲突。其中纳卡地区的民族冲突也便成为塞缪尔·亨廷顿《文明的冲突》一书中的一个案例。① 虽然纳卡民族冲突的原始动机与宗教无关，换句话说，宗教差异并不是纳卡民族冲突的根本原因。但宗教在后苏联时代的高加索地区在两个方面深刻地影响着纳卡地区的民族冲突。②

首先，宗教在两国或两个民族中充当后苏联时代的主要社会意识形态的作用没有改变。苏联解体之后，各个加盟共和国极力地摆脱苏联解体危机和苏联遗产的影响，③ 纷纷选择了自由式民主的西方模式，即经济上的休克疗法和政治上的自由民主道路。但效果奇差，美欧的自由民主在这里水土不服，使社会进一步碎片化，宗教的作用开始凸显，充当着意识形态主导者的角色，④ 这一点在1988—1994年的纳卡民族冲突表现得尤为突出。在苏联危机爆发时期，阿塞拜疆和亚美尼亚的宗教领袖通过一系列正式或非正式的方式将社会和政治运动联系在了一起，宗教成为无序社会中的一个"稳定阀"。在那个特殊时期，宗教是为数不多的

---

① Samuel P. Huntington, *The Clash of Civilizations and the Remaking of World Order*, New York: Simon & Schuster, 1993, p. 6.

② Artyom Tonoyan, "Armenia-Azerbaijan: Rethinking the Role of Religion in the Nagorno-Karabakh Conflict," in Katya Migacheva, Bryan Frederick ed., *Religion, Conflict, and Stability in the Former Soviet Union*, Santa Monica: RAND Corporation, 2018, p. 11.

③ Zoltan Barany and Robert G. Moser, *Ethnic Politics After Communism*, Ithaca and London: Cornell University Press, 2005, pp. 1-13.

④ Roger Friedland, "The Institutional Logic of Religious Nationalism: Sex, Violence and the Ends of History," *Politics, Religion & Ideology*, Vol. 12, No. 1, 2011, pp. 1-24.

可以将个人与社会相联系的社会组织，宗教成了社会和文化建设的特殊资源。① 1994年停火协议签订之后，尽管亚美尼亚和阿塞拜疆都不想将纳卡民族冲突归结为宗教冲突，但是在刻板印象的影响下却无法摆脱宗教文明冲突的枷锁。例如，2007年时任亚美尼亚总理的谢尔日·萨尔基相（Serzh Sargsyan）在与美国路易斯安那州《时代》杂志进行圆桌会议时所讲，"为了维护我们与土耳其和阿塞拜疆的友好关系，我们在长时间里尽量避免去谈论宗教问题，但是事与愿违，宗教因素是客观存在的，且非常强大"。②

其次，政治精英打"宗教"牌以获取国内外的支持和增强政治合法性。纳卡民族冲突被政治精英动员为一场"圣战"，民族冲突被宗教化。政治精英利用宗教的象征性工具，从情感、心理上来动员人们参加战争是一种常态。正如皮特·伯格（Peter L. Berger）所述"官方对于暴力的实践绝大多数不可避免的伴随着宗教象征化，动员人们参加战争，人们在祈祷、祝福和诅咒中牺牲"。③ 1988年纳卡民族冲突初期，宗教因素的作用并不明显，但是随着冲突的加剧，却发生了改变。冲突爆发后亚美尼亚天主教领袖瓦兹根一世（the Armenian Catholicos Vazgen Ⅰ）与高加索地区穆斯林教长安拉舒库尔·瓦萨扎德（Sheikh-ul-Islam Allahshukur Oashazade）于1988年5月在莫斯科有过短暂的会晤，呼吁冲突双方进行克制，但随着冲突的加剧，两者的态度也发生了根本性转变。亚美尼亚这边，瓦兹根一世在一次电视台采访中宣称

---

① Aleksandr Agadjanian, "Ethnicity, Nation and Religion: Current Debates and the South Caucasian Reality," in Aleksandr Agadjanian, Ansgar Jodicke, and Evert van der Zeweere eds., *Religion, Nation and Democracy in the South Caucasus*, New York: Routledge, 2015, p. 26.

② "'There are No Christians to the East of US': Armenian Prime Minister Serzh Sargsyan Talks Geopolitics," *Los Angeles Times*, October 19, 2017.

③ Peter L. Berger, *The Sacred Canopy: Elements of a Sociological Theory of Religion*, New York: Anchor Books, 1990, pp. 44-45.

第4章 大国权力兴衰与族群冲突

"他支持纳卡地区归并到亚美尼亚，因为这是符合宪法和法律规定的"。① 同样，阿塞拜疆伊斯兰精神领袖瓦萨扎德于1988年11月在接受阿塞拜疆党报《巴库工人报》（*Bakinskii Rabochii*）采访时，指责亚美尼亚人及其外部支持者是野蛮的行径，号召人们为了阿塞拜疆的尊严和荣誉而战。② 如此，冲突双方通过宗教领袖动员和宗教象征性工具将宗教与冲突联系了起来，使民族主义的政治领导者可以通过宗教来合法化他们的政治议程，给他们的政治行为赋予了民粹主义的宗教主旨、象征和意义。这一状况在停火协议签订之后愈演愈烈。

后冷战时期的国际社会正在将文明的冲突变成自我实现的预言，在这种形势之下纳卡地区的民族主义矛盾与宗教相捆绑，加剧了局势复杂化。

（4）难以摆脱的国际势力。基于纳卡地区重要的地缘战略位置和丰富的油气资源，多重国际势力染指该区域。苏联、俄罗斯、伊朗等国家是1988—1994年纳卡民族冲突的主要介入国际势力。

苏联在解体之前支持阿塞拜疆，因为阿塞拜疆的布尔什维克更加忠于苏联。苏联解体之后，俄罗斯短时间内保持中立，但很快为了维护其在南高加索地区的稳定又开始干预。然而支持的对象却变了，改为支持亚美尼亚。因为独立后的阿塞拜疆导向土耳其和西方势力，同时支持俄罗斯联邦境内北高加索地区的穆斯林的民族运动。这使俄罗斯很恼火。面对纳卡民族冲突的局面，俄罗斯一方面给予亚美尼亚大量的经济、军事援助，另一方面利用阿塞拜疆内部政治的分裂，支持反对派军官苏拉特·侯赛诺夫夺权，同时利用阿塞拜疆与伊朗之间的矛盾将伊朗拉入制裁阿塞拜

---

① Felix Corley, "The Armenian Church Under the Soviet and Independent Regimes, Patr 3: The Leadership of Vazgen", *Religion, State, and Society*, Vol. 26, Issue 3-4, 1998, pp. 295-296.

② "Sheikh-ul-Islam: Such Is the Will of Our People", *Bakinskii Rabochii*, *Baku, Azerbaijan*, November 1998, p. 4.

疆的阵营。

伊朗之所以介入也有其自身的原因：其一，在伊朗西北部居住了很多阿塞拜疆人，这部分阿塞拜疆的民族势力支持霍梅尼反对伊朗国王，以图实现文化上的自治。霍梅尼上台后延续了中央强权的政策，瓦解了伊朗境内的阿塞拜疆民族运动。阿塞拜疆在阿塞拜疆人民阵线的领导者阿布法兹掌权后，对外宣称实现北阿塞拜疆和南阿塞拜疆的统一，后者直指伊朗西北部的阿塞拜疆人居住区域，这让伊朗当局颇为不满。基于此，伊朗开始支持信仰基督教的亚美尼亚人来反对信仰伊斯兰教的阿塞拜疆人，且加强在阿塞拜疆边界处的驻军，以防止难民流入伊朗境内。总之，伊朗希望亚美尼亚和纳卡地区的亚美尼亚人进一步削弱邻邦阿塞拜疆的势力。

停火协议签订之后，土耳其、法国、美国、格鲁吉亚、以色列等国家也不断地介入纳卡民族冲突的和解进程。随着阿塞拜疆、亚美尼亚国内外局势的发展和变化，纳卡民族冲突痼疾未解，又添新症。

2.4 纳卡族群冲突的新症状

1994年阿塞拜疆与亚美尼亚签订停火协议时，希望能够获得欧美等西方国家的支持，可是一段时间内并没有得到西方乃至土耳其的关注。不过，经过20多年的经营，阿塞拜疆以其资源和文化为纽带与外界建立了较好的联系。亚美尼亚也不甘落后，采取互补性（complementarity）外交政策，在其战略伙伴俄罗斯和西方国家之间进行平衡，也获取了相应的支持。① 在这种新的局面之下，纳卡地区变成了欧盟、土耳其、伊朗与俄罗斯的角力场，变成了伊斯兰文明和基督教文明冲突的象征地，变成了高加索地区民族自决的试验田。介入的国家也各怀"鬼胎"，企图在

---

① Richard Giragosian, "Armenia's Search for Independence," *Current History*, Vol. 113, No. 765, 2014, p. 284.

第4章　大国权力兴衰与族群冲突

纳卡民族冲突的浑水中摸鱼。

（1）俄罗斯希望维持不战不和的现状，确保俄罗斯在高加索地区的主导地位。俄罗斯在继续深化与亚美尼亚关系的同时，也与阿塞拜疆进行军火交易，因此俄罗斯在纳卡地区最大的利益是维持现状。① 首先保持非和的现状可以牢牢地控制亚美尼亚。亚美尼亚在军事安全上严重依赖俄罗斯。2012年4月俄罗斯宣布亚美尼亚成为俄罗斯领导的集体安全条约组织（Collective Security Treaty Organisation）成员国。据此，亚美尼亚遭到袭击时，俄罗斯应支持亚美尼亚，2015年集体安全条约组织宣布集体安全包括边界争端。俄罗斯还在亚美尼亚久姆里（Gyumri）建立了102号军事基地，该基地大约有俄罗斯士兵3000名、74辆坦克、17辆步兵战车、148辆装甲车、84门火炮、18架米格-29战机、多枚S-300防空导弹。2013年后俄罗斯进一步加强了在102号军事基地的力量。② 其次，和平时期可以让俄罗斯继续保持与阿塞拜疆的军火生意和经济合作。据统计，仅在2018年阿塞拜疆就从俄罗斯购置了5亿美元的军火。③ 两国在油气方面也展开了深入合作。④

（2）土耳其旨在助推阿塞拜疆收复纳卡地区，扩大土耳其在高加索地区的影响力。土耳其基于历史积怨、文化纽带和地缘政治经济战略的考虑对阿塞拜疆予以支持，希望借纳卡问题扩大其在高加索地区的影响力，以确保其在该地区的利益。首先，基于与亚美尼亚的历史积怨，土耳其支持阿塞拜疆。亚美尼亚一直在国际社会上呼吁土耳其要对1915年屠杀亚美尼亚人的罪行负责，要求土耳其政府进行领土和金钱的赔偿。而土耳其也要求亚美尼

---

① Tamta Tskitishvili, "Analysis of Nagorny Karabakh Conflict," *Journal of Scoial Sciences*, Vol. 1, No. 1, 2012, p. 52.
② "102nd Military Base," Global Security. org, Oct. 18, 2013.
③ Alexander Bratersky, "Will Russian arms sales survive the Azeri–Armenian conflict?", *Defense News*, October 15, 2020.
④ "Russia's Rosneft Seals key Azerbaijan Oil and Gas Deal," https://www.eubusiness.com/news-eu/russia-azerbaijan.q76.

亚对20世纪七八十年代恐怖杀害70多名土耳其外交官的历史事件负责。两国为此类仇杀事件积怨较深，无法释怀。其次，土耳其和阿塞拜疆族源相同，宗教信仰一致，有利于建立亲密关系。随着纳卡民族冲突被注入更多的宗教因素，这种联系进一步加强。例如，土耳其总统埃尔多安曾称"土耳其与阿塞拜疆是一个民族两个国家，两国是友好的兄弟关系"。①最后，加强与阿塞拜疆的经济、军事合作以获取更多利益。土耳其与阿塞拜疆于2010年签订《战略伙伴互助协议》，其中包括军事合作和在双方受到任何一个国家攻击时的相互协助等多个条款。②在经济上加强与阿塞拜疆的油气合作。例如全长692公里的南高加索油气管道将阿塞拜疆沙阿德尼兹气田（Shah Deniz field）的天然气输送到格鲁吉亚和土耳其。全长1768公里的巴库-第比利斯-杰伊汉石油管道（Baku-Tbilisi-Ceyhan）将阿塞拜疆的石油输送到土耳其的杰伊汉港口。这种油气资源的合作，将土耳其、阿塞拜疆和格鲁吉亚以及背后的英国和美国的油气公司紧紧地绑在了一起。③

（3）美国希望在维持现状的基础上，缓和双边关系。美国作为明斯克组织轮值主席之一，其在纳卡地区的态度受国内外两重因素的影响。首先，美国国内亚美尼亚游说集团的存在加强了美国与亚美尼亚的联系。亚美尼亚游说集团虽然人口不多，但却是一个组织良好、资金充裕的游说集团，在美亚关系中起着重要作用。④1992年亚美尼亚游说集团成功说服美国国会通过了907a自由支持法案，该法案规定阿塞拜疆将不会获得美国的援助，除非

---

① Patrick Keddie, "What's Turkey's Role in the Nagorno-Karabakh Conflict?", Aljazeera Media Network, Oct. 30, 2020.

② International Crisis Group, "Preventing a Bloody Harvest on the Armenia-Azerbaijan State Border," *Europe Report*, No. 259, July 24, 2020, p. 6.

③ S. Frederick Starr and Svante E. Cornell, "The Baku-Tbilisi-Ceyhan Pipeline: Oil Window to the West," New York: Central Asia-Caucasus Institute & Silk Road Studies Program-A Joint Transatlantic Research and Policy Center, 2005.

④ Julien Zarifian, "The Armenian-American Lobby and Its Impact on U.S. Foreign Policy," *Society*, Vol. 51, No. 5, 2014, pp. 503-512.

阿塞拜疆"遵照国际人权标准，终止迫害亚美尼亚人，停止对纳卡和亚美尼亚的军事打击，以和平的方式解决冲突"。① 2010年亚美尼亚游说集团成功说服美国承认了土耳其对亚美尼亚人种族屠杀的历史罪行。② 其次，近年来美国与阿塞拜疆的联系加强。一是美国的两大石油公司埃克森美孚和雪佛龙（ExxonMobil and Chevron）在阿塞拜疆油气开采和输出方面都有较大利益。③ 二是美国与阿塞拜疆军事合作密切。"9·11"事件以后，美国和阿塞拜疆在打击恐怖主义方面合作密切。此外，由于美国和伊朗关系的交恶，美国开始加大对阿塞拜疆的军事支持。根据五角大楼向国会提交的报告，美国国防部在2018财年拨款5860万美元，第二年拨款4290万美元给阿塞拜疆，以支持其边境和海关服务建设。④ 因此，美国最大利益所在是维持纳卡地区乃至高加索地区的稳定，不希望发生大规模的民族冲突。但如何维持，如何在亚美尼亚和阿塞拜疆之间进行有效平衡也是美国面临的一个难题。

（4）伊朗希望纳卡地区维持被亚美尼亚人占领的事实状态，乃至归为亚美尼亚。伊朗关于纳卡民族冲突的态度受宗教文化和地缘政治两方面因素的影响。在1988—1994年的纳卡民族冲突方面地缘政治因素占据了上风，伊朗站在了亚美尼亚这边。此次冲突，伊朗在宗教文化情感上与阿塞拜疆有共鸣。作为伊斯兰教什叶派国家，伊朗和阿塞拜疆拥有着共同的经历和文化。因此，在冲突爆发后不久，伊朗的神职人员就宣称"阿塞拜疆夺取纳卡地区是完全符合伊斯兰教法（Sharia）的"。不过，伊朗的最终态度

---

① Svante E. Cornell, "Undeclared War: The Nagorno-Karabakh Conflict Reconsidered," *Journal of South Asian and Middle Eastern Studies*, Vol. XX, No. 4, Summer 1997, p. 10.

② Jullen Zarlfllan, "The Armenian-American Lobby and Its Impact on U. S. Foreign Policy," *Society*, Vol. 51, No. 5, 2011, p. 509.

③ Richard Kauzlarich, "America and Azerbaijan: Five Reflections on the Contract of the Century," *The American Interest*, October 3, 2019.

④ Wilder Alejandro Sanchez, "US-Azerbaijan Relations: Forging Ahead in a Tough Neighborhood," *Geopoliticalmonitor Intelligence Corp.*, February 26, 2020.

仍受地缘政治的左右。一是，阿塞拜疆的大阿塞拜疆战略（Greater Azerbaijan）导致伊朗与其疏远。伊朗西北部与阿塞拜疆接壤的地区生活着200万阿塞拜疆人，这部分人认为他们是阿塞拜疆南部的一部分，因此伊朗担心阿塞拜疆收复纳卡会引发伊朗内部阿塞拜疆的民族分离运动。二是，阿塞拜疆与以色列、美国以及欧盟的经贸合作引发伊朗的强烈不满和担忧。例如，伊斯兰革命卫队（The Islamic Revolutionary Guards）认为阿塞拜疆是此次纳卡民族冲突的煽动者，这是对伊斯兰政权的极大挑战，如果阿塞拜疆收复纳卡地区，将会是对伊朗民族认同和领土完整的严重威胁。① 据称，伊朗已经加强了北部地区的武装防御力量，以防进入纳卡战场的以色列和伊斯兰国（ISIS）军事力量的侵入。② 三是，伊朗与亚美尼亚有着密切的经贸往来。1991年12月25日，伊朗承认亚美尼亚独立，自此两国一直保持着良好的关系。一方面伊朗加强与亚美尼亚在能源、自然资源保护、农业、教育、科技等方面的合作。例如，伊朗帮助亚美尼亚建立了在阿拉克塞斯河（Araxes River）上的水电站、新的跨境输出电线和石油管道，③ 建立了一条环绕阿塞拜疆飞地纳希切万（Nakhichevan）的全长470公里的铁路线，确保伊朗货物安全进入黑海，亚美尼亚货物安全进入波斯湾。④ 另一方面，伊朗希望保持与亚美尼亚的良好关系以确保它在高加索地区的影响力。近年来欧美西方国家、土耳其、以色列通过与阿塞拜疆的经贸关系逐渐扩大它们在

---

① Arvin Khoshnood and Dr. Ardavan Khoshnood,"The Armenian-Azerbaijani Conflict and Its Implications for Iran," *The Begin-Sadat Center for Strategic Studies*, October 16, 2020.

② Tom O'Connor,"Iran Boosts Border Defense Against Armenia-Azerbaijan Conflict, Israel and ISIS," *Newsweek*, October 27, 2020.

③ "Armenia calls for boosting all-out relations with Iran", *Payvand Iran News*, Apr. 14, 2009.

④ Claude Moniquet and William Racimora,"The Armenia-Iran Relationship Strategic Implication for Security in the South Caucasus Region," *European Strategic Intelligence & Security Center*, January 17, 2013, p. 8.

第4章 大国权力兴衰与族群冲突

高加索地区的影响力,这压缩了伊朗在高加索地区的空间。加之美国因伊朗核问题对它的制裁,迫使伊朗加强与亚美尼亚的关系。概而言之,敌人的敌人便是朋友,在纳卡民族冲突的方面,伊朗会撇开宗教文明因素的影响继续保持站在亚美尼亚一边。

(5) 欧盟及其成员国希望维持现状。欧盟(欧共体)在1992年时便开始关注纳卡的民族冲突问题,那时欧盟呼吁阿塞拜疆和亚美尼亚保持最大限度的克制,立即停火,和平解决冲突问题。此后,欧盟成员国法国以明斯克小组轮值主席的身份加入冲突的停火、调停等工作。法国基于两个方面的原因希望纳卡地区维持现状:一方面流亡法国的60万亚美尼亚人呼吁法国站在亚美尼亚这边对阿塞拜疆和土耳其进行制裁。① 另一方面法国拥有巴库-梯比利斯-杰伊汉石油管道5%的股份,② 纳卡地区的稳定对法国来说是最佳选择。德国与亚美尼亚和格鲁吉亚有着良好的经贸关系,因此纳卡地区的稳定对德国最为有利。例如,9月27日的纳卡民族冲突发生之后,亚美尼亚驻德国大使阿肖特·斯巴特杨(Ashot Smbatyan)呼吁德国应该发挥更加积极的作用,谴责、制裁阿塞拜疆和土耳其的入侵行径,阿塞拜疆驻德国大使拉明·哈萨诺夫(Ramin Hasanov)希望德国能够谴责亚美尼亚对纳卡地区事实上的占领。面对两国的要求,德国总理默克尔回应,双方应该立即停火回到谈判桌,以和平的方式解决争端。③ 英国基于英国石油公司(BP plc)在阿塞拜疆经营的石油管道中的利益和出售武器给双方的需要也希望该地区恢复非战非和的状态。英国虽然在1992年签署了欧洲安全委员会成员国禁止向阿塞拜

---

① "Armenians in France Plead for Nagorno-Karabakh Intervention," https://www.dw.com/en/armenians-in-france-plead-for-nagorno-karabakh-intervention/a-55335674.

② Phil Gamaghelyan, "Rethinking the Nagorno-Karabakh Conflict: Identity, Plotics, Scholarship," *International Negotiation*, Vol. 15, 2010, p. 46.

③ "Germany Under Pressure to Take Sides in Nagorno-Karabakh Conflict," https://www.dw.com/en/germany-under-pressure-to-take-sides-in-nagorno-karabakh-conflict/a-55364432.

疆和亚美尼亚出售武器的协议，但是根据英国政府的数据显示，英国在2010年便开始向阿塞拜疆和亚美尼亚出售武器。① 此外，欧盟的一些非政府组织也介入其中，通过建立和发展纳卡地区的公民社会来化解两个民族之间的仇恨。

总之，纳卡民族冲突的域外势力各怀鬼胎，以本国或本组织的利益为重，因此只能让局势更加混乱。加之阿塞拜疆和亚美尼亚在新冠肺炎疫情和经济危机的双重打压下，国内矛盾不断，两国均有转嫁国内矛盾之意。

2.5 冲突延续的当前

2020年9月27日纳卡民族冲突的爆发，造成上千人伤亡，其中包括100多名平民。② 11月10日，亚美尼亚总理尼科尔·帕希尼扬（Nikol Pashinyan）在社交平台上宣称"基于目前军事力量的考虑，他与阿塞拜疆和俄罗斯签署了和平协定"。几个小时之后，阿塞拜疆总统阿利耶夫和俄罗斯总统普京发表了签署协议的电视讲话。亚美尼亚总理虽宣称此次冲突没有失败也没有胜利，但协议的签署却招致国内民众的不满，宣称总理尼科尔背叛了亚美尼亚，因为亚美尼亚失去了对纳卡地区的军事控制权。阿塞拜疆认为自己是胜利的一方，因为他们彻底扭转了1994年停火以来的军事劣势的局面，协议中还规定允许阿塞拜疆重新夺回1988—1994年纳卡民族冲突中失去的土地。俄罗斯和土耳其也借机进一步扩大了在纳卡地区的影响，协议允许俄罗斯驻扎一支2000人组成的维和部队。③

---

① Murray Jones, "UK Approved Arms Exports to Armenia and Azerbaijan," *Action on Armed Violence*, October 14, 2020.

② Thomas de Waal, "Great-Power Politics Is Back," *The New York Times*, Nov. 11, 2020.

③ Alex Ward, "The Surprising Armenia-Azerbaijan Peace Deal Over Nagorno-Karabakh, Explained," *Vox Media*, Nov. 10, 2020.

停火协议虽再次签署,但是纳卡民族冲突的病灶并没有清除。正如1994年签订的停火协议一样,停火仅仅实现了冲突和解的第一步。首先,此次停火协议的签订并没有顾及冲突双方民众的感受。亚美尼亚民众冲击议会,打伤议员、大骂总统便是例证。其次,此次停火协议没有顾及纳卡地区精英以及民众的感受。由亚美尼亚人占领的纳卡地区在长期自治的环境下已经形成了一股强大的力量,这股力量对亚美尼亚的政治局势具有较大影响。因此,罔顾纳卡地区精英和民众诉求的停火协议难以持久。正如纳兹宁·巴尔马(Naazneen H. Barma)通过比较柬埔寨、东帝汶、阿富汗等国家的民族冲突治理时所发现的,民族冲突治理在阿富汗等国家失败的根本原因是没有顾及冲突地区地方精英的诉求。① 最后,涉外势力以自身国家利益为重的根本局面没有改变。纳卡地区、亚美尼亚、阿塞拜疆成了域外大国博弈的砝码,增加了冲突的不确定性。菲利普·坎里夫(Philip Cunliffe)也曾指出没有责任的国际权力是冲突后民族国家建构失败的主要原因。②

3 大国权力兴衰与族群冲突:乌克兰危机（2014年至今）

苏联解体给世界带来了巨大影响,国际格局也发生了巨大改变——两极格局变为一超多强的格局。俄罗斯也从昔日神坛上走下,成为一个区域性大国,再也难以成为西方,特别是西欧的威胁。这一变化深刻影响着中亚、东欧、东南欧诸国的族际关系。一方面这些国家通过民族自决成为新的民族国家,一方面为了摆

---

① Naazneen H. Barma, *The Peacebuilding Puzzle: Political Order in Post-Conflict States*, Cambridge: University Printing House, 2017, pp. 22-27.
② Philip Cunliffe, "Sate-building: Power without Responsibility," in Aidan Hehir and Neil Robinson ed., *State-building: Theory and Practice*, New York: Routledge, 2007, pp. 50-69.

脱苏联帝国的影响而向欧盟靠拢，接受其制度安排、人权规定、经济发展模式等要求，以实现西化。与此同时，欧盟基于地缘战略、油气资源等的经济利益和自由民主的政治价值需求等原因，积极助推他们加入欧盟。① 随着政治空间和地缘战略的逐步压缩，俄罗斯这一区域大国也日益不满。在两者的较量中，族群因素成为两者较量中的砝码，加之自身国内的种种危机，酿成了一系列族群冲突，如2014年爆发的乌克兰危机便是其中之一。

3.1 乌克兰族群状况与民族国家建构

乌克兰这片土地上从石器时代就有人类生活的迹象。早在一千多年前，斯基泰人、萨尔马特人、斯拉夫人等就在这片土地上繁衍生息。乌克兰人作为斯拉夫人的后裔，其历史可追溯到9世纪时期的古罗斯国家。到10世纪中叶，基辅罗斯成为当时欧洲最发达的地区之一，也成为东斯拉夫文明的开端。从10世纪末到11世纪30年代是基辅罗斯的鼎盛时期。这一时期，基辅罗斯接受了拜占庭东正教，修订了《罗斯法典》，建立了国家杜马和维彻（市民大会）制度，在经济、政治、文化、社会制度、外交等方面成就非凡，成为当时欧洲实力强劲的国家。基辅罗斯由于选择了基督教因此与欧洲联系逐步加强，而与信仰伊斯兰教的中东联系较弱，由于选择了东正教，东斯拉夫人与其西部的天主教国家便有所隔离。② 东正教的信仰选择对乌克兰的民族认同和宗教认同影响深远。到了12世纪下半叶，蒙古鞑靼人攻入基辅，基辅罗斯开始分为东北部的苏兹达尔—弗拉基米尔公国和西南部的加利奇—沃伦公国。加利奇—沃伦公国时期，其统治者丹尼洛大公为了摆脱蒙古鞑靼的统治，一方面寻求罗马教皇的帮助，另一方面积极与波兰和匈牙利建立友好关系，融入中欧的政治生

---

① 参见 Judith G. Kelly, *Ethnic Politics in Europe: The Power of Norms and Incentives*, Princeton and Oxford: Princeton University Press, 2006, pp. 163-174.

② [美]保罗·库比塞克：《乌克兰史》，颜震译，中国大百科全书出版社2009年版，第25页。

活。这对保持乌克兰领土完整和政治、文化认同的一致性起到了重要作用。同时这一时期形成的向西精神对今天乌克兰的东西地域认同分化也有影响。14世纪初期至17世纪中期，乌克兰被立陶宛大公国、波兰王国、波兰—立陶宛王国所统治，其建立独立自主国家的历程被中断。波兰、立陶宛时期的统治对于当代乌克兰的西方化道路产生了一定的影响，特别是在政治制度、宗教文化等方面拉近了乌克兰与西方的关系。16世纪和17世纪，乌克兰开启了它的哥萨克时代。最初，乌克兰哥萨克主要是生活在边境草原荒凉地带的乌克兰农民、底层小市民，后来在抵御土耳其的过程中，逐渐成为特殊的社会阶层和社会现象。1648年，在波格丹·赫梅利尼茨基领导下，哥萨克人发动了反对波兰—立陶宛王国王权的大起义，最终在1654年签署了《佩列亚斯拉夫协议》。自此，波兰哥萨克人获得较大的自治权，让哥萨克盖特曼政权成了一个自治的政治实体。哥萨克人和他们不断抗争，追求自治、自由的哥萨克精神对于乌克兰的民族认同感具有深远的意义。17世纪最后几十年，莫斯科人将乌克兰东部纳入自己的统治之下。在彼得一世时期，哥萨克统领被废除，叶卡捷琳娜二世时，乌克兰成为俄罗斯帝国之下的三个省份。在俄罗斯帝国罗曼诺夫的专制政体、东正教信仰和民族的影响下，此时的乌克兰民族运动出现了乌克兰路线、亲波兰路线和亲俄路线三种倾向。直到1917年"二月革命"的爆发，建立独立统一的乌克兰国家又再次成为乌克兰民族信念的核心。在俄罗斯帝国统治乌克兰东部的时期，乌克兰西部却在哈布斯堡王朝统治之下，在长期的被统治和抗争中，西部乌克兰人深受西方政治模式和文化的影响，国家认同观也更偏于西化。[①] 之后，乌克兰作为东欧国家，于1922年加盟苏联共和国。1991年乌克兰最高苏维埃以346票赞成1票

---

① 张艳波：《当代乌克兰国家认同问题研究》，北京外国语大学，博士学位论文，2021年，第27—55页。

反对，宣布成为独立民族国家。① 乌克兰东部与俄罗斯接壤，北部与白俄罗斯和俄罗斯交界，南部濒临黑海，西部与波兰、罗马尼亚、匈牙利、摩尔多瓦和斯洛伐克毗邻，是亚洲与欧洲重要的商贸要道和移民通道，上千年来不同族群的人民居住于此，形成了族群成分复杂的局面。乌克兰人是其主体族群，约占总人口的73%，主要分布于国家西部和北部，主要信仰乌克兰正教和天主教，其中40%的乌克兰人说乌克兰语，33%—34%的乌克兰人说俄罗斯语；② 俄罗斯族约占总人口的22%，主要分布于乌克兰东部和各大城市，其中黑海岸的克里米亚也是俄罗斯人集中分布区，信仰东正教莫斯科教宗，操俄罗斯语；剩下的5%居民由9个（喀尔巴仟—鲁森人、白俄罗斯人、保加利亚人、匈牙利人、摩尔多瓦人、波兰人、罗马尼亚人、犹太人）不同的族群构成，这9个族群的人口均超过10万，其中还有至少诸如乌兹别克人、哈萨克人、阿塞拜疆人、鞑靼人等十几个更小的族群。③

独立后的乌克兰在保持与俄罗斯和白俄罗斯紧密的经济关系的同时，也开始积极地向西欧靠拢。一方面引入西方市场经济体制，加强与西欧的经贸往来，并为加入欧盟而努力；另一方面在民族主义的影响下，积极地排除苏联帝国的影响，主动接受西欧的政治价值和制度模式。④ 但多年之后，乌克兰并没有实现完整的民族国家建构，也没有摆脱俄罗斯的影响。

其一，国家认同建构任重道远。首先，东西文化的分裂，致其去除书写政治影响的难题无法完成。乌克兰的历史就是一部争

---

① Seamus Dunn and T. G. Fraser, *Europe and Ethnicity: World War I and Contemporary Ethnic Conflict*, London: Routledge, 1996, p. 110.

② Anna Fournier, "Mapping Identities: Russian Resistance to Linguistic Ukrainisation in Central and Eastern Ukraine", *Europe-Asia Studies*, Vol. 54, No. 3, 2002, p. 419.

③ [美] 戴维·莱文森：《世界各国的族群》，葛公尚、于红译，中央民族大学出版社2009年版，第157页。

④ Zoltan Barany and Robert G. Moser, *Ethnic Politics After Communism*, Ithaca and London: Cornell University Press, 2005, pp. 108-139.

取独立的历史。9世纪时,乌克兰属于基辅罗斯公国,后在13世纪基辅罗斯公国被蒙古征服,归为金帐汗国,只有西南边陲的一小地带保持了独立,并称为乌克兰。1569年乌克兰被波兰合并,1667年又被波兰和莫斯科公国瓜分。在一战期间一度独立,但好景不长,1921年西乌克兰又被归属波兰,1939年德国入侵波兰后,西乌克兰又归属苏联。1991年获得了独立,然而由于历史上长期的东西分裂致使乌克兰东西部文化认同差异明显。① 由于历史的隔绝状态,致使乌克兰不同民族的分布呈现东西明显的地域特征,乌克兰族主要位于乌克兰的西部地区,而俄罗斯族则主要分布在东部与南部地区。从文化的角度看也大致呈现出东西特征。乌克兰西部地区的全部居民和乌克兰中部的大部分农业居民多以乌克兰语为母语。分布在第聂伯河沿岸的一些城市,以及亲俄色彩十分强烈的斯洛博达乌克兰(俄乌混居地区,包括顿涅茨克、卢甘斯克、哈尔科夫、苏梅州的东部)和波列西耶的村镇的乌克兰族人从童年时期就开始说俄语、接受俄罗斯文化熏陶。此外还有主要分布在乌克兰东部的母语为俄语,接受俄罗斯文化教育的俄罗斯族人。独立后的乌克兰,东部以及部分南部居民始终保留着苏联政治文化的一些特点,认可俄语作为第二国语的重要性,在国家独立初期他们反对进行市场化改革,大多数主张与俄罗斯之间保持紧密合作或加入一体化进程,并对乌克兰加入北约表示反对。尽管乌克兰在构建国家认同的现实努力中,希望彻底去除这种历史书写中的认同,然而盲目嫁接的美欧式民主,却为各派势力的竞选回溯历史、打民族牌提供了场域。最终造成乌克兰在东西文化中的左右摇摆,历史书写的政治,如影随形,难以去除。例如,对于乌克兰西部地区来说,"乌克兰认同"意味着抵御俄罗斯文化,从而使乌克兰文化得以繁荣发展。在西部地区,创造一个与俄罗斯对立的乌克兰是进入欧洲的"正确的文明的选择"。对于乌克兰东部和南部地区来说,乌克兰应该是一个

---

① 参见王军《乌克兰危机的民族政治解读》,《国际安全研究》2014年第4期。

与俄罗斯非常接近的独立国家。东部和南部地区的乌克兰人不希望加入俄罗斯，但也不愿意被强迫放弃俄罗斯文化，以便成为忠诚的乌克兰人，他们希望乌克兰是独立的个体，但是如果必须在与北约和欧盟结盟还是与俄罗斯结盟之间做出选择，他们更倾向于后者。①

其次，国家认同建构过程中的主体民族主导与国族主导的对立，致使民族间张力扩大。乌克兰的政治领袖在国族的建构过程中，以极端现代主义的思想，将主体民族国家化，即在法律上确立乌克兰族为主体民族，以乌克兰语为第一官方语言，以乌克兰族文化为主体建设国族文化。这种建设方式让俄罗斯族等其他族群极为不满，为俄罗斯族与乌克兰族的文化、政治冲突埋下了隐患。

最后，在欧盟化的过程中，为完成哥本哈根标准中关于自由民主制度等的要求，强行推行市场自由化，致使社会文化摇摆于自由主义和民族主义之间，加之苏联历史遗产的影响，形成了相互冲突的价值观。② 这样乌克兰的国家认同建构，犹如万里长征刚拉开的序幕，仍任重而道远。

正如斯蒂芬·舒尔曼教授指出，"乌克兰实质意义上的国家认同并不存在，而是被乌克兰族认同和俄罗斯族认同所分裂，其中乌克兰族的国家认同较强"。③ 这种族群认同高于国家认同的状况表现有三：国家无法调和乌克兰族和俄罗斯族民族认同间的张力，难以将其整合为统一的国家认同。长期生活在乌克兰东部的俄罗斯族在语言、宗教和文化上与乌克兰族迥然不同，此外作为跨界民族又深受俄罗斯的影响，所以，对俄罗斯的民族认同远强

---

① 张艳波：《当代乌克兰国家认同问题研究》，北京外国语大学，博士学位论文，2021年，第69—77页。

② 参见郭洁《战后东欧政治发展研究》，九州出版社2013年版；Zoltan Barany and Robert G. Moser, *Ethnic Politics after Communism*, Ithaca and London: Cornell University Press, 2005。

③ Stephen Shulman, "The Contours of Civic and Ethnic National Identification in Ukraine", *Europe-Asia Studies*, Vol. 56, No. 1, 2004, pp. 35-56.

第 4 章 大国权力兴衰与族群冲突

于国家认同。作为国家认同重要维度的文化认同在乌克兰也没有形成。如上所述,虽然多数乌克兰人信奉的是东正教,不过由于历史上长期的东西分裂,致使它们文化差异明显。① 人口较少民族也存在着各种不同的认同问题。第二次世界大战后,斯大林根据对苏联的忠诚程度将民族分为三六九等,其中伏尔加的日耳曼人,克里米亚的鞑靼人、车臣人、印古什人、卡拉恰伊人、巴尔卡尔人和卡尔梅克人因叛国罪被流放出境。② 于 1944 年被迁往中亚的这部分鞑靼人逐渐回流到克里米亚地区,但如何解决和安置这些没有国籍,而又拥有强烈族群认同的人,成为国家的又一难题。

其二,竞争性民主制度将族群界线制度化,加剧了族群竞争的政治化。苏联解体后,乌克兰这些原共产主义国家由于受到冷战思维的影响,多选择了竞争性民主制度。③ 然而这种带有种族中心主义的竞争性民主制度,需要强大的国家能力和国家认同为基础,否则会造成政治失序,④ 这种失序的政治会加剧族群竞争。⑤ 如上所述,乌克兰东西分裂的国家认同,竞争性民主制度将这种族群界线制度化,让政治沿着族群分裂的界线进行,生活在西部的乌克兰族在选举中多会选择亲西方的候选人,东部选民则会选择亲俄候选人。如 2010 年的总统大选,季莫申科得到中西部选民支持,亚努科维奇则得到东部的力挺。⑥

---

① 参见王军《乌克兰危机的民族政治解读》,《国际安全研究》2014 年第 4 期。
② [法]埃莱娜·卡·唐科斯:《分崩离析的帝国:苏联国内的民族反抗》,烯文译,新华出版社 1982 年版,第 186—215 页。
③ 参见高飞《分裂与动荡:乌克兰难以下咽的"民主化"苦果》,《求是》2014 年第 11 期。
④ 参见[美]塞缪尔·亨廷顿《变革社会中的政治秩序》,李盛平等译,华夏出版社 1988 年版。
⑤ James Kurth, "Religion and Ethnic Conflict——In Theory", *Orbis*, Vol. 45, No. 2, 2001, pp. 281-294.
⑥ 况腊生:《乌克兰危机警示录:和平发展道路中的战争准备》,国防工业出版社 2016 年版,第 18 页。

其三,国家与社会关系失调。独立后的乌克兰并没有处理好国家与社会间的关系。在刚脱离苏联不久,乌克兰也采用了休克疗法,体现在社会上便是自由化思想的盛行,这样各种社会组织得以建立,社会力量得以发展。然而国家能力弱小和国家认同较差的乌克兰却难以满足日益增长的社会力量的政治诉求,随着诸如顿涅茨集团、基辅集团以及第聂伯彼得罗夫斯克集团的寡头集团的形成与强化,寡头通过组建政党,推举、控制政治代理人,进而掌控国家政治、经济命脉。这让国家自主性难以为继,国家沦为社会干预,把控强人的工具。

可见,多族群的乌克兰在独立后,并没有很好地实现族群关系的和谐。不当的民族国家建设,为族群冲突埋下了隐患。

3.2 乌克兰危机过程及内部治理

为应对种种国内危机,乌克兰对内开启民主与现代化转型,对外希冀加入欧盟。民主转型要以完整的国家认同,① 和国家具有确保民主有效运转能力为基础,② 显然乌克兰并不具备。这种强势的转型,给乌克兰带来危机也便在情理之中。总统亚努科维奇在 2013 年 11 月 21 日放弃签署《欧盟—马克兰联合协定》的前身,即《欧乌结盟协议》,这成为危机的直接原因,随后克里米亚公投,民族分离主义运动高涨。从亚努科维奇弃签订《结盟协议》,到"二月政变"、克里米亚公投和乌东局势恶化,从西欧全面制裁俄罗斯到俄罗斯反制裁,从默克尔、奥朗德、波罗申科与普京签订《明斯克协议》,再到美国总统奥巴马宣称俄罗斯为美国三大威胁之一,剧情犹如过山车般,跌宕起伏、高潮迭起。③

---

① Dankwart A. Rustow, "Transitions to Democracy: Toward a Dynamic Model", *Comparative Politics*, Vol. 2, No. 3, 1970, p. 350.

② 参见[美]塞缪尔·P. 亨廷顿《变化社会中的政治秩序》,王冠华等译,生活·读书·新知三联书店 1996 年版。

③ 陈宇、韩奕琛:《浅析乌克兰危机对俄罗斯的影响》,《国际研究参考》2014 年第 12 期,第 44 页。

面对此种危机，乌克兰政府由于经济落后、政治腐败以及缺乏治国经验等原因，无法及时将其化解。究其内部原因是乌克兰国家能力的弱小，主要体现如下。

第一，政治共同体运行能力差。政治共同体运行能力主要包括制度化的官僚、依法治理、政府汲取和分配资源的能力。制度化的官僚需具备专业化分工、等级制、对法理化规则的遵从以及非人格化特征，① 并要有高度适应性、复杂性、自主性和内聚力。② 汲取能力主要包括财政能力和人力资源能力。③ 资源汲取之后，政府还要具备依靠法制来公正、合理地分配资源的能力。官僚化的行政体制在乌克兰是完整的，但在寡头的操纵下，政治腐败，国家治理难以真正发挥作用，沦为少数人攫取利益的工具。

第二，促进经济发展能力差。乌克兰和苏联解体后的其他国家一样，也采取了以"价格自由化、私有化和全面紧缩货币政策"为主要内容的休克疗法。但效果不佳，经历了1991—1999年这9年的经济停滞。反省后，于2000年开启"欧洲梦"，希望以加入欧盟来带动经济的发展。但乌克兰在能源上依赖俄罗斯，在贸易上又依赖俄罗斯和欧盟，致使其发展极其困难。

在这种局面下，危机只能逐步升级，随着国内势力分裂的加剧，各派系向外寻求支持。域外势力基于地缘战略、跨界族群、经济利益等考虑，开始介入，使乌克兰危机国际化。

3.3 国外势力介入：乌克兰危机国际化

乌克兰总统亚努科维奇于2013年11月21日宣布暂停与欧盟签署联系国协定和全面深化的自由贸易协定，并倒向俄罗斯，从

---

① 参见［德］马克斯·韦伯《支配社会学》，康乐、简惠美译，广西师范大学出版社2010年版。
② ［美］塞缪尔·P. 亨廷顿：《变化社会中的政治秩序》，王冠华等译，生活·读书·新知三联书店1996年版，第11—22页。
③ ［美］拉克曼：《国家与权力》，张昕译，上海人民出版社2013年版，第52页。

而引发亲欧势力的不满，引发了危机。在亲欧势力的巨压下，亚努科维奇不得不让步，并签署了危机解决协议。但这并没能阻止抗议活动的继续，亚努科维奇逃离基辅，随后反对派上台。这引发了东部亲俄势力的不满，他们于2014年3月16日举行了入俄公投，18日俄罗斯总统普京宣布克里米亚独立，随后加入俄罗斯。克里米亚公投带来了连锁效应，哈尔科夫、卢甘斯克和顿涅茨克相继要求公投，乌克兰面临分裂危险，各方势力公开介入，乌克兰危机国际化。

2021年3月，乌克兰总统弗拉基米尔·泽连斯基部署军力，与东乌亲俄势力交火不断。同时，俄罗斯陈兵十余万于俄乌边境。北约也部署了约4000名士兵于爱沙尼亚、立陶宛、拉脱维亚和波兰。2022年2月24日，俄乌战争全面爆发。随后，北约、欧盟、联合国、七国集团、美国、英国、法国、德国、白俄罗斯、车臣等国际势力纷纷介入，致使俄乌战争日趋复杂和激烈。

乌克兰危机的国际化与其内部的派系争斗不无关系。在乌克兰的私有化过程中产生的寡头集团中，包括寡头阿赫梅托夫和菲尔塔什，以金融、冶金、能源和商业为其主要经营活动，主要依赖俄罗斯的能源和市场。如前文所述，乌克兰东部又多为亲俄族群。因此在政变发生之后，东部势力开始向俄罗斯求助，俄罗斯基于欧盟对其战略空间的压缩和克里米亚黑海海港的战略位置等因素的考虑，也积极介入。生活在中西部地区的乌克兰语族群，多从事农业和服务业，主要依赖西欧市场。在这些因素的共同作用下，生活在西部的乌克兰人逐步形成了亲欧势力。在俄罗斯势力介入之后，亲欧的当权政府向西欧和美国寻求帮助，使国内危机进一步的国际化。

总之，乌克兰这个曾经的苏联第二大加盟共和国，在独立后开启了现代化、民主化的过程，然而在国家认同、国家能力以及民族国家建设方式等方面的不足，致使其国内的亲欧势力与亲俄势力围绕国家权力不停地争斗，你方唱罢我登场，危机重重。当危机来临之后，无力化解的国内力量便招致国外势力的介入。

4 小结

大国兴衰乃其发展之规律，1500—2000 年的 500 年间，多少大国兴亡更替，执掌国际权力之牛耳转瞬即逝。[①] 大国兴衰带来国际秩序变迁，也影响着国际社会的稳定与发展。本章在此逻辑基础上，从族群层面考察了大国兴衰对族群冲突的影响。

以苏联这一两极格局下的一极的解体为例，分析了它的解体对于原苏联加盟共和国族群关系的影响。概括地讲，苏联解体给族群冲突带来三个方面的影响。其一，苏联解体致使各个加盟共和国民族主义的复兴，纷纷建立了独立的民族国家，尽管这一影响是一个相互的过程，但民族主义复兴的事实是客观存在的。其二，苏联解体后在国内出现的权力真空，致使族群竞争加剧，其中阿塞拜疆和亚美尼亚的族群冲突便是如此。卡拉巴赫这一地区的亚美尼亚人虽然一直有独立的诉求，但在整个苏联时期，亚美尼亚人只能通过向苏联当局提案的方式，要求卡拉巴赫地区加入亚美尼亚。卡拉巴赫地区的族群冲突始于苏联解体前期的势力下降，苏联解体后开始全面升级，之后俄罗斯等国外势力的介入，将其进一步的国际化。其三，苏联的解体打破了区域势力的平衡，欧盟这一区域势力乘虚而入，不断东扩以压缩俄罗斯的生存空间。与此同时，急于摆脱俄罗斯影响的后苏联国家也积极地"脱俄入欧"。在俄罗斯与欧盟的争夺中，一些民族国家建设不完整的国家，尤其是族群认同强于国家认同、国家能力弱小的国家，出现了族群冲突。其中乌克兰危机便是，乌克兰由于其重要的战略位置成为欧盟和俄罗斯争夺的对象，而其国内恰好又有西部亲欧和东部亲俄势力之争，在恰当的时机族群冲突便在所难免，国际势力也会纷至沓来。

[①] 参见［美］保罗·肯尼迪《大国的兴衰：1500—2000 年的经济变迁与军事冲突》，陈景彪等译，国际文化出版公司 2005 年版。

第 5 章　国际秩序转型与欧美种族（族群）冲突[*]

近年来，西方社会频频受到白人极端主义事件的威胁，如 2011 年造成 77 人死亡的挪威恐怖袭击案，2016 年造成 7 人死亡的德国慕尼黑枪击案，2018 年造成 11 人死亡的美国匹兹堡枪击案，2019 年造成 51 人死亡的新西兰克赖斯特彻奇枪击案和造成 24 人死亡的美国得克萨斯州枪击案，2021 年造成 8 人死亡的美国亚特兰大枪击案和造成 9 人死亡的印第安纳波利斯枪击案，等等。与此同时，新的白人极端组织不断涌现。21 世纪以来，先后有 51 个较大规模的白人极端主义组织在欧美国家成立，并得到越来越多民众的支持。美国的 3K 党和雅利安组织、英国的英格兰防卫联盟、法国国民阵线、希腊的金色黎明组织、意大利的北方联盟等传统的白人极端主义组织有关反对难民、穆斯林和犹太人等非白人群体的言论和行为频出，活动日益猖獗。数量众多的白人极端主义事件在带来大量人员伤亡和社会恐慌的同时，也给国际社会安全带来极大挑战。有资料显示，"9·11" 事件以来，在美国因白人极端主义事件而死亡的人数远多于因极端宗教主义

---

[*] 本章主要内容以《论白人至上种族主义因素对国际秩序的影响》发表于《民族研究》2021 年第 5 期。

第 5 章 国际秩序转型与欧美种族（族群）冲突

事件死亡的人数。① 而且白人极端主义组织的国际联系日益紧密，诸如英国战斗 18（Combat 18）、美国锤皮国家组织（Hammerskin Nation）、法国代际身份组织（Generation Identity）在十几个国家都有分支，且不同的白人极端主义组织间的国际联系日益加强。与此同时"美国第一""英国第一""意大利第一"等白人至上的外交言论和政策也一直不断，可见白人极端主义在白人国家内部和国际社会同步复燃。

目前学界就白人极端主义复燃的原因有四种解释。一是经济因素。2008 年国际金融危机以来，欧美国家的白人劳工阶级的失业率持续增高，而他们将失业归罪于非白人群体"抢占"了他们的工作职位，对其加大排斥和反对。② 二是政治因素。近年来欧美国家政治的右倾化③给白人至上主义提供了政治养分，加剧了白人群体与非白人群体之间的矛盾。④ 三是文化因素。多元文化

---

① 注：自"9·11"事件至 2016 年，美国发生了极端宗教主义事件 31 起，造成 119 人死亡，右翼极端主义事件 89 起，造成 158 人死亡。Tore Bjørgo, Jacob Aasland Ravndal, "Extreme-Right Violence and Terrorism: Concepts, Patterns, and Responses", ICCT Policy Brief, September 23, 2019, https://icct.nl/app/uploads/2019/09/Extreme-Right-Violence-and-Terrorism-Concepts-Patterns-and-Responses-4.pdf。

② 参见 Manuel Funke, Moritz Schularick, Christoph Trebesch, "Going to Extremes: Politics after Financial Crises, 1870-2014", *European Economic Review*, Vol. 88, Issue C, 2016, pp. 227-26; Antonis Klapsis, "Economic Crisis and Political Extremism in Europe: From the 1930s to the Present", *European View*, Vol. 13, Issue 2, 2014, p. 194; Justin Gest, *The New Minority: White Working Class Politics in an Age of Immigration and Inequality*, New York: Oxford University Press, 2016, pp. 173-187。

③ Nora Langenbacher, Britta Schellenberg, *Is Europe on the Right Path? Right-wing Extremism in Europe*, Berlin: Friedrich Ebert Stiftung Forum Berlin, 2011, pp. 11-25。

④ 参见 Joshua Inwood, "White Supremacy, White Counter-revolutionary Politics, and the Rise of Donald Trump", *Environment and Planning C: Politics and Space*, Vol. 37, Issue 4, 2019, pp. 579-596; Henry A. Giroux, "White Nationalism, Armed Culture and State Violence in the Age of Donald Trump", *Philosophy & Social Criticism*, Vol. 43, Issue 9, 2017, pp. 887-910; George F. McHendry, Jr., "White Supremacy in the Age of Trump: An Introduction to a Special Issue of the Journal of Contemporary Rhetoric", *Journal of Contemporary Rhetoric*, Vol. 8, No. 1/2, 2018, pp. 1-5。

主义的失效导致白人身份政治的兴起，白人群体开始强调白人身份的至上性。① 四是恐怖主义事件。恐怖主义加深了基督教徒与非基督教徒之间的矛盾和冲突②。不过这些解释在一定程度上缺乏国际性。在全球化日益深化的时代，国内政治与国际政治越来越密不可分，白人极端主义在国内外的复燃与其国内的种族主义政治和国际上的种族主义秩序密切相关。因此，国际性的分析视角对厘清白人极端主义的发展脉络不可或缺。本章通过梳理种族主义对不同历史时期国际秩序的影响，探究白人极端主义产生的历史性、结构性和国际性原因，从而提供对白人极端主义全面、深入的综合性解读。

1 国际种族秩序与白人极端主义

国际秩序是国际行为体在一段时间内依照其在国际社会中的权力位置所形成的国际格局和国际规范，具有稳定性与变革性、共时性与阶段性、竞争性与共生性兼备的复合性特征。③ 国际秩序种类繁多，有古典城邦秩序、帝国秩序、威斯特伐利亚秩序、维也纳秩序、凡尔赛秩序、雅尔塔秩序、美国自由主义国际秩序

---

① 参见 Martell Teasley and Edgar Tyson, "Cultural Wars and the Attack on Multiculturalism: An Afrocentric Critique", *Journal of Black Studies*, Vol. 37, No. 3, 2007, pp. 390-409; Irene Bloemraad, " 'Utter Failure' or Unity out of Diversity? Debating and Evaluating Policies of Multiculturalism", *International Migration Review*, Vol. 48, No. 1, 2014, pp. 292-334。

② 参见 Caroline Mala Corbin, "Terrorists Are Always Muslim but Never White: At the Intersection the Intersection of Critical Race Theory and Propaganda", *Fordham Law Review*, Vol. 86, Issue 2, 2017, pp. 455-485; Sulome Anderson, "The Twin Hatreds: How White Supremacy and Islamist Terrorism Strengthen Each Other Online-and in a Deadly Cycle of Attacks", *The Washington Post*, March 22, 2019。

③ 参见董贺、袁正清《中国国际秩序观：形成与内核》，《教学与研究》2016年第7期；李巍、罗仪馥《从规则到秩序——国际制度竞争的逻辑》，《世界经济与政治》2019年第4期。

第 5 章　国际秩序转型与欧美种族（族群）冲突

的线性划分；① 有欧洲秩序、伊斯兰秩序和亚洲秩序的文明之别；② 有东方国际秩序和西方国际秩序的意识形态之痕。③ 当然也有基于种族主义的国际秩序划分。罗伯特·维塔利斯在《白人世界秩序，黑人权力政治：美国国际关系的诞生》一书中提出了白人世界秩序的概念，④ 托马斯·多纳休-奥乔亚在《所有人的不自由：世界的不公正如何伤害你》一书中便提出了国际种族秩序的概念。⑤

国际种族秩序是指由白人国家（White State）⑥ 基于种族主义的意识形态和实践而建构的一系列国际制度和国际规范，主要由国际种族结构和国际种族主义意识形态构成。国际种族结构指新航路开辟以来，葡萄牙、西班牙、荷兰、法国、英国等老牌的殖民者通过资本主义、殖民主义以及白人至上等方式所建立起来的一种稳定的结构。第一次世界大战后，美国也成为白人至上俱乐部的一员。这种结构呈金字塔状，顶端是白人主导的西欧各国

---

① 参见高程《从规则视角看美国重构国际秩序的战略调整》，《世界经济与政治》2013 年第 12 期；赵可金《从国际秩序到全球秩序：一种思想史的视角》，《国际政治研究》2016 年第 1 期；王赫奕、金灿荣《软实力视阈下美国自由主义国际秩序的构建机理与问题分析》，《教学与研究》2020 年第 1 期。

② [美] 亨利·基辛格：《世界秩序》，胡丽平等译，中信出版集团 2015 年版，第 9—18 页（序言）。

③ 唐世平：《国际秩序变迁与中国的选项》，《中国社会科学》2019 年第 3 期。

④ Robert Vitalis, *White World Order, Black Power Politics: The Birth of American International Realtions*, Cornell University Press, 2015, pp. 1-24.

⑤ Thomas J. Donahue-Ochoa, *Unfreedom for All: How the World's Injustices Harm You*, Oxford: Oxford University Press, 2019, pp. 182-210.

⑥ 注：白人国家是指白人占人口多数且崇尚白人至上种族主义的国家，如西欧各国、美国、加拿大、澳大利亚、新西兰、南非共和国等国家。参见 Moon-Kie Jung, Joao H. Costa Vagas, and Eduardo Bonilia-Silva, *State of White Supremacy: Racism, Governance, and the United States*, Palo Alto: Stanford University Press, 2011.

和美国，底端是北非、撒哈拉以南非洲以及南亚国家和地区。①

国际种族意识形态是指白人殖民者利用科学种族主义、社会达尔文主义以及基督教原教旨主义将人分为不同的等级，认为白人是文明、开化的代表，是上帝的选民，非白人群体特别是黑人群体、土著人则为野蛮的、未开化的代表。借此将非白人群体去人格化，以便为白人殖民者的奴隶贸易、殖民扩张和种族屠杀提供"正当性"。国际种族主义意识形态为白人国家提供了思想基础和精神支持，给他们的种族主义行为披上了宗教救赎的外衣。在这种思想和行动的过程中国际种族主义结构逐渐形成，并反过来巩固着种族主义意识形态。两者相辅相成逐渐形成了一定时期内稳定的国际种族秩序。

1.1 国际种族秩序的动力

有学者称，"种族是现代世界体系形成的基础力量"。② "种族主义作为未被提及的政治系统造就了当今的世界"。③ 然而，国际种族秩序不是飞来物，它的产生源自三种动力。第一种是资本主义。资本主义的原始积累和发展需要更多的市场、资源和劳动力，资本主义将劳动者变成了在劳动力市场上自由买卖的商品。这让一部分人成为马克思主义阶级场域中被剥削的无产阶级，而另一部分人被纳入了种族场域，成为奴隶贸易体系中的奴隶，沦为白人奴役、剥削、买卖的对象。第二种是殖民主义。近代科技的发展为欧洲的殖民扩张提供了条件，而殖民主义扩张所带来的

---

① Michelle Christian, "A Global Critical Race and Racism Framework: Racial Entanglements and Deep and Malleable Whiteness", *Sociology of Race and Ethnicity*, Vol. 5, No. 2, 2019, p. 180.

② Randolph Persaud, and R. B. J. Walker, "Apertura: Race in International Relations", *Alternatives: Global, Local, Political*, Vol. 26, No. 4, 2001, p. 374.

③ Charles W. Mills, *Racial Contract*, Ithaca, NY: Cornell University Press, 1997, p. 1.

第 5 章 国际秩序转型与欧美种族（族群）冲突

土地和资源反过来为欧洲现代化提供了基础。① 为了获取更多的土地和资源，白人殖民者将黑人、土著人妖魔化，并对其进行驱逐和种族屠杀。如美洲的印第安人、大洋洲的毛利人都遭遇过不同程度的种族屠杀。② 第三种是西方文明正统论。白人认为基督教文明是先进的，是凌驾于其他文明之上的。同时，他们将伊斯兰文明、亚洲儒家文明、印度教文明等非西方文明视为威胁。③ 为了消除这种威胁，欧洲白人殖民者一方面在殖民地传播基督教，推行语言、文化以及生活习俗的欧洲化，另一方面警惕并反对其他文明，有时甚至不惜发动宗教战争来消灭其他文明。

在后殖民时代，奴隶贸易和殖民主义已被终结，然而这并没有导致国际种族秩序的结束，殖民者播下的种族主义种子已在全球生根发芽。种族主义之花遍开世界，每个国家都可以在国际种族结构中找到自己的位置。④ 白人发达国家凭借其强大的国际权力，借助种族化新自由主义和反对恐怖主义的利器，为种族主义逻辑在全球的传播推波助澜。⑤ 20 世纪 70 年代世界殖民体系瓦解后，国际经济秩序在新自由主义主导下重塑。在新自由主义的影响下，世界各国相继加入了由白人国家主导的世界贸易组织、世界银行和国际货币基金组织等国际组织。这些国际北部组织（Global North Institution）通过控制外资与外贸，从外部控制了债

---

① Patrick Wolfe, "Settler Colonialism and the Elimination of the Native", *Journal of Genocide Research*, Vol. 8, No. 4, 2006, p. 394.

② Andrea Smith, "Heteropatriarchy and the Three Pillars of White Supremacy: Rethinking Women of Color Organizing", in INCITE! Women of Color Against Violence eds., *Color of Violence: The INCITE! Anthology*, Durham: Duke University Press, 2016, pp. 1–7.

③ Edward Said, *Orientalism*, New York: Vintage Books, 1994, pp. 31–110.

④ Nadia Y. Kim, *Imperial Citizens: Koreans and Race from Seoul to LA*, Palo Alto, CA: Stanford University Press, 2008.

⑤ Vrushali Patil, "On Coloniality, Racialized Forgetting and the 'Group Effect': Interrogating Ethnic Studies' Meta-narrative of Race", *Journal of Historical Sociology*, Vol. 27, No. 3, pp. 361–380.

务政府（国家），而这些国家多数为后殖民地发展中国家。① 正如法耶·哈里森所述，"新自由主义的政策是建立在种族主义的基础上的，目的是进一步巩固国际种族等级结构"。② 白人发达国家还借用战争重塑新的东方（New Orientalist）敌人，例如美国和一些欧洲国家利用军事援助或军事入侵打击和控制阿富汗、伊拉克、叙利亚，在世界范围内掀起了一股伊斯兰恐惧症之风，借反对伊斯兰文明来重塑西方文明。③

1.2 国际种族主义意识形态

种族主义意识形态有三个思想来源。一是基督教原教旨主义思想。基督教原教旨主义认为"白人作为亚当和夏娃的后代是真正的古代以色列圣经部落的后裔，白人才是上帝的选民，所有非白人都是亚当时代以前的低等物种"。④ 16—17世纪，葡萄牙、西班牙在为占领美洲和非洲广大殖民地找寻理论逻辑时便利用了基督教原教旨主义思想。作为正统的天主教国家，他们认为天主教徒是睿智的。天主教徒从异教徒那里夺取土地是其天然职责，因为异教徒违反了基督教法。如果这些异教徒反抗，屠杀他们也理所应当。二是科学种族主义。18—19世纪，以基督教为核心文明的欧洲价值观和意识形态越来越受到科学革命的挑战。因此欧洲知识分子们开始为欧洲的殖民行径寻求科学上的理由，这也成

---

① Lee Wengraf, "Extracting Profit: Imperialism, Neoliberalism and the New Scramble for Africa", *Haymarket Books*, 2018, Chapter 3, https://www.google.com/books/edition/Extracting_ Profit/XN64DgAAQBAJ? hl=en&gbpv=1.

② Faye Harrison, "Global Apartheid, Foreign Policy, and Human Rights", in M. Marable and V. Agard-Jones, eds., *Transnational Blackness: Navigating the Global Color Line*, New York: Palgrave-Macmillan, 2008, p. 26.

③ Nadine Suleiman Naber, "Imperial Whiteness and the Diasporas of Empire", *American Quarterly*, Vol. 66, No. 4, 2014, pp. 1107-1115.

④ Chip Berlet, "Christian Identity: the Apocalyptic Style, Political Religion, Palingenesis and Neo-fascism", *Totalitarian Movements and Political Religions*, Vol. 5, No. 3, 2004, pp. 469-506.

第5章 国际秩序转型与欧美种族（族群）冲突

为现代种族学的开端。1735年瑞典科学家卡尔·林奈（Carl Linnaeus）将人类划分为欧洲人、美国印第安人、亚洲人和非洲人。他认为欧洲人是"聪明的、富有创造性的、法治的"，而非洲人是"狡猾的、懒惰的、散漫的"。① 1776年弗里德里希·布卢门巴赫（Friedrich Blumenbach）将人类划分为高加索人、蒙古人、埃塞俄比亚人、美洲人和马来人。他认为高加索人是最英俊、聪明的，因为他们的头颅最为漂亮，尺寸也最大。因此作为高加索人后裔的欧洲人也便天然有此优点。② 有人称启蒙时代除卢梭以外的所有伟大思想家们都是将欧洲人和非欧洲人对立起来的种族理论的信徒。③ 根据血缘、肤色等看似科学的人种划分，逐渐地被建构为白人至上思想和行为的理论来源。如伊曼纽尔·康德（Emmanuel Kant）认为白人占据着种族理性和道德秩序的最高点，以下依次是黄种人、黑人和美洲土著人。④ 三是社会达尔文主义。1852年赫伯特·斯宾塞（Herbert Spencer）在人口理论中将达尔文的进化论思想运用到社会科学研究中，形成了社会达尔文主义。斯宾塞认为"物竞天择、适者生存"的法则是造就优秀的人、优秀的国家和优秀的种族的自然法则⑤。这为种族主义的意识形态提供了哲学基础。

基督教原教旨主义、科学种族主义和社会达尔文主义为欧洲

---

① George M. Fredrickson, *Racism: A Short History*, Princeton: Princeton University Press, 2002, p. 56.

② Thomas Bendyshe, Karl Friedrich Heinrich Marx, Pierre Flourens, Rudolph Wagner, John Hunter, *The Anthropological Treatises of Blumenbach and Hunter*, London: Anthropological Society, 1865, pp. 65-145.

③ ［法］阿丽亚娜·舍贝尔·达波洛尼亚：《种族主义的边界：身份认同、族群性与公民权》，钟震宇译，社会科学文献出版社2015年版，第17页。

④ Emmanuel Chukwudi Eze, "The Color of Reason: The Idea of 'Race' in Kant's Anthropology", in Katherine M. Faull ed., *Anthropology and the German Enlightenment: Perspectives on Humanity*, Lewisburg: Bucknell University Press, 1995, p. 227.

⑤ Thomas F. Gossett, *Race: The History of an Idea*, Dallas: Southern University Press, 1963, p. 146.

白人国家的殖民扩张提供了思想基础。在这些思想的影响下，白人国家在国际种族结构的建构过程中逐渐形成了白人至上的国际叙事和话语权。① 这主要表现在以下几个方面。

第一，白人人性中心化。白人认为，只有白人才具有人性（Humanity），否认非白人的人性，对非白人进行肉体和精神上的诋毁和折磨。在殖民主义时期，白人对非白人群体极尽暴力之能事。例如1919年在内布拉斯加州的奥马哈市一群白人用火烧死黑人威尔·布朗（Will Brown）便是鲜明的例子。②

第二，白人思想中心化。白人拒绝倾听和承认非白人的经验，并将其边缘化、无声化。对非白人去人性化的认知和行为让白人缺乏对非白人群体的同情。殖民主义时期白人群体通过殖民教育，特别是殖民者的语言文化教育，来破坏非白人群体的语言文化。这一点从当今非洲、南亚、东南亚、大洋洲、美洲等殖民地国家的官方语言多继承于宗主国的语言这一情况中便可窥之一二。殖民体系瓦解之后，白人群体通过限制和排除非白人群体进入学校、出版、杂志等行业的方式来边缘化非白人群体，剥夺他们的话语权。③ 在整个白人至上的叙事体系中，唯有白人的声音得以传递，如世界上最早进行民族主义运动的国家是海地，而不是美国或法国，但在现代民族国家的叙事中却丝毫没有海地民族主义运动的故事。④

第三，白人历史中心化。白人拒绝承认历史上对非白人群体所犯下的罪状，例如在书写欧洲殖民历史时，白人殖民者否认其在殖民时期犯下的罪行。欧洲人认为他们作为希腊文明的继承者

---

① Robin Blackburn, *The Making of New World Slavery: From the Baroque to the Modern, 1492-1800*, London: Verso, 1997, pp. 1-20.

② Michelle Alexander, *The New Jim Crow: Mass Incarceration in the Age of Colorblindness*, New York: New Press, 2011, pp. 1-19.

③ Michel-Rolp Trouillot, *Silencing the Past: Power and the Production of History*, Boston: Beacon Press, 1995, pp. 1-30.

④ Andres Gibbons, "The Five Refusals of White Supremacy", *American Journal of Economics and Sociology*, Vol. 77, Issue 3-4, 2018, p. 742.

第 5 章　国际秩序转型与欧美种族（族群）冲突

和理性思想的发明者，殖民扩张是在传播文明、理性思想和法治思想以造福人类。同时，他们以白人叙事方式来书写历史，譬如爱德华·萨义德在《东方学》中所描述的"东方是非理性的，堕落的，幼稚的，不正常的；而欧洲则是理性的，贞洁的，成熟的，正常的"。①

第四，白人地理空间中心化。白人拒绝共享空间，特别是居住空间，鼓励种族隔离。殖民主义时期，白人殖民者通过驱逐、屠杀等方式掠夺土著人的土地，② 并通过种族隔离制度分割白人和黑人的生活空间。种族隔离制度被废除后，白人一方面利用白人社会、经济地位等优势来延续种族隔离的状态，其结果如同美国城市中的贫民窟的绝大多数居民是黑人；另一方面将住在贫民窟的非白人群体符号化、污名化，认为他们是"懒惰""无知""肮脏"的代名词。③

白人至上的种族叙事和白人至上的思想基础，将种族主义内化为白人的行为规范，在白人国家内部和国际社会中逐渐形成了国际种族主义结构和秩序。

1.3　国际种族主义结构

国际种族主义结构作为国际种族秩序的重要构成部分，广泛表现在政治、经济、制度、文化等各个方面。

第一，国际政治的种族化。600 年前新航路的开辟开启了白人国家的殖民历史。在世界逐渐地被殖民地化或半殖民地化的过程中，世界殖民体系得以形成，等级制的国际政治结构也随之产生。这种国际政治结构富有种族主义性质，因为世界由

---

① ［美］爱德华·W. 萨义德：《东方学》，王宇根译，生活·读书·新知三联书店 2007 年版，第 50 页。

② Anne Bonds and Joshua Inwood, "Beyond White Privilege: Geographies of White Supremacy and Settler Colonialism", *Progress in Human Geography*, Vol. 40, No. 6, 2016, pp. 715-733.

③ Ruth W. Gilmore, "Fata Couplings of Power and Difference: Notes on Racism and Geography", *Professional Geographer*, Vol. 54, No. 1, 2002, pp. 15-24.

欧洲白人国家所控制，殖民地或半殖民地成了他们的附属国或附属地。欧洲白人国家或以直接统治或以分而治之的策略统治着非白人世界。如有日不落帝国之称的大英帝国便构建了世界性政府，非洲、亚洲、大洋洲和美洲都有它的附属国。彼时，无政府状态的国际政治是对白人殖民国家而言的，因为广大的非白人群体在国际组织中既无代表性也无发言权。联合国在一定程度上是欧美帝国种族主义的制度化。如在《联合国宪章》第 22 条中规定的委任统治（Mandate System）便是典型代表。联合国认为被殖民的人民由于缺乏文明，无法在现代社会条件下独立生活，因此需要更为先进和文明的国家进行统治。这样中非、西南非的广大地区便成为欧洲列强托管之地。尽管《联合国宪章》从人权的角度做了很多反对种族主义的规定，但这并没能阻止白人国家的国际种族主义的行径。①

20 世纪 60—70 年代，世界殖民体系在民族解放运动中瓦解。国际社会的种族等级制开始转向非对称性（中心—边缘）的种族主义结构。然而，美国和欧洲的白人国家仍处在世界权力的中心。这些白人国家一是通过建立白人主导的国际制度来控制后殖民地国家，如将后殖民地国家纳入国际人权体系，利用国际人权的西方标准来干预这些国家的内政。② 二是通过制定国际政治规范来约束后殖民地国家，如对西方民主标准的制定和推行。符合西方民主标准的政治体制就是好的，反之则广受诟病，③ 更有甚者被西方强国推翻，美国对阿富汗、伊拉克的军事入侵，法国对利比亚的武装干预，等等，便是例证。三是在后殖民地国家留下

---

① Jayant Bandopadhyaya, "Racism and International Relations," *Alternatives: Global, Local, Political*, Vol. 3, Issue 1, 1977, pp. 26-27.

② 袁正清、李志永、主父笑飞：《中国与国际人权规范重塑》，《中国社会科学》2016 年第 7 期。

③ Samuel Huntington, "How Countries Democratize," *Political Science Quarterly*, Vol. 106, No. 4, 1991, pp. 576-616; Jennifer Gandhi and Adam Przeworski, "Authoritarian Institutions and the Survival of Autocrats," *Comparative Political Studies*, Vol. 40, No. 11, 2007, pp. 1279-1301.

第5章 国际秩序转型与欧美种族（族群）冲突

政治遗毒，让这些国家照搬殖民者的政治制度，为后殖民地国家的种族冲突、种族屠杀埋下隐患。发生在安哥拉（1975—2005）、肯尼亚（2006—2008）、中非共和国（2005—2016）、卢旺达（1996—2002）等国的族群冲突都与此有关。① 四是将种族主义的政治传统和政治文化保留在后殖民地国家，造成这些国家内部政治的种族化。政治制度和民族国家的建构要与政治文化相适应，然而各个国家的政治文化、政治传统有着千差万别，远非公民文化、臣民文化和村民文化的简单分类所能描述和概括，这三种文化在一个国家内部的不同地区可能同时存在。白人殖民者遗留的所谓民主政治文化，带有强烈的种族主义色彩，致使诸如南非的民主在很长时段里只是白人的政治游戏，印度的政治权力也只在高种姓者间轮换。五是利用军事上的依赖性和经济上的敏感性、脆弱性来获取对它们的控制。有些后殖民地国家的军事力量薄弱，国防安全严重依赖白人强国的支持，以致白人强国获得了对这些国家的控制权。② 后殖民地国家的经济敏感性相对较弱，脆弱性较强，难以承受波动，这就给了发达的白人国家控制后殖民国家的便利。③

第二，国际经济的种族化。殖民体系时期，国际经济种族主义结构显而易见，广大殖民地国家是白人宗主国的原料产地、劳动力输出地和商品倾销市场。非白人国家成为白人国家压榨和剥削的对象。殖民体系瓦解之后，国际经济的种族主义结构依然在延续。在中心—边缘结构中，处于中心的白人国家继续剥削处于边缘的非白人群体为主的后殖民地国家。其主要表现如下。一是利用劳动力市场的分割将非白人群体限制在一些工作时间长、劳

---

① 王伟：《西方式民主不是治理族群冲突的良方——新兴民主国家族群冲突不断滋生的机理分析》，《民族研究》2018年第1期。

② David A. Lake, "Anarchy, Hierarchy, and the Variety of International Relations", *International Organization*, Vol.50, No.1, 1996, pp.1-33.

③ [美] 罗伯特·基欧汉、约瑟夫·奈：《权力与相互依赖》，门洪华译，北京大学出版社2004年版，第12页。

动报酬低的职业内。在美国没有废除奴隶制之前,黑人只能在矿井或种植园中从事危险性高、报酬极低的工作。① 农奴制废除后,拥有同样知识水平和技能的非洲裔美国人与白人相比只能够从事一些技术含量较低、劳动报酬低的工作。② 二是利用内部殖民主义将非白人群体内部殖民化,即在特定区域内处于主导地位的白人通过剥削、控制和压制其他种族或民族来维护自身的特权。③ 内部殖民主义是一种不平等的体系,在经济上主要表现为系统性的经济征服(systematic economic subjugation),使非白人群体处于被压榨、剥削的地位。④ "二战"之后,白人主导的美国和西欧等国将内部殖民主义的逻辑逐渐扩散到其他非白人群体国家,认为非白人群体的国家是美国等白人国家占主导地位的世界体系中的少数群体,应是被奴役的对象。⑤ 三是利用新自由主义将广大后殖民地国家纳入全球经济体系,并利用技术、科技、金融等优势进一步剥削后殖民地国家。例如依附论学者认为第一世界(欧美白人国家)的发展是以第三世界的不发达为代价的,是靠剥削第三世界实现的。⑥ 伊曼纽尔·沃勒斯坦(Immanuel Wallerstein)也认为处于世界体系中心的国家(西欧各国、美国)是通过剥削边缘国家(非洲、亚洲与中东的殖民地和拉美地区)而实现富裕

---

① Eric Williams, *Capitalism and Slavery*, London: Andre Deutsch, 1987, pp. 3–29.

② Edna Bonacich, "A Theory of Ethnic Antagonism: The Split Labor Market Approach", *American Sociological Review*, Vol. 37, No. 5, 1972, pp. 547–559.

③ Bob Blauner, *Racial Oppression in America*, New York: Harper & Row, 1972, p. 84

④ Charles Pinderhughes, "Toward a New Theory of Internal Colonialism", *Socialism and Democracy*, Vol. 25, No. 1, 2011, p. 236.

⑤ Muhammed Asadi, "Internal Colonization And the International System: Gender Stratification in the U.S. and Its Global Implications", *Societies Without Borders*, Volume 6, Issue 1, 2011, p. 5.

⑥ Enzo Faletto and Fernando Henrique Cardoso, *Dependency and Development in Latin America*, Berkeley: University of California Press, 1979, pp. 83–95.

第5章　国际秩序转型与欧美种族（族群）冲突

的。① 美国耶鲁大学教授蔡美儿（Amy Chua）指出全球化在世界范围内造成了很多市场主导型的群体，这些群体除东南亚的华人群体以外无不是白人群体。②

第三，国际制度的种族化。国际制度是一系列国际组织、国际程序实践、国际规则、国际规范的集合。③ 国际制度种族化主要体现在以下两个方面。一是国际制度多由欧美白人国家制定，内含诸多种族主义条例。以移民政策为例，西方白人国家奉行非自由主义的自由主义移民政策，对移民采取双重标准，即在针对非白人移民群体时具有极强的排外色彩。美国便是如此，美国1790年的《归化法》（The Naturalization Law）规定只有来自欧洲的白人才能成为美国公民，而同时期的华人和墨西哥人则受到与黑人同样的歧视待遇，遭到排斥。④ 二是国际制度的解释权专属于西欧和美国等白人国家。例如，1948年《世界人权宣言》第14条规定"基于共同的人性赋予我们的义务，每个人都有权利在其他国家寻求和享受免于迫害的庇护"。然而在现实中，西方白人发达国家却在奉行严格的种族限制政策，规定中的"每个人"在很长一段时间里仅指欧洲人。⑤ 据统计，联合国难民署在20世纪90年代援助巴尔干白人难民的物质是非洲非白人难民的11倍。⑥ 在西方国家的种族逻辑里，发生在欧洲国

---

① Immanuel Wallerstein, *The Modern World System*, New York: Academic Press, 1976, pp. 2-12.

② Amy Chua, *World on Fire: How Exporting Free Market Democracy Breeds Ethnic Hatred and Global Instability*, New York: Anchor Books, 2003, p. 6.

③ John Duffield, "What are International Institutions," *International Studies Review*, Vol. 9, No. 1, 2007, p. 3.

④ Jayant Bandopadhyaya, "Racism and International Relations," *Alternatives*, Vol. 3, Issue 1, 1977, pp. 19-48.

⑤ Lucy Mayblin, *Asylum After Empire Colonial Legacies in the Politics of Asylum Seeking*, London: Rowman & Littlefield International, 2017, p. 148.

⑥ Nancy Farwell, "'Onward Through Strength': Coping and Psychological Support Among Refugee Youth Returning to Eritrea from Sudan," *Journal of Refugee Studies*, Vol. 14, No. 1, 2001, pp. 43-69.

家的暴力是可怕的、不同寻常的,而发生在非洲国家的暴力被认为是正常的。作为白人共同体,西方发达国家经常视非白人难民为潜在的威胁。①

第四,国际文化的种族化。殖民体系时期,欧洲殖民者将基督教和语言文化扩张到各殖民地国家和地区。除中东伊斯兰文明和东亚儒家文明未被取代之外,其他地区的文化多被取而代之,形成了西方文明主导的国际文化体系。殖民体系瓦解之后,国际文化的种族化仍被延续,这主要体现在:一是西方文化的全球化,基督教在全世界的扩张;二是破坏、打击中东的伊斯兰文明;三是警惕和抵制其他文明。本杰明·巴伯(Benjiamin Barber)认为以麦当劳世界为代表的民主、资本全球化的西方文明在中东地区的扩张,引起了中东地区宗教原教旨主义者的强烈不满。这成为"圣战"运动的外部原因。② 约翰·石山(John Ishiyama)通过分析34个不同地区的发展中国家的102个少数族群,发现以民主化为核心的政治文化全球化对族群冲突有着负面影响。③ 苏珊·奥扎克(Susan Olzak)也发现以国际人权为主要内容的全球化确实加剧了全球的族群冲突。④ 主父笑飞和赵景芳认为在迎接全球化的过程中,美国以人权外交、国际规范和自由价值观念来积极谋求全球化的文化扩张主义。这种文化扩张主义的本质是全球文化霸权。⑤ 显然,具有唯一性的西方文

---

① Val Colic-Peisker, "At Least You're the Right Colour: Identity and Social Inclusion of Bosnian Refugees in Australia", *Journal of Ethnic and Migration Studies*, Vol. 31, No. 4, 2005, p. 632.

② Benjiamin Barber, *Jihhad vs. Mcworld*, New York: Times Books, 1995, p. 381.

③ John Ishiyama, "Does Globalization Breed Ethnic Conflict?", *Nationalism and Ethnic Politics*, Vol. 9, No. 4, 2004, pp. 1-23.

④ Susan Olzak, "Does Globalization Breed Ethnic Discontent?", *The Journal of Conflict Resolution*, Vol. 55, No. 1, 2011, pp. 3-32.

⑤ 主父笑飞、赵景芳:《论美国对华文化霸权与中国的选择》,《世界经济与政治》2002年第9期。

第 5 章 国际秩序转型与欧美种族（族群）冲突

明并不具有普适性。① 强行扩张的西方文明给世界带来了诸多的难题。

概而言之，自新航路开辟以来，西方白人殖民者在资本主义和殖民主义的驱使下，在科学种族主义、社会达尔文主义和基督教原教旨主义思想的引领下，通过白人至上的种族叙事，以历史上的殖民主义、帝国主义模式和后殖民时代的种族新自由主义、人权高于主权模式，建构了国际种族秩序。这一秩序对白人极端主义影响至深。

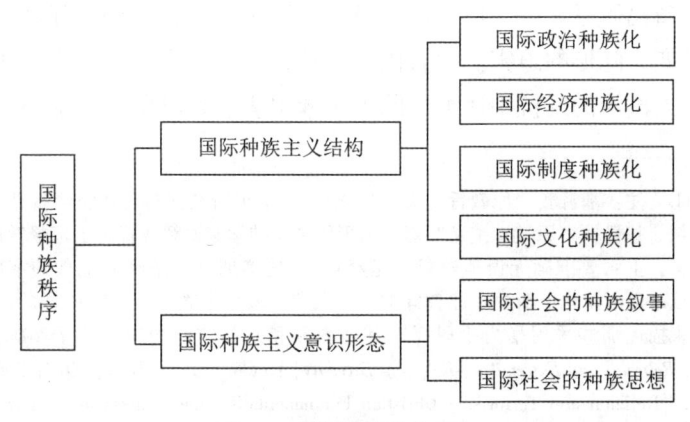

```
                                    ┌── 国际政治种族化
                   ┌─ 国际种族主义结构 ─┤── 国际经济种族化
                   │                 ├── 国际制度种族化
国际种族秩序 ──────┤                 └── 国际文化种族化
                   │                    ┌── 国际社会的种族叙事
                   └─ 国际种族主义意识形态 ┤
                                        └── 国际社会的种族思想
```

图 5-1　国际种族秩序示意

资料来源：Michelle Christian, "A Global Critical Race and Racism Framework: Racial Entanglements and Deep and Malleable Whiteness", *Sociology of Race and Ethnicity*, Vol. 5, No. 2, 2019, p. 173.

1.4　国际种族秩序下的白人极端主义

白人极端主义（White Extremism）作为种族主义的极端形式，强调白人至上（White Supremacy），以极端方式反对移民、非白人和非基督教群体以维护白人利益和特权。作为一种思想，白人极端主义主要包括白人至上主义、白人民族主义、基督教原

---

① Samuel P. Huntingtou, "The West: Unique, Not Universal", *Foreign Affairs*, Vol. 75, No. 6, 1996, pp. 36-37.

教旨主义①、右翼极端主义②中与种族、宗教相关的内容。作为一种行为，白人极端主义主要涉及相关事件。

在国际种族秩序之下，白人犯下了诸多反人类的极端主义罪行。在殖民体系时期，奴隶贸易造成大批黑人的死亡。据统计，跨大西洋的奴隶贸易共造成数百万黑人死亡。③ 白人对土著人的种族屠杀造成大量土著人死亡，④ 对异教徒的迫害同样造成大量无辜人员的丧生，⑤ 此外在去殖民化的运动中，也有大量亚非拉的非白人群体丧生。

殖民体系瓦解之后，白人极端主义由赤裸裸的暴力压榨、迫害转变为隐形的迫害。白人国家，特别是欧洲和美国，在黑人等非白人群体的反抗中逐渐废除了种族迫害、种族隔离等制度，转

---

① 注：基督教"原教旨主义"发端于19世纪新教徒对现代圣经批评浪潮的批判。基督教"原教旨主义"者认为现代主义神学家误解或背离了基督教的基本教义，主张要准确无误地解释《圣经》，要精确把握《圣经》记载的字面含义。后来逐渐演化伊斯兰《原教旨主义》及印度教《原教旨主义》同样的内涵，被用来描述那些采用暴力手段反对其他教派和宗教的教内激进分子。Douglas Pratt, *Religion and Extremism: Rejecting Diversity*, Landon: Bloomsbury, 2017; Douglas Pratt, "Religion and Terrorism: Christian Fundamentalism and Extremism", *Terrorism and Political Violence*, Vol. 22, No. 3, 2010, pp. 438-456。

② 注：右翼极端主义是一种反对自由民主政府、少数族群、移民和非基督教徒的政治思潮，主要由新纳粹主义和右翼民粹主义构成。新纳粹主义由"二战"后激进的社会和政治运动组成，旨在复兴和实施纳粹主义的意识形态。新纳粹分子试图利用右翼极端意识形态来加强对少数族群的仇恨和攻击，甚至鼓动在适当的条件下创建法西斯政权。右翼民粹主义（Right-wing Populism）认为白人种族或基督教团体应保持独立并优先考虑本团体的利益，呼吁尊重普通民众的权力，反对精英特权，反对移民。Kathlyn Gay, *Neo-Nazis: A Growing Threat*, New York: Enslow Pub. Inc., 1997, p. 114; Cas Mudde, *The Ideology of the Extreme Right*, Manchester: Manchester University Press, 2000, p. 12。

③ Herbert S. Klein, Stanley L. Engerman, Robin Haines, and Ralph Shlomowitz, "Transoceanic Mortality: The Slave Trade in Comparative Perspective", *William & Mary Quarterly*, LVIII, No. 1, 2001, pp. 93-118.

④ Patrick Wolfe, "Settler Colonialism and the Elimination of the Native", *Journal of Genocide Research*, Vol. 8, No. 4, 2006, pp. 387-409.

⑤ [英]齐格蒙·鲍曼：《现代性与大屠杀》，杨渝东、史建华译，译林出版社2011年版，第41—106页。

第5章 国际秩序转型与欧美种族（族群）冲突

而提倡种族平等、人权平等，实行多元文化主义的种族政策。然而在这些看似平等的言论之下，系统性种族结构依然存在和盛行。① 在白人国家内部，种族司法监禁代替了种族屠杀，社区空间隔离代替了种族隔离，教育种族差距代替了学校里的种族隔绝，等等。②

在国际上，白人国家通过制定和阐释国际制度和国际规范来控制世界。第一，白人国家仍以历史上的"白人的责任"来进行人道主义干预，③ 联合国保护的责任（Responsibility to Protect）在一定程度上也是基于此逻辑产生的。④ 人道主义干预将一种简单化的文明二分法强加于国际关系，形成了一种消极受害者的家长式想象，即文明的西方白人国家"托管人"需要将受害者从他们野蛮专制的文明中拯救出来。⑤ 这种西方白人国家的种族主义逻辑，决定着要何时因何事进行人道主义干预。马克西米兰·福特（Maximilian Forte）教授认为在此过程中，"保护的责任"这一国际规则具有种族化的双重标准。2012 年发生在利比亚班加西的美国驻利比亚政府机构被"基地组织"攻击事件吵得世界皆

---

① Nancy J. Wewiorski, Robbie W. C. Tourse, Johnnie Hamilton-Mason, *Systemic Racism in the United States: Scaffolding as Social Construction*, Berlin: Springer, 2018, pp. 1–15.

② "The White Supremacy Flower: A Model for Understanding Racism", http://www.hephzibahvsp.com/uploads/3/1/7/8/31787185/strmicpawl.white_supremacy_flower.forstudents.pdf.

③ Johan Höglund, "Taking up the White Man's Burden? American Empire and the Question of History", *European Journal of American Studies*, Vol. 2, No. 2, 2007, pp. 1–16.

④ Robert Knox, Race, "Racialisation and Rivalry in the International Legal Order", in Alexander Anievas, Nivi Manchanda, and Robbie Shilliam eds., *Race and Racism in International Relations: Confronting the Global ColourLine*, London: Routledge, 2015, p. 176.

⑤ Makauwa Mutua, "Savages, Victims and Saviors: The Metaphor of Human Rights", *Harvard International Law Journal*, Vol. 42, No. 1, 2001, p. 229.

知,而同年由美国政府支持的叛军屠杀黑人民众的事件却无人问津。① 拉梅什·钱德拉·塔库尔（Ramesh Chandra Thakur）批判地认为"保护的责任"是一种新殖民主义的逻辑,危害着他国主权。② 安东尼·安吉（Antony Anghie）认为"保护的责任"沿用了殖民主义二分法的逻辑,认为只有西方所认可的自由民主国家才拥有绝对主权,而威权国家的主权则是相对的。③

第二,种族新自由主义继续从非白人国家汲取资源,取得更多利益。新自由主义（Neoliberalism）在后凯恩斯时代（Post-Keynesian Era）更加注重自由市场、自由贸易、强有力的财产权、私有化和个人责任。以自由市场和自由贸易的名义,国家退出了诸如医疗保健、社会福利和社会服务等社会领域,仅在建立和保障某些社会体制、社会经济和社会政策方面发挥关键作用。④ 如此一来,新自由主义便将种族议题排除在了国家治理之外。非白人群体的贫穷与受歧视等种族问题成了个体层面的问题,与政府和社会无关。这样新自由主义便忽视了种族问题的历史原因和社会结构原因,形成了一种种族化的新自由主义。⑤ 在国际社会上,新自由主义的作用亦是如此。白人主导国家建立了超国家金融机构,如国际货币基金组织、世界银行和世界贸易组织,借自由市场、自由贸易之名来进一步剥削、剥脱处于世界经济边缘的欠发达的非白人群体国家。⑥ 世界财富越来越集中于白人国家,而南

---

① Maximilian Forte, *Slouching Towards Sirte: NATO's War on Libya and Africa*, Quebec: Baraka Books, 2012, p. 209.

② Ramesh Chandra Thakur, *The Responsibility to Protect: Norms, Laws and the Use of Force in International Politics*, Abingdon: Routledge, 2011, p. 71.

③ Antony Anghie, "The War on Terror and Iraq in Historical Perspective," *Osgoode Hall Law Journal*, Vol. 43, No. 1, 2005, pp. 45-66.

④ David Harvey, *A Brief History of Neoliberalism*, New York: Oxford University Press, 2005, pp. 19-23.

⑤ David Goldberg, *The Threat of Race: Reflections on Racial Neoliberalism*, Malden, MA: Blackwell, 2009, pp. 327-356.

⑥ Walden Bello, "The Race to Replace a Dying Neoliberalism," *The Transnational Institute*, 20 May 2020.

第5章　国际秩序转型与欧美种族（族群）冲突

北贫富差距越来越大，全球贫困人口多集中在南方的非白人发展中国家。①

第三，种族文化主义继续在全球兜售西方文明，甚至将非基督教文明污名化、妖魔化，营造文明冲突的国际舆论，将国际冲突纳入文明冲突的范畴。蒂娜·帕特尔（Tina G. Patel）认为西方自"9·11"事件以来主导的反恐战争在一定程度上不是国际安全的范畴，而是国际种族主义叙事的延续。她以英国的穆斯林为例。英国借由反恐战争将所有英国的穆斯林人口纳入管理和控制之下，并以西方价值和国家安全叙事将穆斯林建构为各个层面的怀疑对象。② 克里斯塔·麦奎尼（Krista McQueeney）认为尽管恐怖主义多是极端伊斯兰势力所为，但是西方白人国家和媒体利用强大的权力和国际宣传能力将世界分为文明的西方和野蛮的非西方，将穆斯林群体建构为恐怖主义的温床。他们一方面指责和大肆渲染发生在西方国家的恐怖主义袭击，而对于反恐战争所造成22万平民死亡的现实却置若罔闻；另一方面对白人发动的反对穆斯林、犹太人、黑人等非白人群体的极端主义事件刻意地遗忘，即使白人极端主义与极端伊斯兰主义形成的原因和造成的结果如出一辙，但白人极端主义事件却从未被冠以恐怖主义事件之名。③

总之，在当代国际法的框架下，各主权国家虽在名义上是平等的，然而白人国家间的平等是绝对的，而白人国家与其他非白人国家间的平等则是相对的。这种不平等的根源在于国际种族秩序。国际种族秩序在白人国家强大力量的维护下，在白人至上历

---

① United Nations Development Programme, *Human Development Report 2019*, New York: United Nations Development, 2019, p. 105.

② Tina G. Patel, "It's not about Security, It's about Racism: Counter-terror Strategies, Civilizing Processes and the Post-race Fiction," *Palgrave Communications*, No. 3, 2017, pp. 1-8, https://www.nature.com/articles/palcomms201731.pdf.

③ Krista McQueeney, "Disrupting Islamophobia: Teaching the Social Construction of Terrorism in the Mass Media," *International Journal of Teaching and Learning in Higher Education*, Vol. 26, No. 2, 2014, pp. 297-309.

史逻辑的影响下，不仅依然存在，而且大行其道。人道主义干预、恐怖主义战争、族群冲突、宗教冲突以及反对移民的极端主义事件等多是国际种族秩序的"杰作"。

2 国际种族秩序危机与白人极端主义

国际秩序是不断变革的，其变革的根源在于国际体系中国家行为体实力的变化。① 21世纪以来国际实力的变化较为明显，国际种族秩序也因此受到各方面的挑战。

2.1 种族化国际秩序面临的挑战

（1）非白人国家力量的崛起。国际秩序需要国际权力的维护，而国际权力的转移会带来国际秩序的变迁。国际种族秩序得以形成与发展的根源在于白人国家强大的综合国力。在其创建初期，西欧白人国家用国家力量建构了世界殖民体系，对殖民地和半殖民地国家进行直接或间接统治。殖民体系瓦解之后，白人国家仍然利用强大的国家力量来延续国际种族秩序，利用国家力量来惩罚违背国际种族秩序的行为，如美国对阿富汗和伊拉克的入侵等。国际种族秩序的运转需要白人国家提供维护白人至上的国际公共产品，如人权高于主权、西方式民主的国际规范等。然而，进入21世纪以来白人国家的整体力量在下降。美国、西欧在2008年金融危机之后，经济恢复较为缓慢，国家势力相对下滑。美国的软实力在特朗普政府上台后更是下滑明显。② 西欧在金融危机、难民危机和英国脱欧等多重因素的影响下疲惫不堪。③ 与此同时，以中国、印度、巴西为代表的一些发展中国家的发展

---

① A. F. K. Organski, *World Politics*, New York: Knopf, 1968, pp. 351-354.

② Josephs Nye, Jr., "American Soft Power in the Age of Trump," *Project Syndicate*, May 6, 2019.

③ Theodore R. Bromund, "Europe Paves the Way for Its Decline," *The Heritage Foundation*, Oct. 9th, 2018.

第 5 章　国际秩序转型与欧美种族（族群）冲突

势头较为强劲。在 2019 年世界各国国内生产总值排前十的国家中有四个是非白人国家，即中国、日本、印度、巴西。在 2020 年世界环球军力排名前十的国家中，中国、印度、日本、韩国、巴西五个国家为非白人国家。① 在此形势下，白人国家一方面难以为国际种族秩序的运转提供更多的国际公共产品，另一方面新崛起国家的挑战又增加了他们维持原有秩序的成本。这种境况导致白人国家回归白人至上的本性，继续追求自身国家利益的至上性、唯一性，同时导致白人国家内部反对外来移民、非白人群体、非基督教徒的情绪、事件逐渐上升。

（2）非白人文明国际秩序观的兴起。对国际社会的概念化、观念化会影响人们对国际现实的认知。② 国际秩序是建立在共识性观念基础上的对国际体系、规则、规范的认同。国际秩序作为全球权力分布理念的反映，往往被认为是放之四海而皆准的。然而由白人国家主导的共识逐渐被质疑、打破。在殖民主义时期，广大殖民地人民迫于殖民列强的高压统治，对国际种族秩序敢怒而不敢言，无法构成有效的挑战。20 世纪 60—70 年代，殖民地人民建立独立的民族国家后，在去殖民帝国影响的过程中开始反思、解构国际种族秩序。进入 21 世纪后，这种力量表现得尤为强劲。

首先，黑人国际主义的挑战。黑人国际主义（Black Internationalism）指广大非洲人民形成的一种旨在终结国际种族体系的国际观念和力量。③ 他们主张：第一，西方白人国家承认在奴隶制和奴隶贸易时期犯下的罪行，承认非洲奴隶为西方国家的发展所做的贡献，承认奴隶制时期形成并延续至今的国际种族结构是

---

① "Global Firepower, 2020 Military Strength Ranking," https：//www.globalfirepower.com/countries-listing.asp.
② [美] 亚历山大·温特：《国际政治的社会理论》，秦亚青译，上海人民出版社 2001 年版，第 167 页。
③ Roderick D. Bush, *The End of White World Supremacy: Black Internationalism and the Problem of the Color Line*, Philadelphia: Temple University Press, 2009, p.5.

造成非洲国家发展缓慢的根源。① 第二,呼吁对奴隶制的受害者进行赔偿。奴隶制和跨大西洋奴隶贸易是人类历史上违反人性的犯罪行为。白人殖民者应对此负责,向被奴役的非洲国家进行道歉和资金赔偿,并修正不公正的国际规则。② 第三,呼吁道义全球经济学(Moral Global Economy),主张在对被殖民国家进行经济赔偿的同时,对这些国家的经济发展进行帮扶。这样既可对白人殖民国家历史上的非正义行为进行一定的纠正,又可提高它们的国际社会道德意识和责任。③

其次,伊斯兰文明秩序观对国际种族秩序的质疑与挑战。国际种族秩序的一个重要内容是对基督教文明的传播和推广。正如大卫·休谟(David Hume)所言,"一神教与多神教相比容易引发冲突",④ 而基督教与伊斯兰教都属于一神教。伊斯兰教既是一种宗教,又是一个多族裔的超级"国家"和一种世界秩序。穆斯林和非穆斯林的二元世界秩序观是伊斯兰教国家的基础意识形态。基督教同样在历史上曾以武力讨伐他人,强迫他人皈依。⑤ 十字军东征是两大宗教共同的历史记忆。近代以来,基督教在伊斯兰文明国家的传播为两教间的新冲突埋下了隐患。据统计,在2001—2016年这16年间发生的死亡人数超过1000人的24起族群冲突中,涉及宗教因素的有20起,占总数的83.3%。其中基

---

① Max du Plessis, "Historical Injustice and International Law: An Exploratory Discussion of Reparation for Slavery", *Human Rights Quarterly*, Vol. 25, No. 3, 2003, pp. 624–659.

② Lord Anthony Gifford, "The Legal Basis of the Claim for Reparations", https://www.americanbar.org/groups/crsj/publications/human_rights_magazine_home/human_rights_vol27_2000/spring2000/hr_spring00_gifford/.

③ Elazar Barkan, "Payback Time: Restitution and the Moral Economy of Nations", *Tikkun*, September/October 1996, pp. 52–58.

④ David Hume, *Dialogues and Natural History of Religion (1757)*, New York: Oxford University Press, 2009, p. 256.

⑤ [美]亨利·基辛格:《世界秩序》,胡利华、林华、曹爱菊译,中信出版社2015年版,第120—122页。

第 5 章　国际秩序转型与欧美种族（族群）冲突

督徒与穆斯林间的冲突为 11 起，占族群冲突总数的 45.8%。① 中非共和国这一原本穆斯林居多的地区，随着欧洲殖民者的到来，穆斯林逐渐成为少数。独立后的中非共和国以国家政权为工具将穆斯林群众由市区赶到郊外，这导致了中非共和国长达三十多年的宗教冲突。② 进入 21 世纪，白人国家屡屡以人权和恐怖主义为由干预阿富汗、伊朗、利比亚、叙利亚等伊斯兰文明国家的内政。这引起了伊斯兰文明国家的强烈不满，形成了一股反对西方基督教文明的势力。如此一来，便将冷战后国际社会宣扬的文明冲突变为自我实现的预言。这种文明冲突的预设既加剧了中东伊斯兰文明国家内部的复杂局势，同时也导致白人国家内部反对穆斯林事件的频发。

再次，中国的中华文明国际秩序观的挑战。中国吸取中华传统文化的精髓与外交实践的智慧，在国家发展与国际秩序变革的动态过程中形成了中国的国际秩序观。中国自古代以来便追求一种荣辱与共的秩序观，古代的丝绸之路、选任外籍人员为官、为他国培训人才、四大发明技术的输出等对世界的发展做出了重要贡献。在此基础上形成的天下观，将天下之人类视为同呼吸共命运的内在群体。③ 中华人民共和国成立以来，中国奉行了"和平""发展""共赢"为内核的国际秩序观，在地区层面以"亲诚惠容"为原则实现与周边国家的共建、共享、共赢，在全球层面坚持人类命运共同体理念，④ 推动国际秩序朝着更加公正、合

---

① 王伟：《国外宗教多元化与族群冲突研究现状及反思》，《世界宗教文化》2020 年第 1 期。

② Tomolya Janos, "Crisis in the Central African Republic: Is It a Religious War in a Godforsaken Country or Something Else?", *Academic & Applied Research in Military & Public Management Science*, Vol. 13, No. 3, 2014. p. 457.

③ 赵汀阳：《天下的当代性：世界秩序的实践与想象》，中信出版社 2016 年版，第 251 页。

④ 马俊毅：《从民族精神共同体到人类命运共同体——"一带一路"与中国特色的全球治理价值》，《思想战线》2018 年第 5 期；马俊毅：《中华民族共同体与人类命运共同体视角下的民族研究》，《贵州民族研究》2019 年第 11 期。

理的方向发展。① 中华文明的国际秩序观以绝对平等代替了相对平等，即各个国家之间无论种族差异都是平等的；以国家的中庸理性代替了国家工具理性，即在国家交往中追求共赢，而不是我国之所得为他国之所失；以国家间合作代替了国家间竞争，即各国应以共同发展、相互合作为目的，而不是以相互竞争、维护霸权为初衷；以文明间的兼容并蓄代替文明间的同化冲突，即世界文明是由各国共同缔造的，世界上各种文明是相互并存、兼容并蓄的，而不是一种互不相容、相互冲突的状态；以国家间的和平代替了国家间的战争，即各国应相互协商、共建共享来缔造国家间的和平，应将和平视为国际社会的终极目标和状态，而不是将战争视为国际社会的永恒状态。中华文明秩序观挑战着国际种族秩序观，让非白人国家越来越深刻地认识到国际种族秩序的伪善性。这也让白人国家感到焦虑。

此外，印度文明的区域秩序观、拉丁美洲的区域秩序观、非洲的区域秩序观也在不断地成长，它们在一定程度上冲击着国际种族秩序观。

（3）国际种族批判理论叙事的兴起。种族批判理论兴起于20世纪80年代，旨在揭露、批判和修正白人至上的社会理论。② 长时间以来，种族批判理论的研究领域只聚焦于国内层面，对于国际层面的种族主义现象和结构缺少关注。同样，国际关系学者受实证主义的影响也较少关注国际社会的种族化现象。③ 20世纪末，种族批判理论开始走进世界政治的视野，对国际社会的种族化现象进行了有力的批判。首先是对现代性的种族批判。巴纳·海塞（Barnor Hesse）强调现代性是种族化的现代性，它固化了

---

① 董贺、袁正清：《中国轨迹秩序观：形成与内核》，《教学与研究》2016年第7期。

② Richard Delgado, Jean Stefancic, *Critical Race Theory: An Introduction*, New York: New York University Press, 1995.

③ Branwen Gruffydd Jones, "Race in the Ontology of International Order," *Political Studies*, Vol. 56, Issue 4, 2008, p. 909.

第 5 章　国际秩序转型与欧美种族（族群）冲突

欧洲和非欧洲之间在现代和非现代的物质上和叙事上的区别。① 现代化和种族划分重塑了世界各地区的疆界，将世界纳入了一个有着相对稳定的全球种族等级制度的种族化现代体系。② 其次是对世界资本主义的种族批判。世界资本主义在全球沿着肤色进行扩张，衍生了种族资本主义，将劳动力按照种族进行划分，使非白人处于劳动力市场的边缘，③ 形成了世界经济的种族化秩序。④ 资本主义的扩张带来全球的殖民化，欧洲殖民者利用殖民权力（Coloniality of Power）抹去了其他非白人群体的文化，以利于白人的殖民统治。⑤ 最后是对当前国际社会结构的种族主义批判。种族主义并非仅存在于殖民时代这一特定历史时期，而是以一种更加结构性、内隐性的状态存在于后殖民时代。尽管保罗·吉尔罗伊（Paul Gilroy）和大卫·霍林格（David Hollinger）认为种族主义已终结，⑥ 但一些种族批判理论研究者们纷纷指出种族主义在后殖民时代、后种族隔离时代、后帝国时代并未终结。大卫·戈德堡（David Goldberg）认为种族概念在自由主义的影响下形成了新的叙事模式，即新的种族美国化（Racial Americanization）、种族欧洲化（Racial Europeanization）、种族巴勒斯坦化（Racial

---

① Barnor Hesse, "Racialized Modernity: An Analytics of White Mythologies," *Ethnic and Racial Studies*, Vol. 30, No. 4, 2007, pp. 643-663.

② Patricia L. Price, "At the Crossroads: Critical Race Theory and Critical Geographies of Race," *Progress in Human Geography*, Vol. 34, No. 2, 2010, pp. 147-174.

③ Ramon Grosfoguel, "Decolonizing Post-colonial Studies and Paradigms of Political Economy: Transmodernity, Decolonial Thinking, and Global Coloniality," *Transmodernity: Journal of Peripheral Cultural Production of the Luso-Hispanic World*, Vol. 1, No. 1, 2011, pp. 1-38.

④ Frank Dikotter, "The Racialization of the Globe: An Interactive Interpretation," *Ethnic and Racial Studies*, Vol. 31, No. 8, 2008, pp. 1478-1496.

⑤ Anibal Quijano, "Coloniality of Power and Eurocentrism in Latin America," *International Sociology*, Vol. 15, No. 2, 2000, pp. 215-232.

⑥ Paul Gilroy, *Against Race: Imagining Political Culture Beyond the Color Line*, Cambridge, MA: Harvard University Press, 2001, p. 12.

Palestinianization)。① 梅丽莎·维纳（Melissa F. Weiner）也认为种族主义在公民法、国家控制、外部赋权与内部渗透、司法定罪、地理或空间的种族隔离、社会经济地位、大众的政治话语、日常交往和认知和种族化的国际关系等方面仍在发挥着效能。②国际种族批判理论一方面指出白人至上、白人特权地位获得的非正当性，强调白人群体或白人国家的特权是建立在非白人群体受苦受难的基础之上的；另一方面呼吁非白人群体和国家去除欧洲和美国白人中心主义的叙事，发展各自国家或地区的国际叙事。这极大地挑战了国际种族秩序，引起白人国家的不满、对抗和打压。

可见，在非白人国际力量的崛起、非白人文明国际秩序观的发展以及国际种族批判理论叙事兴起等多重冲击下，国际种族秩序出现了危机。这种危机感致使白人国家在国际社会上奉行白人至上的外交政策，诸如"美国第一""英国第一""意大利第一"，穷兵黩武地打击伊斯兰文明国家，丑化或矮化非白人政治文明等。在欧美国内，政府纷纷宣布多元文化主义政策已失败，对非白人群体、非基督教文明、移民群体进行不同程度地打压或迫害。国际种族秩序的危机感刺激了白人极端主义在欧美国家的大规模出现。

2.2 白人极端主义事件频频发生

白人采用纵火、枪击、炸弹袭击等极端方式来迫害非白人和非基督教群体的行为被称为白人极端主义事件。按其暴力程度可分为白人仇恨犯罪和白人恐怖主义事件两种类型。前者涉及白人因种族主义和排外情绪发生的歧视性犯罪行为。后者涉及白人以暴力手段迫害非白人和非基督教徒的极端主义行径。

---

① David Theo Goldberg, *The Threat of Race: Reflections on Racial Neoliberalism*, Malden: Blackwell Publishing Ltd., 2009, pp. 66-245.

② Melissa F. Weiner, "Towards a Critical Global Race Theory," *Sociology Compass*, Vol. 6, No. 4, 2012, pp. 337-341.

第 5 章　国际秩序转型与欧美种族（族群）冲突

近年来，白人仇恨犯罪的数量令人侧目。2014 年至 2018 年，欧洲、美国和加拿大等地区和国家的白人仇恨犯罪居高不下。各国因种族主义/排外主义、反犹太人和反穆斯林原因而引发的白人仇恨犯罪数量如图 5-2 所示。美国发生的种族主义、反犹太人和反穆斯林仇恨犯罪总计为 27593 起，加拿大为 5608 起，德国为 14204 起，法国为 7646 起，意大利为 3065 起，比利时为 3949 起，芬兰为 5279 起，荷兰为 10279 起，波兰为 2481 起。从这些数字中可以看出西方社会白人与其他族群间的关系紧张。这一现象在英国尤为严重。英国在 2014—2018 年间，因种族主义/排外主义所发生的仇恨案件为 305605 起，反犹太人仇恨犯罪为 3641 起、反穆斯林的仇恨犯罪为 9166 起。通过分析这些仇恨犯罪事件，马克·沃尔特斯等发现其中 66.5%的犯罪者为白人。①

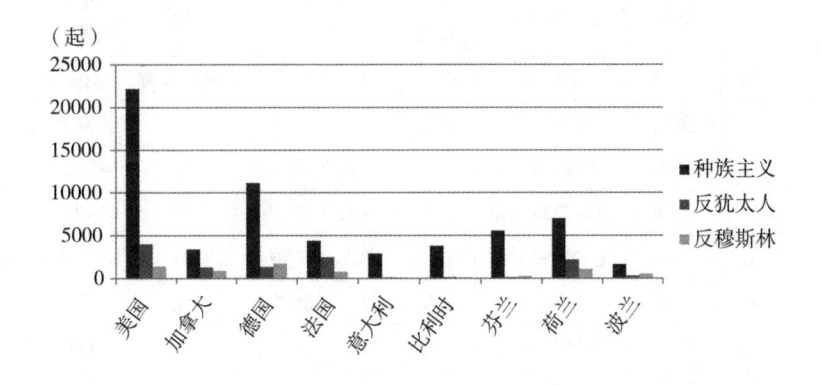

图 5-2　欧美主要国家白人仇恨犯罪事件

注：笔者根据欧洲安全委员会有关统计数据所制。

白人恐怖主义事件也是不断。据统计，1995—2004 年，西欧

---

① Mark Austin Walters and Alex Krasodomski-Jones, *Patterns of Hate Crime: Who, What, When and Where? Project Report*, *DEMOS*, 2018, p. 16.

共发生白人极端主义暴力事件 648 起,造成 340 人死亡。① 2011年至 2017 年,世界范围内发生了 350 多起白人极端主义恐怖事件。② 欧洲安全委员会有关统计数据显示,在 2018 年所发生的白人极端主义暴力事件的数量中,美国 42 起,加拿大 7 起,英国238 起,德国 1019 起,法国 23 起,意大利 148 起,比利时 15 起,芬兰 3 起,荷兰 6 起,波兰 40 起。③

然而,以上这些数据只是白人极端主义事件的冰山一角。只有影响巨大且无法掩盖的白人极端主义暴力事件才会得到报道,而多数的白人极端主义事件不会被白人主导的新闻媒体披露。根据西方媒体的报道,近年来发生的影响较大的白人极端主义暴力事件的数据可以总结如下(见表 5-1)。

表 5-1 　　2011—2019 年白人极端主义暴力事件概况

年份	国家	地点	死亡人数	袭击者身份	武器	袭击对象身份
2011	挪威	奥斯陆	77 人	白人(32 岁)	枪、炸弹	穆斯林
2012	美国	威斯康星	6 人	白人(42 岁)	枪	锡克教徒
2014	美国	奥弗兰帕克	3 人	白人(73 岁)	枪	犹太人
2014	美国	伊斯拉维斯塔	7 人	白人(22 岁)	枪	妇女
2015	美国	查尔斯顿教堂	9 人	白人(21 岁)	枪	黑人
2015	美国	乌姆普夸	9 人	白人(26 岁)	枪	基督教徒
2015	瑞典	特罗尔海坦	4 人	白人(21 岁)	刀	穆斯林
2016	德国	慕尼黑	9 人	白人(18 岁)	枪	穆斯林

---

① "Fluctuating Waves of Right-wing Extremist Violence in Western Europe," https://english.nctv.nl/binaries/Report%20-%20Fluctuating%20waves%20of%20right-wing%20extremist%20violence%20in%20Western%20Europe_tcm32-366085.pdf.

② Weiyi Cai and Simone Landon, "Attacks by White Extremists Are Growing. So Are Their Connections", *New York Times*, April 3, 2019.

③ "Tolerance and Non-discrimination Department, Hate Crime Reporting", *OSCE Office for Democratic Institutions and Human Rights*, February 12, 2020.

续表

年份	国家	地点	死亡人数	袭击者身份	武器	袭击对象身份
2017	加拿大	魁北克	6人	白人（30岁）	枪	穆斯林
2017	英国	伦敦	1人	白人（47岁）	汽车撞击	穆斯林
2018	加拿大	多伦多	10人	白人（28岁）	汽车撞击	妇女
2018	美国	佛罗里达	17人	白人（19岁）	枪	黑人
2018	美国	匹兹堡市	11人	白人（46岁）	枪	犹太人
2019	新西兰	克赖斯特彻奇	51人	白人（28岁）	枪	穆斯林
2019	美国	得克萨斯州	24人	白人（21岁）	枪	移民群体

2011—2019年，有媒体报道的白人极端主义暴力事件有15起，共造成244人死亡。这些白人极端主义暴力事件具有一些共同的特征：第一，多以穆斯林、犹太人、外来移民和其他少数族群为目标，占总数的87%；第二，犯罪者多为青年白人群体，袭击者年龄在35岁以下的有11位，比例为73%；第三，袭击者所用的武器以枪械为主，占总数的87%；第四，事件之间存在相互激发的关系。发生在前的事件往往成为后面事件的动力和效仿对象。根据西蒙·兰登等的研究：2011年的挪威白人恐怖主义事件对后来2012年美国威斯康星锡克教寺庙枪击案和2014年奥弗兰公园犹太社区中心枪击案均有影响。①

2.3 白人极端主义组织日益增多

白人极端主义组织是指以维护和保持白人特权、强调白人身份至上的结构化、制度化为理念和行动纲领的社会组织。它们一方面利用网络社交媒体来宣传白人至上的言论，另一方面通过极端主义的方式来反对穆斯林、移民、犹太人、黑人等其他少数族

---

① Simone Landon, Weiyi Cai, "Attacks by White Extremists Are Growing. So Are Their Connections," *New York Times*, April 3, 2019.

群。据统计,欧洲约有 72 个较为活跃的白人极端组织,① 美国约有 100 个。② 近年来,特别是 21 世纪以来白人极端主义组织在欧美等国家和地区日益增多。有资料显示 2000—2019 年有 51 个新的白人极端主义组织成立,具体如表 5-2 所示。

表 5-2　　　　　　21 世纪欧美主要国家白人至上组织

国家	名称	成立时间
美国	欧美统一权利组织（European-American Unity and Rights Organization）	2000
	西方季刊智库（The Occidental Quarterly）	2001
	拱心石联盟（Keystone United）	2001
	白人革命组织（White Revolution）	2002
	达斯汀英曼协会（The Dustin Inman Society）	2003
	家庭安全事务（Family Security Matters）	2003
	温兰德斯社交俱乐部（The Vinlanders Social Club）	2003
	美国国家政策研究所（National Policy Institute）	2005
	西方观察（Occidental Observer）	2007
	美国行动组织（Act for America）	2007
	露丝研究结构（The Ruth Institute）	2008
	宣誓者组织（The Oath Keepers）	2009
	记忆项目组织（The Remembrance Project）	2009
	美国自由党（American Freedom Party）	2010
	国家自由联盟（National Liberty Alliance）	2011
	先锋美国（Vanguard American）	2014
	传统主义工人党（The Traditionalist Worker Party）	2015

---

① "List of White Nationalist Organizations," https：//en.wikipedia.org/wiki/List_of_white_nationalist_organizations.
② "Active Hate Groups 2016," *Southern Poverty Law Center*, February 15, 2017.

第5章 国际秩序转型与欧美种族（族群）冲突

续表

国家	名称	成立时间
	白人生活优先组织（White Lives Matter）	2015
	原子武器部门（Atomwaffen Division）	2015
	自豪男孩（Proud Boy）	2016
	美国身份运动组织（American Identity Movement）	2016
	爱国阵线（Patriot Front）	2017
	超越运动组织（Rise Above Movement）	2017
	另类骑士兄弟会（Fraternal Order of Alt-Knights）	2017
	基地组织（The Base）	2018
	美国宪法爱国组织（The United Constitutional Patriots）	2019
法国	法国更新党（French Renewal）	2005
	代际身份组织（Generation Identity）	2012
	西维塔斯（Civitas）	2016
	青年军行动（Action des Forces Operationnelles）	2018
德国	支持德国公民运动组织（Pro Germany Citizens' Movement）	2005
	新选择党（Alternative for Germany）	2013
英国	雅丽安卫士（Aryan Guard）	2006
	英格兰防卫联盟（The English Defence League）	2009
	英国优先组织（Britain First）	2011
加拿大	三K党忠诚白衣骑士（Loyal White Knights of the Ku Klux Klan）	2012
	国家行动组织（National Action）	2013
比利时	"血统、土地、荣耀和忠诚"组织（Blood, Land, Honour and Faithfulness）	2004
	佛兰芒利益党（Flemish Interest）	2004
波兰	新右派国会（Congress of the New Right）	2011
	民族运动组织（National Movement）	2012
爱沙尼亚	人民保守党（Conservative People's Party of Estonia）	2012
保加利亚	爱国者联合党（United Patriots）	2016

续表

国家	名称	成立时间
波黑	波斯尼亚民族自豪运动（Bosnian Movement of National Pride）	2009
荷兰	自由党（Party for Freedom）	2006
西班牙	沃克斯当（Vox）	2013
匈牙利	尤比克（Jobbik）	2003
塞浦路斯	全国人民阵线（National Popular Front）	2008
瑞典	瑞典人政党（Party of the Swedes）	2008
葡萄牙	国家革新者党（National Renovator Party）	2000
罗马尼亚	新权利组织（The New Right）	2000

资料来源："Counter Extremism Project, U. S. White Supremacy Groups," https://www.counterextremism.com/content/us-white-supremacy-groups，浏览时间：2020年2月14日；"Counter Extremism Project, Guide to White Supremacy Groups," p. 20, https://www.counterextremism.com/sites/default/files/Guide_to_White_Supremacy_Groups_040119.pdf，浏览时间：2020年2月14日；"Southern Poverty Law Center"，https://www.splcenter.org/fighting-hate/extremist-files/groups，浏览时间：2020年3月12日。

这51个白人极端主义组织自21世纪初成立以来，力量逐渐壮大，活动日益频繁。具体表现在：第一，各组织通过Facebook、Twitter、YouTube等社交媒体广泛召集新成员，宣传极端言论和策划极端主义活动。比如，美国身份运动组织截至2018年4月在Twitter上的粉丝量已达29000人；截至2019年3月，其在YouTube上的关注者达到7085人，其放在YouTube上的12个视频的观看次数也达到117000次。① 第二，白人极端主义组织中的极端右翼组织开始向权力中心靠拢，得到越来越多选民的支持。据统计，目前在39个欧洲国家（除俄罗斯和土耳其）的议

---

① "Counter Extremism Project, Guide to White Supremacy Groups," p. 20, https://www.counterextremism.com/sites/default/files/Guide_to_White_Supremacy_Groups_040119.pdf.

会中都有不同比例的极端右翼政党的席位。① 第三，白人极端主义组织间的国际串联日益密切，相互效仿，共同策划极端主义活动。如战斗18在英国、法国、意大利等16个国家拥有分支机构。总部设在法国的代际身份组织，在英国、爱尔兰、德国、澳大利亚、芬兰和比利时设立了分支。锤皮国家组织在美国国内有6个分支机构，并在澳大利亚、加拿大、法国、德国、匈牙利、意大利、新西兰、葡萄牙、西班牙、瑞典、瑞士以及卢森堡等国家拥有分支机构。②

总之，在国际种族秩序危机的影响下，白人极端主义组织和活动在21世纪开始复燃，突出表现为白人极端主义思潮的活跃，白人极端主义组织力量和队伍日益壮大，白人极端主义暴力事件层出叠见。这给国际政治和国际安全带来新的挑战。

3 结语

早期西方白人国家在资本主义利益的驱使下，通过社会达尔文主义、科学种族主义、基督教原教旨主义将世界划分为文明、理性、有文化的白人与野蛮、未开化、不懂文化的非白人，在殖民主义、帝国主义的铁蹄下构建了等级制的国际种族秩序。处于金字塔顶端的白人国家以其强大的国家力量和国际权力，以屠杀、奴役和剥削的手段来维系国际种族秩序的运转。这给广大的非洲黑人、美洲土著印第安人、墨西哥人和大洋洲毛利人等带来了深重的灾难。20世纪70年代，世界殖民体系瓦解，国际种族秩序也由等级制转变为中心—边缘的结构制。此时白人极端主义事件和组织活动相对有所减弱。进入21世纪，特别是2008年金融危机以来，西方白人国家力量有所下滑。以中国、巴西、印度为

---

① Daniel Koehler, "Right-Wing Extremism and Terrorism in Europe Current Developments and Issues for the Future," *Prism*, Vol. 6, No. 2, 2016, p. 87.

② "Hammerskin Nation," https://www.crwflags.com/fotw/flags/us%7Dhs.html.

代表的非白人国家力量的迅速增长，以及黑人国际主义力量的发展，导致白人国家维持白人至上国际秩序的成本越来越高，加之国际种族批判主义的兴起和受到伊斯兰文明、中华文明、印度文明等其他文明国际秩序观的冲击，国际种族秩序显露出了危机。这种危机感促使白人国家回归白人至上主义的传统，在其国内主要表现为白人极端主义事件的频频发生和白人极端主义组织的大量涌现，在国际上表现为追求"美国第一""英国第一""意大利第一"等的白人至上的外交政策和行为，同时遏制、打压挑战白人至上国际秩序的新兴非白人国家，以期为白人至上国际秩序续命。

这种白人极端主义的行径给国际社会带来极大的不确定性。对西方社会而言，其国内安全将受到极端宗教主义和白人极端主义的双重威胁；政治在白人至上主义的影响下也将会日益极化，政治主张、行为的不可调和之处将会增多；社会将日益对立化、紧张化，多元文化主义所带来的和谐族群关系的局面将会倒退，种族间、宗教间的对立将会再一次被挑起；文化的差异性会进一步被标榜，非主流文化与基督教文化之间的矛盾会被凸出。对国际社会而言，白人极端主义将会影响世界的稳定和发展。白人至上的政治正确、白人国家优先的经济行为、基督教文明的秩序观都会给世界带来更多的不确定性。

总之，本章采用种族主义的分析视角和国内、国际种族政治双重博弈的模式，以宏观历史的视野分析了白人国家种族主义如何缔造国际种族秩序，以及国际种族秩序如何反作用于白人国家的种族关系，滋生白人极端主义的双重建构过程。本书进一步指出当前白人极端主义的复燃与国际种族秩序的危机有关。这是将种族主义带入国际关系研究，将国内、国际相结合分析的一种有益尝试。当然本研究中关于白人国家、国际种族结构和国际种族秩序的概念虽是在西方学者提出的概念基础上的深化，但其精确性还需在今后进一步地凝练。对于国际种族秩序的宏观历史分析也难免会落入简约化的窠臼，仍需在今后研究中分历史阶段和历史时期地展开考究。

第 6 章　结论

第二次世界大战后，族群冲突成为国际社会中最主要的冲突类型，给个人、族群、国家、区域和国际安全带来严重影响，且有愈演愈烈之势。对其如何认知、如何治理、如何防患于未然等问题成为各个研究领域的热点。总览当前研究，多为族群、民族国家建构等单一层面的分析，对国际层面的分析不够。因此本书试图将国际层面的分析带入族群冲突研究之中，同时在国际层面的分析中，国际权力转移与战争的关系研究是当下一大焦点，而它的基本假设又与族群冲突紧密相关。所以笔者以国际权力转移为切入点来将族群冲突的研究放进国际层面。考虑到族群冲突并非由单一层面的原因引起的，应是族群、国家和国际三个层面共同起作用的结果，因此，笔者提出了族群冲突多重博弈的假设，并在国际权力转移的视野中逐一展开。

国际权力的转移主要以大国权力的兴衰为开端，大国权力的兴衰又以大国竞争为始。所以本书重点考察了大国竞争与族群冲突、大国兴衰与族群冲突的关系，并以比较案例分析的形式加以论证。从各个族群冲突的案例来看，以大国兴衰和大国竞争为主要内容的国际权力转移确实加剧了族群冲突，这便是本研究的主要结论，具体可分为三个部分。

1 将族群冲突带入国际关系分析是紧要的

族群冲突主要包括族群与族群间的冲突和族群与国家间的冲突两个方面的内容。从表面上看这纯属国内行为,与国际因素无关,然而自人类社会开启现代化历程以来,国家的"鲁滨逊之岛"也只能是个神话。始于16世纪的全球化将各个国家联系在一起,随着以科技和工具理性为主要内容的现代性在全球的发展,时间和空间日益抽离,世界日益成为"你中有我、我中有你"的格局。但同时也带来了一些族群问题。

首先,世界发展的不平衡带来的殖民主义和中心——边缘的世界体系,是世界族群冲突的重要原因。这一方面造成被压迫民族的民族解放运动,另一方面殖民者在殖民地内采取分而治之的政策为现在的族群冲突埋下了隐患。去殖民化运动之后,殖民主义者在政治上对其他民族的压迫虽然偃旗息鼓,但在经济上仍在以现代性的先发优势压榨着其他民族,在世界资本主义市场下逐渐形成了边缘——次边缘——中心的世界市场体制,处于后发展的民族只能通过向中心的先发民族提供基本的原料等初级产品来获取发展。其次,全球化在世界范围内带来的文明冲突,是世界族群冲突的心理动机。再次,全球化带来的资源竞争和劳动力市场的分割,是民族国家内民族冲突的根源。最后,全球化将同一性设定为绝对权威,造成民族身份的焦虑,乃至民族分离主义运动。

关于全球化对于族群冲突的影响,现有研究多多少少给予了族群冲突以国际视角。然而这还远远不够,因为国际层面并非全球化的一个维度,还有理论上的现实主义、自由制度主义、建构主义以及跨国主义等,以及现实上的国际干预、大国竞争、国际权力争夺、区域组织、跨国组织、跨界民族等行为和行为体的影响。

基于本书所分析的案例,族群冲突国际层面的分析确实是紧要的。

第6章 结论

其一，族群冲突的爆发有国际层面的原因。殖民时期历史的遗毒影响族群冲突。20世纪60年代，第三世界的多数国家在去殖民化运动后获得了独立，但殖民主义者长期的分而治之的政策遗毒太深，如在安哥拉的族群冲突中，三派势力在葡萄牙的统治下三足鼎立，虽然在1975年葡萄牙殖民者将三派势力召集在一起，并签订了《阿沃尔协议》(Alvor Agreement)。但形式上的协议并未阻止安哥拉族群冲突的步伐；斯里兰卡亦是如此，英国将僧伽罗人和泰米尔人的精英欧化，并将其分而治之，随着占人口多数的僧伽罗人的民族主义意识抬头之后，便以多数原则来清除泰米尔人的势力，族群冲突便随之而发。国际观念也会影响族群冲突，如捷克斯洛伐克的族群冲突与冷战后在国际范围内兴起的民主化浪潮有关，对于西方自由主义民主制度的盲目随从，造成族群分裂的制度化，结果只能以冲突而终。国际势力的竞争会影响族群冲突，安格拉的族群冲突在一定程度上是意识形态斗争的结果，一方是苏联和古巴，一方是美国、扎伊尔和南非；在斯里兰卡的族群冲突中，一方是印度，另一方是美国和英国；在库尔德人与伊拉克人的族群冲突中，一方是苏联，另一方是美国和伊朗；在阿塞拜疆和亚美尼亚人的族群冲突中，一方是俄罗斯、伊朗，另一方是土耳其；在乌克兰危机中，一方是俄罗斯，另一方是欧盟和美国。

其二，国际势力影响族群冲突的进程。在国际社会中，有的族群冲突转瞬即逝，有的则绵延长达几十年而不绝。在后者的过程中，时常可见国际势力的影子。国际势力之所以介入，既有经济利益、战略利益的考虑，也有意识形态、民族血缘关系（跨界民族）、宗教的考虑，还有邻国的原因。[1] 国际势力的介入会造成两种结果，一是通过调停，族群冲突得以和解，二是加大和延长族群冲突，而在现实案例中后者居多。这也是丹尼尔·白曼

---

[1] Rodolfo Stavenhagen, "Ethnic Conflicts and Impact on International Society," *International Social Science Journal*, Vol. 50, No. 157, 1998, pp. 433-445.

（Daniel Byman）反思族群冲突国际干预失败的重要原因。① 在库尔德人三十多年的民族分离主义运动中，国外势力的介入延长了族群冲突，特别是美国和伊朗给库尔德人提供的军事和经济援助，让其有了充足的资源与伊拉克政府抗衡，苏联对伊拉克政府的支持也让其在国际舞台上多了些底气与美国抗衡。

在斯里兰卡的族群冲突更是如此，斯里兰卡以其海港的使用权来换取的美国物质支持是其打击泰米尔人的重要保障之一。泰米尔人也不甘示弱，利用其与印度南部泰米尔人的血缘联系，得到印度帮助，利用社会运动的传染性与黎巴嫩取得联系，让其帮助训练武装人员，与此同时利用海外的泰米尔人为其筹集资金，并从事海外毒品贸易。就这样僧伽罗人和泰米尔人在各方力量的支持下，打打停停。在20世纪90年代时，一度到了谁能取得外部力量的支持，谁便会在武装斗争取得优势。在安哥拉的族群冲突中，苏联为安哥拉自由运动组织提供经济和军事援助，古巴直接派军队给予支持，美国、扎伊尔和南非给予安哥拉解放国民战线组织和安哥拉全国独立联盟以军事和经济援助。这样只能加剧安哥拉的族群冲突，延长冲突的时间。在阿塞拜疆和亚美尼亚人的族群冲突中，在冲突开始时苏联支持阿塞拜疆，苏联解体后，俄罗斯转而支持亚美尼亚，同时给阿塞拜疆的政府反对派以武器装备上的支持。土耳其企图派兵帮助阿塞拜疆，而在俄罗斯和亚美尼亚军队的威慑下未能成行。伊朗在与阿塞拜疆的边界处陈以重兵，以防止冲突中的难民流亡伊朗，同时给予亚美尼亚经济援助，以防止阿塞拜疆的胜利影响伊朗北部的阿塞拜疆族群。这样卡巴拉赫地区的族群冲突就变得更加复杂化和国际化。乌克兰危机由最初的派系斗争，演化为国内分裂，这与俄罗斯和西欧的介入不无关系。

其三，国际势力影响族群冲突的结果。国际干预是国际社会化

---

① Daniel L. Byman, *Keeping The Peace: Lasting Solutions to Ethnic Conflicts*, Baltimore and London, The Johns Hopkins University, 2002, pp. 213-225.

解族群冲突的主要办法，其中联合国、区域组织、国际组织和大国等是国际干预的主要行为体，它们在一定条件下会决定族群冲突的结果。如美国和欧盟在波斯尼亚族群冲突的军事干预，欧盟对于英国爱尔兰族群运动的调停，联合国在卢旺达族群冲突、苏丹族群冲突、索马里族群冲突的干预等。在本书的案例中，国际势力的影响亦是如此。在20世纪70年代库尔德人反对伊拉克政府的族群冲突中，库尔德人便败给了伊朗这一国外势力与伊拉克政府所签署的《阿尔及尔条约》上。正所谓成也萧何败也萧何，成功在于伊朗之前为其提供的资助，败在太过依赖伊朗资助的库尔德人在伊朗快速切断其一切资助后，便被伊拉克政府军彻底击溃。

1987年南非与古巴和安哥拉签订停火协议，同年9月1日从安哥拉撤军，12月13日，安哥拉、古巴和南非正式签订《拉柴维尔协议》，协议规定从1989年4月1日起，古巴军队在27个月内撤走在安哥拉的一切军队，1991年苏联解体，安哥拉政府放弃社会主义路线。同年5月，在葡萄牙的介入下安人运（MPLA）与安盟（UNITA）签订和平协议，族群冲突告一段落。在乌克兰的危机中，俄罗斯公开支持克里米亚公投，并将其纳入俄罗斯的举动，将乌克兰危机带入了一个阶段。

可见，国际势力在一定条件下会影响族群冲突的爆发、过程和结果，同样族群冲突也会将国际关系带入族群的角度。如在斯里兰卡的族群冲突中，以色列之所以介入多是黎巴嫩帮助泰米尔人训练武装人员和泰米尔猛虎组织与巴勒斯坦武装组织之间相互支持的缘故，亚美尼亚裔与美国对阿塞拜疆的制裁，古巴裔与美国对古巴政策的演变，非洲裔与美国在苏丹达尔富尔问题上的政策，美国对南非的经济制裁很大程度上是黑人群体游说的结果，以色列游说集团对于美国在以色列的外交政策影响之深远，[1] 都

---

[1] Rubenzer, T., Redd, S. B., "Ethnic Minority Groups and US Foreign Policy: Examining Congressional Decision Making and Economic Sanctions", *International Studies Quarterly*, Vol. 54, No. 3, 2010, pp. 755-777；张文宗：《族群与美国外交》，时事出版社2016年版。

是极好的例子。因此将族群冲突带入国际关系的研究是紧要的。

2 多层联动：族群冲突的多重博弈

毋庸置疑，在全球化日益深化、国家间相互依赖程度日益加深的国际形势下，国际关系影响族群冲突是不容忽视的，这种影响不是独自起作用的，而是要在与族群和主权国家的互动中产生作用。民族主义自法国大革命产生以来，便成为民族国家产生的法宝。虽然"一族一国"的构想一度成为自由主义的伊甸园，但在国际社会中的194个独立国家，却有600多个语言群体和5000多个族群。① 在这些国家中，有的国家由于民族国家建构不完善、国家能力弱、历史传统等因素的影响，无法将国内的多族群整合进民族国家，加之族群的突出自我、抑制他者的特性，② 和国际势力的诱导，族群冲突频发。所以，族群冲突是族群、民族国家、国际势力三者相互联动的结果，之所以称为联动是因为这一过程是一种双向动态的过程。这一联动过程可分为如下几个维度。

首先，族群↔国家↔国际势力。族群冲突的原因虽多，但在一个独立的主权国家内，更多的是民族国家建构不完善造成的。这种不完善突出地表现为建构内容的不完善，如国家认同低于族群认同、国家无法垄断暴力机器且被族群所分享、国家歧视性政策、国家能力弱小等。这就给族群竞争提供了契机，生活在这种国家内的族群犹如国际社会无政府状态下的主权国家，为了确保生存和发展，必须以自助的方式实现安全利益的最大化。也正是这种逻辑，造成族群的安全困境，加之历史因素、宗教信仰和语言文化等因素的影响，族群冲突一触即发。族群冲突爆发后，国

---

① [加]威尔·金利卡著：《多元文化的公民身份：一种自由主义的少数群体权利理论》，马莉、张昌耀译，中央民族大学出版社2009年版，第1页。
② [美]戴维·莱文森著：《世界各国的族群》，葛公尚、于红译，中央民族大学出版社2009年版，第5页。

家尽一切努力去化解,这便构成了族群与国家之间的联动。这种联动有成功与失败两种结果,成功了便是通常所谓的族群与国家间的双重博弈。然而现实中却是失败者居多,因为族群冲突之所以爆发与民族国家自身能力弱小和民族国家建构不善有关,因此它们也无力化解。此时便会出现族群冲突国际化的现象,冲突中的族群向国家求助无望的话,便会向国际势力求助,届时国际势力便会介入,这便实现了族群、国家和国际势力的三者博弈。

其次,国际↔国家↔族群。族群冲突的由外向内的三层联动的逻辑是国际社会中混合政府状态,弱国家往往受大国支配,存在一种等级制,即弱国家 A 受到大国 B 的控制。在这种逻辑下,弱国家 A 为了得到大国 B 的支持和帮扶,往往在民族国家建构模式、经济发展方式等方面受到大国 B 的影响,这一点最为显著的是社会主义阵营和资本主义阵营的弱小国家的发展,分别受到苏联和美国的影响。冷战后,一些后共产主义国家纷纷选择西方发展模式便是如此,如拉脱维亚、爱沙尼亚和罗马尼亚为"脱俄入欧",在 1990—1999 年不停地调整民族政策,以至于满足欧盟对于人权、民族平等、民主等的要求。[①] 这种照搬的模式往往与自身实际不相符,这便导致新兴民主国家族群冲突所造成的人间悲剧。另一种形式是,弱国 A 国内分为各个族群势力派系,当权政府若与大国 B 的利益无法保持一致,强国 B 便会操纵弱国 A 国内的反动势力以推翻其政府,届时族群冲突便会爆发,而结果有二:一是弱国 A 政府垮台,与强国 B 利益一致的族群势力上台;二是弱国 A 向国际社会中的强国 C 寻求帮助,以打击强国 B 所支持的反动势力,族群冲突国际化。最后一种形式是,弱国 A 国内派系林立,同时因其资源、地缘战略、跨界血缘等因素的影响,成为大国拉拢的对象,那么在强国 B 和强国 C 的争夺下,弱国 A 便会发生族群冲突。

---

① Judith G. Kelly, *Ethnic Politics in Europe: Power of Norms and Incentives*, Princeton: Princeton University Press, 2004, pp. 1–3.

安哥拉作为弱小国家，在 15 世纪被葡萄牙殖民。葡萄牙在殖民时期的分而治之的政策，让安哥拉国内三个族群势力三分天下，哪一家都不能独大，以便在相互制衡中实现殖民统治。在这一过程中葡萄牙充当了利维坦的角色，为这三股势力提供了制度供给，可实现它们之间脆弱的权力平衡。然而这种长期的族群认同的分离和强化为族群冲突埋下了祸根，正所谓"你从哪里来决定了你到哪里去"。独立的安哥拉并没有如葡萄牙当局所愿，失去了族群权力平衡之后，族群张力凸显，恰逢冷战斗争激烈时，苏联、古巴、美国、扎伊尔和南非等国际势力先后介入，国内族群派系斗争与国际势力争斗相互交织，致使族群冲突复杂化。

卡巴拉赫地区的族群冲突，是历史上从奥斯曼帝国迁来的亚美尼亚人打破了卡巴拉赫地区的族群权力平衡所致。后在亚美尼亚的影响下，极欲脱离阿塞拜疆加入亚美尼亚，在这一过程中亚美尼亚可谓卡巴拉赫地区族群冲突的主要力量。有了这一跨界血缘关系国家的支持，民族分离运动也便增加了重要砝码。然而亚美尼亚毕竟是地区弱国，真正主导地区事务的苏联不会坐视不管。这就有了苏联解体前对阿塞拜疆的支持和独立后对支持亚美尼亚的事情。随着各种势力的加入，族群冲突越发难以实现和解。

可见，族群冲突绝不仅是族群一个层面的事情，而是族群、国家和国际势力三个层面相互联动的结果。这种联动是一种不断变化动态的过程，且由内向外和由外向内的界线并没有那么清晰，在一些案例中几乎是同时的。

3 催化剂：国际权力转移与族群冲突

在全球化的当下，族群冲突离不开国际层面的分析。国际权力转移这一解析冲突和战争的重要理论在族群冲突解释上也是有力的。作为国际权力转移起点的大国竞争和大国权力的兴衰，便成了本书分析的重点。从案例分析的结果来看，大国竞争和大国

第 6 章　结论

权力的兴衰会加剧族群冲突的爆发、烈度、时长乃至结果，是族群冲突的催化剂。

首先，大国竞争加剧了族群冲突。按照国际权力转移的逻辑，大国竞争是国际社会不稳定的源泉。那么同样大国竞争也会影响族群冲突。库尔德人反对伊拉克政府的族群冲突，其根源虽是库尔德人独立自治的诉求，但这一点却被美国所利用，特别是伊拉克政府被倾向于苏联的左翼政党掌权之后。苏联也正是基于这一点给予伊拉克政府以大量军事、经济支持，一来可与美国抗衡，二来可维持其在中东地区的影响力；安哥拉的族群冲突是苏联和美国在全球范围内争夺影响力的最好说明；阿塞拜疆的卡拉巴赫地区的阿塞拜疆人与亚美尼亚人的族群冲突，在冲突的后期土耳其的加入和俄罗斯介入也有地区强国较量的意味；乌克兰危机在一定程度上便是欧盟与俄罗斯战略空间的争夺所致。

其次，大国兴衰加剧了族群冲突。大国权力的下降一方面造成本国族群冲突的兴起，如 20 世纪 80 年代苏联权力的下降，苏联境内的各加盟共和国的民族分离主义兴起，成为压死苏联这一超级大国的最后一根稻草。与此同时，卡巴拉赫地区的族群冲突也随之展开。另一方面，苏联的解体也给中亚和东南欧地区造成了权力真空，欧盟趁机东扩，以哥本哈根标准来将这些国家纳入欧盟。但所推行的西方式民主制度并未奏效，致使一些国家走向族群分裂或冲突。从统计的数据来看，在冷战后的十年间，世界范围内的族群冲突日益增长，这在一定程度与苏联解体后的国际权力转移有关，国际权力在转移过程中造成利益的重组，利益的重组给族群竞争提供了动力。此外，苏联的解体给西方推行西方式民主制度提供了契机，然而这种族群分裂的民主化，只能是火上浇油，让冲突不断。

可见，国际权力的转移为族群冲突提供了契机，是族群冲突国际层面解析不可或缺的视角。族群冲突是国际非传统安全的重要一维，它的影响也越来越受到社会科学界的重视，形成了形形色色的学说和理论。在前人研究的基础上，本书以国际权力转移的视角来解析族群冲突。国际权力转移与"修昔底德陷阱"间的联系，仿佛成为大国战争的圭臬，然而该理论对于战争的关注仅局限于大国战争或国家间冲突，而对于族群冲突关注较少。同时，学界对于族群冲突的研究多聚焦于族群和国家的层面，缺少国际层面的分析，因此以国际权力转移的视角来分析族群冲突也是件相得益彰的事情，前者为当前国际关系学界讨论的热点，后者为国际非传统安全的重要议题。此外，族群冲突既有建构主义的观念、认同、文化因素，又有现实主义的利益因素，还有制度主义的结构因素。这样以族群冲突作为国际关系分析的对象，便可将三种范式较好地结合起来，实现它们之间的通约。

大国竞争和大国权力的兴衰是国际权力转移的重要衡量指标，本书以此分析了它们与族群冲突的关系。在族群冲突的案例中，大国之间的经济、地缘政治、意识形态等的竞争确实能够引发族群冲突；大国的兴衰在国内、区域乃至国际层面引发族群冲突的案例也比比皆是。因此本书得出国际权力转移是族群冲突的催化剂的结论。

当然，本书仍有许多可待深入考究之处。比如在国际权力转移的衡量指标上应不止大国竞争和大国兴衰两个内容；同时大国兴衰的指标该如何衡量；族群冲突的种类也绝不局限于文中所提到的族群与族群、族群与国家这两种类型；大国竞争为何对一些国家的族群冲突起作用，而对另一些却没有，族群冲突与国际权力转移反向关系，族群冲突的全球治理，等等。这都是需要继续深入研究的地方。然而仅就国家权力转移视野下的族群冲突研究来说，结论是可靠的，比较案例分析与简单数据分析相结合的方法是可靠的，族群冲突的广义定义、国际权力转移的两个重要指标，以及弱国家与大国或区域强国之间的混合制政府状态假设也具有一定的可行性。

参考文献

（一）中文著作

1. 阿拉坦：《论民族问题》，中央民族学院出版社1989年版。
2. ［德］赫尔曼·哈肯：《协同学：大自然构成的奥秘》，凌复华译，上海译文出版社2013年版。
3. ［法］埃莱纳·卡·唐克斯：《分崩离析的帝国》，烯文译，新华出版社1982年版。
4. ［法］勒内·托姆：《突变论：思想和应用》，周仲良译，上海译文出版社1999年版。
5. ［法］米歇尔·克罗齐、［美］塞缪尔·P.亨廷顿、［日］绵贯让治：《民主的危机——就民主国家的统治能力写给三边委员会的报告》，马殿军等译，求实出版社1975年版，第3页。
6. ［法］莫里斯·迪韦尔热：《政治社会学——政治学要素》，杨祖功、王大东译，华夏出版社1987年版。
7. ［法］托克维尔：《旧制度与大革命》，冯棠译，商务印书馆1992年版。
8. 费孝通：《费孝通民族研究文集》，民族出版社1988年版。
9. 傅斯年：《傅斯年全集·卷四》，湖南教育出版社2003年版。
10. （汉）许慎著：《说文解字》，中华书局1963年影印版。

11. 《后汉记》卷一，1879年江西蔡学苏重刊本。
12. 贾东海：《世界民族学史》，宁夏人民出版社1995年版。
13. [加]约翰·拉尔斯顿·索尔：《全球化崩溃》，江美娜译，人民出版社2013年版。
14. 金春子、王建民：《中国跨界民族》，民族出版社1994年版。
15. 况腊生：《乌克兰危机警示录：和平发展道路中的战争准备》，国防工业出版社2016年版。
16. 李廷贵、范荣春：《民族问题学说史略》，贵州民族出版社1990年版。
17. [联邦德国] M. 艾根、P. 舒斯特尔：《超循环论》，曾国译，上海译文出版社1990年版。
18. 梁启超：《梁启超全集》，北京出版社2000年版。
19. 马戎：《民族社会学导论》，北京大学出版社2005年版。
20. [美]彼得·H. 史密斯：《论拉美的民主》，谭道明译，译林出版社2013年版。
21. [美]冯·贝塔朗菲：《一般系统论：基础、发展和应用》，林康义译，清华大学出版社1987年版。
22. [美]汉斯·摩根索：《国家间政治》，徐昕等译，北京大学出版社2006年版。
23. [美]汉斯·摩根索：《国际纵横策论——争强权，求和平》，卢明华译，上海译文出版社1995年版。
24. [美]汉斯·凯尔森：《国际法原理》，王铁崖译，华夏出版社1989年版。
25. [美]肯尼思·华尔兹：《国际政治理论》，信强译，上海人民出版社2006年版。
26. [美]肯尼思·华尔兹：《人、国家和战争》，信强译，上海译文出版社1991年版。
27. [美]拉尔夫等：《世界文明史（上卷）》，商务印书馆1998年版。
28. [美]罗伯特·D. 卡普兰：《即将到来的地缘战争：无法回

避的大国冲突及对地理宿命的抗争》，涵朴译，广东人民出版社 2013 年版。

29. ［美］拉克曼：《国家与权力》，张昕译，上海人民出版社 2013 年版。
30. ［美］利萨·L. 马丁：《民主国家的承诺：立法部门与国际合作》，刘宏松译，上海人民出版社 2010 年版。
31. ［美］曼弗雷德·B. 斯蒂格：《全球化面面观》，丁兆国译，译林出版社 2013 年版。
32. ［美］马克·凯赛尔、乔尔·克里格：《转型中的欧洲政治》，史志钦译，人民出版社 2016 年版。
33. ［美］摩尔根：《古代社会》，张栗原等译，商务印书馆 1971 年版。
34. ［美］塔尔科特·帕森斯：《社会行动的结构》，张明德等译，译林出版社 2012 年版。
35. ［美］约翰·米尔斯海默：《大国政治的悲剧》，王义桅、唐小松译，上海人民出版社 2014 年版。
36. 秋浦：《民族学在中国》，中国经济出版社 1993 年版。
37. ［瑞士］索绪尔：《普通语言学教程》，高明凯译，商务印书馆 2003 年版。
38. 宋庆龄：《孙中山选集》，人民出版社 1981 年版。
39. 孙中山：《孙中山全集（第 2 卷）》，中华书局 1982 年版。
40. 王庆仁等主编：《吴文藻纪念文集》，中央民族大学出版社 1997 年版。
41. 王浦劬：《政治学基础》，北京大学出版社 2006 年版。
42. 吴文藻：《吴文藻人类学社会学研究文集·民族与国家》民族出版社 1990 年版。
43. 吴泽霖：《人类学词典》，上海辞书出版社 1991 年版。
44. 萧公权：《中国古代思想史论》，人民出版社 1985 年版。
45. 徐爱国：《破解法学之谜》，学苑出版社 2001 年版。
46. ［印度］泰戈尔：《民族主义》，谭仁侠译，商务印书馆 1986

年版。

47. 苏振兴主编：《拉美国家现代化进程及其启示》，知识产权出版社 2012 年版。

48. ［英］哈罗德·拉斯基：《政治典范》，张士林译，商务印书馆 1930 年版。

49. ［英］史蒂文·卢克斯：《权力：一种激进的观点》，彭斌译，江苏人民出版社 2012 年版。

50. ［英］苏珊·斯特兰奇：《国家与市场》，杨宇光著，上海人民出版社 2006 年版。

51. ［英］约翰·洛克：《政府论》（下篇），刘晓根译，商务印书馆 1986 年版。

52. 湛垦华、沈小峰：《普利高津与耗散结构理论》，陕西科技出版社 1982 年版。

53. 赵汀阳：《天下体系——世界制度哲学导论》，江苏教育出版社 2005 年版。

54. 张文宗：《族群与美国外交》，时事出版社 2016 年版。

55. 周大鸣：《现代都是人类学》，中山大学出版社 1997 年版。

56. ［美］马克·I. 利希巴赫、阿兰·S. 朱克曼编：《比较政治：理性、文化和结构》，储建周等译，中国人民大学出版社 2007 版。

57. ［美］亨利·基辛格：《世界秩序》，胡利平等译，中信出版社 2015 年版。

58. ［英］安东尼·吉登斯：《民族-国家与暴力》，胡宗泽、赵力涛译，生活·读书·新知三联书店 1998 年版。

59. ［德］李峻石：《何故为敌：族群与宗教冲突论纲》，吴秀杰译，社会科学文献出版社 2017 年版。

60. ［美］蔡美儿：《起火的世界：自由市场民主与种族仇恨、全球动荡》，刘怀昭译，中国政法大学出版社 2017 年版。

（二）中文论文

1. 白云真：《欧盟对非洲民族冲突干预的特点及对中国的启示》，《教学与研究》2013年第3期。

2. 陈炎、李琳：《佛家与佛教》，《清华大学学报》2010年第5期。

3. 陈延昭：《关于民族一词的若干译法》，广东省译协1995年年会暨翻译理论研讨会论文。

4. 戴长征、张中宁：《国内围域下乌克兰危机的根源及其影响》，《东北亚论坛》2014年第5期。

5. ［德］H. 赫尔茨：《前社会主义国家的失败》，禾子译，《国外社会科学》1997年第3期。

6. 杜幼康：《权力转移理论质疑——以新兴大国中印崛起为视角》，《国际观察》2011年第6期。

7. 方华：《难民保护与欧洲治理中东难民潮的困境》，《西亚非洲》2015年第6期。

8. 封永平：《国际政治权力的变迁》，《社会主义研究》2011年第6期。

9. 冯维江、余洁雅：《论霸权的权力根源》，《世界经济与政治》2012年第12期。

10. 冯玉军：《乌克兰危机：多维视野下的深层透视》，《国际问题研究》2014年第3期。

11. 高飞：《分裂与动荡：乌克兰难以下咽的"民主化"苦果》，《求是》2014年第11期。

12. 关凯：《历史书写中的民族主义与国家建构》，《新疆师范大学学报》2016年第2期。

13. 顾颉刚：《"中国本部"一名亟应废弃》，《益世报》1939年1月1日。

14. 顾颉刚：《续论"中华民国是一个"：答费孝通先生》，《益世报》1939年5月8日。

15. 郭忠华：《吉登斯的权力观》，《东方论坛》2003年第4期。
16. 郝时远：《前苏联—俄罗斯民族学理论中的"民族"（этнос）（上）》，《世界民族》2004年第1期。
17. 菅志翔：《族群：社会群体研究的基础性概念工具》，《北京大学学报》2007年第5期。
18. 李东：《论美苏实力对比变化的发展趋势及其主要原因》，《复旦学报》1988年第2期。
19. 李捷：《极端主义组织与认同政治的建构》，《世界经济与政治》2017年第4期。
20. 刘丰：《国际利益格局调整与国际秩序转型》，《外交评论》2015年第5期。
21. 刘京希：《论转型时期的国家能力与社会能力》，《文史哲》1996年第1期。
22. 刘婷婷：《从"认知"到"反思"的国家能力分析》，《经济社会体制比较》2015年第2期。
23. 刘维靖：《乌总统：逾5万乌官兵集结乌东部 应对潜在威胁》，中国新闻网，2015年6月5日。
24. 刘媛媛：《浅论国家建构理论中的国家能力建设》，《学术月刊》2010年第6期。
25. ［美］彼得·拉特兰：《美国学者对苏东剧变的反思》，黄志宏摘译，《国外理论动态》2000年第9期。
26. ［美］郝瑞：《民族、族群和族性》，《中国人类学会通讯》1991年第196期。
27. ［美］K.斐波斯：《对苏联民族问题的看法》，李有义译，《民族译丛》1979年第4期。
28. ［美］瓦迪·哈拉比：《对苏联解体的一些看法》，高静宇译，《国外理论动态》2003年第1期。
29. 纳日碧力戈：《问难"族群"》，《广西民族学院学报》2003年第1期。
30. 乔非、沈荣芳、吴启迪：《系统理论、系统方法、系统工程

——发展与展望》,《系统工程》1996 年第 5 期。

31. 秦亚青:《层次分析法与国际关系研究》,《欧洲》1998 年第 3 期。

32. 任剑涛:《从帝制中国、政党国家到宪政中国:中国现代国家建构的三次转型》,《学海》2014 年第 2 期。

33. [日] 任云:《"失去的 20 年"与"安倍经济学"增长战略》,《国际经济评论》2014 年第 4 期。

34. 阮西湖:《关于术语"族群"》,《世界民族》1998 年第 2 期。

35. 舒也:《"系统哲学"与价值困境》,《浙江社会科学》2015 年第 11 期。

36. 宋全成:《族群分裂与宗教冲突:当代西方国家的民族分离主义》,《当代世界社会主义问题》2013 年第 1 期。

37. 唐庆鹏:《逆全球化新动向的政治学分析》,《当代世界与社会主义》2017 年第 4 期。

38. 唐健:《权力转移与战争:国际体系、国家模式与中国崛起》,《当代亚太》2014 年第 3 期。

39. 田海龙、张迈曾:《话语权力的不平等关系:语用学与社会学研究》,《外语学刊》2006 年第 2 期。

40. 汪波:《西欧伊斯兰极端主义形成的根源研究》,《阿拉伯世界研究》2015 年第 2 期。

41. 王国欣、刘建华:《崛起国与主导国的关系模式——前景理论对权力转移理论的修正》,《国际论坛》2017 年第 5 期。

42. 王建娥:《民族分离主义的解读与治理——多民族国家化解民族矛盾、解决分离困窘的一个思路》,《民族研究》2010 年第 2 期。

43. 王明甫:《民族辩》,《民族研究》1983 年第 6 期。

44. 王军、李聪:《论欧盟干预组织外民族冲突》,《民族研究》2013 年第 4 期。

45. 魏宏森、曾国屏:《试论系统的层次性原理》,《系统辩证学学报》1995 年第 1 期。

46. 肖正德：《系统论视域下教师教育学科体系之特质与构建》，《教育研究》2014 年第 7 期。

47. 徐苗、杨圣敏等：《中国新疆维汉间内隐信任态度研究》，《西北民族研究》2015 年第 1 期。

48. 袁玉红：《美国"积极行动"政策与实践研究》，中央民族大学，博士论文，2012 年。

49. 张弘：《乌克兰危机中的价值观冲突》，《和平与发展》2015 年第 4 期。

50. 赵满海：《商代神权政治的再认识——兼论文化的多样性与学科借鉴问题》，《史学集刊》2003 年第 3 期。

51. 朱伦：《论"民族-国家"与"多民族国家"》，《世界民族》1997 年第 3 期。

（三）英文著作

1. Abraham H. Maslow, "Deprivation, Threat and Frustration", in J. K. Zawodny ed., *Man and International Relations*, San Francisco: Chandler, 1966.

2. A. F. K. Organski, *World Politics*, New York: Knopf, 1958.

3. Alastai McAuley, *Soviet Federalism Nationalism and Economic Decentralisation*, Leicester: Leicester University Press, 1991.

4. Alexander L. George and Andrew Bennett, *Case Studies And Theory Development in the Social Science*, Cambridge: MIT Press, 2005.

5. Alexander P. de Seversky, *Victory Through Air Power*, New York: Simon & Schuster, 1942.

6. Alfred Thayer Mahan, *The Influence of Seapower upon History, 1660-1783*, Boston: Little, Brown, 1987.

7. Alison M. S. Watson, *An Introduction to International Political Economy*, London: Continuum, 2004.

8. Alivn and Heidi Toffler, *War and Anti-War: Survival at the Dawn of*

the Twenty - first Century, Boston: Little, Brown and Company, 1993.

9. Althusser, Louis, *For Marx*, Translated by Ben Brewster, New York: Vintager Books, 1970.

10. Anthony Giddens, *Capitalism and Modern Social Theory ——An Analysis of the Writings of Marx*, Durkheim and Max Weber, London: Cambridge University Press, 1971.

11. Anthony Giddens, *Central Problems in Social Theory*, London: the Macmillan Press Ltd, 1979.

12. Anthony Giddens, *Classes and the Division of Labor*, London: Cambridge University Press, 1982.

13. Anthony H. Richmond, *Immigration and Ethnic Conflict*, London: Palgrave Macmillan UK, 1988.

14. Arnold J. Toynbee, *War and Civilization*, New York: Oxford University Press, 1950.

15. Arthur Jay Klinghoffer, *The Angolan War: A Study in Soviet Policy in the Third World*, Boulder: Westview Press, 1980.

16. Barbara J. Risman, Donald Tomaskovic-Devey, *Utopian Visions: Engaged Sociologies for the 21st Century*, D. C. : American Sociological Association, 2000.

17. Bramfield T. *Minority Problems in the Public Schools*, New York: Harper & Brothers, 1946.

18. Bronislaw Malinowski, "An Anthropological Analysis of War", in Leon Bramson and George W. Goethrals ed. , *War: Studies from Psychology, Sociology, and Anthropology*, New York: Basic Books, Inc, 1964.

19. Bruce M. Russett, Harvey Starr, *World Politics: The Menu for Choice*, W. H. Freeman & Co Ltd. , 3rd edition, 1989.

20. Bruce M. Russett, *Grasping at the Democratic Peace: Principles for a Post-Cold War World*, Princeton, NJ: Princeton University

Press, 1993.
21. Bruce M. Russett, Harvey Starr, *World Politics: The Menu for Choice*, W. H. Freeman & Co Ltd; 3rd edition, 1989.
22. Carrie Rosefsky Wickham, *The Muslim Brotherhood: Evolution of an Islamist Movement*, Princeton: Princeton University Press, 2015.
23. Colin Legum, Tony Hodges, *After: The War Over Southern Africa*, New York: Africanna Publishing Co., 1978.
24. Christine, Chin, *In Service and Servitude: Foreign Female Domestic Workers and the Malaysian "Modernity" Project*, New York: Columbia University Press, 1998.
25. Christopher J. Walker ed., *Armenia and Karabagh: The Struggle for Unity*, London: Minority Rights Publication, 1991.
26. David A. Lake, *The International Spread of Ethnic Conflict: Fear, Diffusion, and Escalation*, Princeton University Press, 1998.
27. Donatella Della Porta and Michael Keating, *Approaches and Methodologies in the Social Science*, New York: Cambridge University Press, 2008.
28. Doyle, M. W., *Ways of War and Peace: Realism, Liberalism, and Socialism*, New York: Norton, 1997.
29. Edward O. Wilson, *Sociobiology: The New Synthesis*, Cambridge, MA: Harvard University Press, 1975.
30. Eusebius McKaiser, *Run Racist Run: Journeys into the heart of racism*, Johannesburg: Bookstorm, 2015.
31. Fiske, S. T. & Berdahl, J., "Social Power", in A. W. Kruglanski & E. T. Higgins, *Social Psychology: Handbook of Basic Principles*, New York: Guilford, 2007.
32. Frank N. Magilled, *International Encyclopedia of Sociology*, Routledge, 1996.
33. Gellner, E., *Thought and Change*, London: Weidenfeld and Nicolson, 1964.

34. George D. Bond, *The Buddist Revival in Sri Lanka: Religions Tradition, Reinterpretation and Response*, Columbia: University of South Carolina Press, 1988.
35. George Schopflin, "The Rise and Fall of Yugoslavia", in John McGarry and Brendan O'Leary ed., *The Politics of Ethnic Conflict Regulation*, London: Routledge, 1993.
36. Gerard J. Libaridian, *The Karabagh File: Documents and Facts on the Region of Mountainous Karabagh, 1918–1988*, Cambridge, Mass: Zoryan Institute, 1988.
37. Giulio Douhet, *The Command of the Air*, trans. Dino Ferrari, New York: Coward McCann, 1942.
38. Glazer and Moynihan, *Ethnicity: Theory and Experience*, Cambridge: Harvard University Press, 1975.
39. Henry E. Brady and David Collier, *Rethinking Social Inquiry: Diverse Tools, Shared Standards*, Rowman & Littlefield Publishers, 2010.
40. Helene Carrere Dencausse, trans. by Martin Sokolinsky and Henry A. LaFarge, *Decline of an Empire, The Soviet Socialist Republics in Revolt*, New York: Harper & Row, 2nd Edition, 1982.
41. Inis L. Claude, *Power and International Relations*, New York: Random House, 1962.
42. Ithiel DeSola Pool, "Effects of Gross-National Contact on National and International Images", in Herbert C. Kelman ed., *International Relations: A Social-Psychological Analysis*, New York: Holt, Rinehart and Winston, 1964.
43. J. A. Simpsen and E. S. C. Weiner, *The Oxford English Dictionary*, Clarendon Press, Oxford, 1989.
44. James N. Rosenau, *Scientific Study of Foreign Policy*, Frances Pinter Publishers Ltd., 2nd Revised edition, 1980.
45. Jayatilleke S. Bandara, "The Impact of the Civil War on Tourism

and the Regional Economy", in Siri Gamge & I. B. Waston ed., *Conflict and Community in Contemporary Sri Lanka*, New Delhi, 1999.

46. Johanna Kristin Birnir, *Ethnicity and Electoral Politics*, Cambridge: Cambridge University Press, 2007.

47. John A Marcum, *The Angolan Revolution, Volume 2: Exile Politics and Guerrilla Warfare, 1962-1976*, Cambridge: M. I. T. Press, 1978.

48. John D. Inazu, *Confident Pluralism: Surviving and Thriving through Deep Difference*, Chicago: University of Chicago Press, 2016.

49. John, Breuilly, *Nationalism and the State*, Manchester: Manchester University Press, 1993.

50. John Dollard, *Frustration and Aggression*, New Haven: Yale University Press, 1939.

51. John Gerring, *Social Science Methodology: A Unified Framework*, Cambridge: Cambridge University Press, 2012.

52. John P. LeDonne, *The Russian Empire and the World, 1700 - 1917: The Geopolitics of Expansion and Containment*, New York: Oxford, 1997.

53. John Paul Scott, *Aggression*, Chicago: University of Chicago Press, 1958.

54. Judith G. Kelly, *Ethnic Politics in Europe: Power of Norms and Incentives*, Princeton: Princeton University Press, 2004.

55. Judith G. Kelly, *Ethnic Politics in Europe: The Power of Norms and Incentives*, Princeton and Oxford: Princeton University Press, 2006.

56. Kanchan Chandra, *Constructivist Theories of Ethnic Politics*, New York: Oxford University Press, 2012.

57. Katherine, Moon, *Sex Among Allies*, New York: Columbia University Press, 1997.

58. Kelly-Kate S. Pease, *International Organizations: Perspectives on*

Governance in the Twenty-First Century, New Jersey: Prentice Hall, 2007.
59. Konrad Lorenz, *On Aggression*, Washington: Harvest Book, 1974.
60. Lawrence H. Keeley, *War Before Civilization: The Myth of the Peaceful Savage*, Oxford University Press, 1997.
61. Lawrence W. Henderson, *Angola: Five Centuries of Conflict*, Ithaca: Cornell University Press, 1979.
62. Leslie Holemes, *Post-Communism: An Introduction*, Cambridge: Polity Press, 1997.
63. Linda Weiss, *The Myth of Powerless State: Governing Economy in a Global Era*, Cambridge: Cambridge University Press, 1998.
64. Margaret Mead, "Warfare Is Only an Invention, Not a Biological Necessity", in Leon Bramson and George W. Goethrals ed., *War: Studies from Psychology, Sociology, and Anthropology*, New York: Basic Books, Inc, 1964.
65. Marina Ottaway, Thomas Carothers ed., *Funding Virtue: Civil Society Aid and Democracy Promotion*, New York: Carnegie Endowment for Int'l Peace, 2000.
66. Mark I. Lichbach, Alan S. Zuckerman, *Comparative Politics: Rationality, Culture, and Structure*, Cambridge: Cambridge University Press, 1997.
67. Martha Finnemore, *The Purpose of Intervention: Changing Beliefs about the Use of Force*, Ithaca and London: Cornell University Press, 2004.
68. Marx Weber, "The Ethnic Group", in *Theories of Society*, Parsons and Shil eds, Gleercol Iilinois: The Free Press, 1961.
69. Michael Doyle, "Kant, Liberal Legacies, and Foreign Affairs, Part I", Philosophy and Public.
70. Michael Mann, *States, War, and Capitalism: Studies in Political Sociology*, New York: Blackwell Pub., 1988.

71. Nathan Glazer, Daniel P. Moynihan, *Ethnicity Theory and Experience*, Havard University Press, 1975.
72. Neal G. Jesse and Kristen P. Williams, *Ethnic Conflict: A Systematic Approach to Cases of Conflict*, New York: CQ Press, 2011.
73. Neal G. Jesse, Kristin P. Williams, *Identity and Institutions: Conflict Reduction in Divided Societies*, New York: State University of New York Press, 2006.
74. Noam Chomsky, Carlos Otero, *Language and Politics*, AK Press, 2004.
75. Nye Jr., J. S., *Soft Power: the Means to Success in World Politics*, New York: Public Affairs, 2004.
76. Paul Kelly, Liberalism and Nationalism, Steven Wall eds., *The Cambridge Companion to Liberalism*, Cambridge : Cambridge University Press, 2015.
77. Paul R. Brass ed., *Ethnic Groups and the State*, Totowa, NJ: Barnes and Noble, 1985.
78. Paul S. Reinsch, *Public International Unions*, Boston: Ginn and Company, 1911.
79. Philip Roessler, *Ethnic Politics and State Power in Africa: The Logic of the Coup-Civil War Trap*, Cambridge: Cambridge University Press, 2016.
80. Ralph K. White, " Images in the Context of International Conflict", in Herbert C. Kelman ed., *International Behavior: A Social Psychological Analysis*, New York: Rinehart and Winston, 1965.
81. Raul L. Madrid, *The Rise of Ethnic Politics in Latin America*, Cambridge University Press, 2012.
82. Raymond C. Taras, *Understanding Ethnic Conflict*, New York: Longman, 2006.
83. Raymond Williams, *Keywords: A Vocabulary of Culture and Society*, London: Oxford University Press, 2014.

84. Richard Pipes, *Communism: The Vanished Specter*, Norway: Scandinavian University Press, 1995.
85. Richards, Julian, *Extremism, Radicalization and Security : An Identity Theory Approach*, Cham, Switzerland: Palgrave Macmillan, 2017.
86. Robert A. Goldwin et al. , *Readings in World Politics*, New York: Oxford University Press, 1950.
87. Robert Strayer, *Why Did the Soviet Union Collapse? : Understanding Historical Change*, New York: M. E. Sharpe, 1998.
88. Rodrik, Dani, *Has Globalization Gone too Far?*, Washington, D. C. : Institute for International Economics, 1997.
89. Roger Owen, *The Rise and Fall of Arab Presidents for Life*, Cambridge: Harvard University Press, 2012.
90. Ryan Henry, Christine Osowski, Peter Chalk and James T. Bartis, *Promoting International Energy Security— Sea–Lanes to Asia*, Chapter 2, RAND Corporation, 2012.
91. Samarasinghe and Reed Coughlan, *Economic Dimensions of Ethnic Conflict*, Landon: Pinter Publishers, 1991.
92. Seamus Dunn and T. G. Fraser, *Europe And Ethnicity: World War I and Contemporary Ethnic Conflict*, London: Routledge, 1996.
93. Sinisa Malesevic, *The Sociology of Ethnicity*, London: SAGE Publications, 2004.
94. Soeters, J. L. , *Ethnic Conflict and Terrorism: The Origins and Dynamics of Civil Wars*, London: Routledge, 2005.
95. Stephen C. Pelletiere, *The Kurds: An Unstable Element in the Gulf*, Boulder, CO. : Westview, 1984.
96. Stephen Van Evera, *Causes of War: Power and the Roots of Conflict*, Ithaca and London: Cornell University Press, 1999.
97. Suzanne Goldenberg, *Pride of Small Nations: The Caucasus and Post-Soviet Disorder*, London: Zed Books, 1994.

98. Tatu Vanhannen, *Ethnic Conflicts: Their Biological Roots in Ethnic Nepotism*, London: Ulster Institute for Social Research, 2012.
99. Ted Robert Gurr, *Peoples Versus States*, Washington, D. C. : U. S. Institute of Peace Press, 2000.
100. Thomas Barfield editor, *The Dictionary of Anthropology*, Blackwell Publishers, 1997.
101. Varshney, Ashutosh, *Ethnic Conflict and Civil Life: Hindus and Muslims in India*, New Haven, CT: Yale University Press, 2002.
102. Victor Ostrovsky and Claire Hoy, *By War of Deception*, New York: St. Martin's Press, 1990.
103. Wale Adebanwi, *Yoruba Elites and Ethnic Politics in Nigeria: Obafemi Awolowo and Corporate Agency*, New York: Cambridge University Press, 2014.
104. William A. Niskanen, *Bureaucracy and Representative Government*, Transaction Publishers, 1971.
105. William LeoGrande, *Cuba's Policy in Africa, 1959 – 1980*, Berkeley: Institute of International Studies, 1980.
106. William McDougall, *An Introduction to Social Psychology*, Boston: Luce, 1926.
107. Zoltan Barany and Robert G. Moser, *Ethnic Politics After Communism*, Ithaca and London: Cornell University Press, 2005.
108. Amy Chua, *World on Fire: How Exporting Free Market Democracy Breeds Ethnic Hatred and Global Instability*, New York: Anchor Books, 2003.
109. Jonathan Kirsch, *The Harlot by the Side of the Road: Forbidden Tales of the Bible*, New York: Ballantine Books, 1998.
110. Stathis N. Kalyvas, *The Rise of Christian Democracy in Europe*, Ithaca, NY: Cornell University Press, 1996.
111. Geneviève Zubrzycki, *The Crosses of Auschwitz: Nationalism and Religion in Post-Communist Poland*, Chicago: University Chicago

Press, 2006

112. Richard E. Wentz, *Why People Do Bad Things in the Name of Religion*, Macon, CA: Mercer University Press, 1987.

(四) 英文论文

1. Alan M. Hurst, "The Very Old New Separationism," *Brigham Young University Law Review*, Vol. 2015, No. 1, 2016.
2. Amanda M. Murdie and David R. Davis, "Shaming and Blaming: Using Events Data to Assess the Impact of Human Rights INGOs," *International Studies Quarterly*, Vol. 56, No. 1, 2012.
3. Andrew Moravcsik, "Taking Preferences Seriously: A Liberal Theory of International Politics," *International Organization*, Vol. 51, No. 4, 1997.
4. Ana Lúcia SÁ, "African Intellectuals and Cultural Diversity: Discussions of the Ethnic Question in Equatorial Guinea," *Nordic Journal of African Studies*, Vol. 22, No. 1, 2013.
5. Anca Pusca, Shock, "Therapy, and Postcommunist Transitions," *Alternatives: Global, Local, Political*, Vol. 32, No. 3, 2011.
6. Andrew Yeo, "Not in Anyone's Backyard: The Emergence and Identity of a Transnational Anti-Base Network," *International Studies Quarterly*, Vol. 53, No. 3, 2009.
7. Anthony Mughan, "Modernization and Ethnic Conflict in Belgium," *Political Studies*, Vol. 27, No. 1, 1979.
8. Aurelie Campanna, Jean-Francois Ratelle, "A Political Sociology Approach to the Diffusion of Conflict from Chechnya to Dagestan and Ingushetia," *Studies in Conflict & Terrorism*, Vol. 37, No. 2014.
9. B. Guy Peters, Jon Pierre and Desmond S. King, "The Politics of Path Dependency: Political Conflict in Historical Institutionalism," *The Journal of Politics*, Vol. 67, No. 4, 2005.
10. Buhaug, Halvard and Kristian Skrede Gleditsch, "Contagion or

Confusion? Why Conflicts Cluster in Space," *International Studies Quarterly*, Vol. 52, No. 2, 2008.

11. Carole J. Uhlaner, Bruce E. Cain and D. Roderick Kiewiet, "Political Participation of Ethnic Minorities in the 1980s," *Political Behavior*, Vol. 11, No. 3, 1989.

12. Charles Tilly, "Means and Ends of Comparison in Macrosociology," *Comparative Social Research*, Vol. 16, 1997.

13. Charles Tilly, "Ethnic Conflict in the Soviet Union," *Theory and Society*, Vol. 20, No. 5, 1991.

14. Chen Yifan, "Analysis on National Separatism through the Fog of History——Exploration and Initiative of Study on Ethnic Issues of Southeast Asia in the Process of Globalization, Multinational Coexist and Ethnic Separatist Movement," *Southeast Asia*, Issue 4, 2011.

15. Chris Martiz, "Pretoria's Reaction to the Role of Moscow and Peking in Southern Africa," *Journal of Modern African Studies*, Vol. 25, No. 2.

16. Cliff Brown, Terry Boswell, "Ethnic Conflict and Political Violence: A Cross-National Analysis," *Journal of Political and Military Society*, Vol. 25, No. 1, 1997.

17. Colin S. Gray, "In Defense of the Heartland," *Comparative Strategy*, Vol. 23, No. 1, 2004.

18. Daniel Allen, "New Directions in the Study of Nation-Building: Views through the Lens of Path Dependence," *International Studies Review*, Vol. 12, No. 3, 2010.

19. David Cunningham, "Mobilizing Ethnic Competition," *Theory and Society*, Vol. 41, No. 5, 2012.

20. David Goetze, "Identity Challenges: Facing the Association for Politics and the Life Sciences," *Politics and the Life Sciences*, Vol. 30, No. 1, 2011.

21. David John Frank, Wesley Longhofer, Evan Schofer, "World Society, NGOs and Environmental Policy Reform in Asia," *International Journal of Comparative Sociology*, Vol. 48, Issue 4, 2007.

22. David Mitrany, "Functional Approach to World Organization," *International Affairs*, Vol. 24, No. 3, 1948.

23. David Welsh, "Domestic Politics and Ethnic Conflict," *Survival*, Vol. 35, No. 1, 1993.

24. Demet Yalcin Mousseau, "An Inquiry into the Linkage among Nationalizing Policies, Democratization, and Ethno-nationalist Conflict: the Kurdish Case in Turkey," *Nationalities Papers*, Vol. 40, No. 1, 2012.

25. Dennis Chong and Reuel Rogers, "Racial Solidarity and Political Participation," *Political Behavior*, Vol. 27, No. 4, 2005.

26. Dhananjayan Sriskandarjah, "Development, Inequality and Ethnic Accommodation: Clues from Malaysia, Mauritius and Trinidad and Tobago," *Oxford Development Studies*, Vol. 33, No. 1, 2005.

27. Donald L. Horowitz, "Ethnic Power Sharing: Three Big Problems," *Journal of Democracy*, Vol. 25, No. 2, 2014.

28. Duane Champange, "Social Structure, Revitalization Movements and State Building: Social Change in Four American Societies," *American Sociological Review*, Vol. 48, No. 6, 1983, pp. 754-763.

29. Emanuela Macek-Mackova, "Challenges in Conflict Management in Multis-Ethnic States: the Dissolution of Czechoslovakia and Serbia and Montenegro," *Nationalities Papers*, Vol. 39, No. 4, 2011.

30. Emilian Kavalski, "Do not Play with Fire: the End of the Bulgarian Ethnic Model or the Persistence of Inter–Ethnic Tensions in Bulgaria?", *Journal of Muslim Minority Affairs*, Vol. 27, No. 1, 2007.

31. Erik P. Buey, "Introduction: Biopolitics and the Road Ahead,"

Politics and the Life Sciences, Vol. 28, No. 2, 2009.

32. General Thomas D. White, "The Inevitable Climb to Space," *Air University Quarterly Review*, Vol. 4, 1959.

33. H. Osman-Rani, "Economic Development and Ethnic Integration: The Malaysian Experience," *Journal of Social Issue in Southeast Asia*, Vol. 4, No. 1, 1990.

34. Ishwari Bhattarai, "Ethnic Entrepreneurs and Political Mobilization: Exploring a Case of Tharu-Pahadi Conflict," *Dhaulagiri Journal of Sociology and Anthropology*, Vol. 9, No. 3, 2015.

35. J. Craig Jenkins and Augustine J. Kposowa, "Explaining Military Coups d'Etat: Black Africa, 1957-1984," *American Sociological Review*, Vol. 55, No. 6, 1990.

36. Jacob D. Kathman, "Civil War Diffusion and Regional Motivations for Intervention," *The Journal of Conflict Resolution*, Vol. 55, No. 6, 2011.

37. James Kurth, "Religion and Ethnic Conflict——In Theory," *Orbis*, Vol. 45, No. 2, 2001.

38. James Mahoney, "Path Dependence in Historical Sociology," *Theory and Society*, Vol. 29, No. 4, 2000.

39. Joah Esteban, Debraj Ray, "A Model of Ethnic Conflict," *Journal of the European Economic Association*, Vol. 9, No. 3, 2011.

40. Joane Nagel and Brad Whorton, "Ethnic Conflict and the World System: International Competition in Iraq (1961-1991) and Angola (1974-1991)," *Journal of Political and Military Sociology*, Vol. 20, No. 1, 1992.

41. John Silin, Frederic Pearson, "Arms and Escalation in Ethnic Conflicts: the Case of Sri Lanka," *International Studies Pespectives*, Vol. 7, No. 2, 2006.

42. Jonathan Fox, "The Rise of Religious Nationalism and Conflict: Ethnic Conflict and Revolutionary Wars, 1945-2001," *Journal*

of Peace Research, Vol. 41, No. 6, 2004.

43. Jonathan Friedman, Marxism, "Structuralism and Vulgar Materialism," *Man, New Series*, Vol. 9, No. 3, 1974.

44. Kathearina Schmid, Miles Hewstone, Beate Kupper, Andreas Zick, and Ulrich Wagner, "Secondary Transfer Effects of Intergroup Contact: A Cross-National Comparison in Europe," *Social Psychology Quarterly*, Vol. 75, No. 1, 2012.

45. Luiz Carlos Bresser-Pereira, "Nationalism at the Centre and Periphery of Capitalism," *Estudos Avancados*, Vol. 22, No. 62, 2008.

46. M. Jane Stroup, "Problems of Research on Social Conflict in the Area of International Relations," *The Journal of Conflict Resolution*, Vol. 9, No. 3, 1965.

47. Mark R. Beissinger, "A New Look at Ethnicity and Democratization," *Journal of Democracy*, Vol. 19, No. 3, 2008.

48. Muthiah Alagappa, "Regionalism and Conflict Management: A Framework for Analysis," *Review of International Studies*, Vol. 21, No. 4, 1995.

49. Nader Entessar, "The Kurdish Mosiac of Discord," *Thrid World Quarterly*, Vol. 11, No. 4, 1989.

50. Nancy Meyer-Emerick, "Biopolitics, Dominance, and Critical Theory," *Administrative Theory & Praxis*, Vol. 26, No. 1, 2004.

51. Neil Devotta, "From Ethnic Outbidding to Ethnic Conflict: the Institutional Bases for Sri Lanka's Separatist War," *Nations and Nationalism*, Vol. 11, No. 1, 2005.

52. Nida Bikmen, "Collective Memory as Identity Content After Ethnic Conflict: An Exploratory Study," *Peace and Conflict: Journal of Peace Psychology*, Vol. 19, No. 1, 2013.

53. Norman Z. Alcock and Alan G. Newcombe, "The Perception of National Power," *The Journal of Conflict Resolution*, Vol. 14, No. 3, 1970.

54. P. Sahadevan, "Ethnic Conflicts and Militarism in South Asia," *International Studies*, Vol. 39, No. 2, 2002.
55. Pade Badru, "Ethnic Conflict and State Formation in Post-Colonial Africa: A Comparative Study of Ethnic Genocide in the Congo, Liberia, Nigeria, and Rwanda-Burundi," *Journal of Third World Studies*, Vol. 27, No. 2, 2010.
56. Patrice C. McMahon, "Managing Ethnicity The OSCE and Trans-National Networks in Romania, McMahon Managing Ethnicity," *Problems of Post-Communism*, Vol. 52, Issue 1, 2005.
57. Paul Roe, "The Intrastate Security Dilemma: Ethnic Conflict as a Tragedy," *Journal of Peace Research*, Vol. 36, No. 2, 1999.
58. Pierre Hassner, "Raymond Aron and the History of the Twentieth Century," *International Studies Quarterly*, Vol. 29, No. 1, 1985.
59. Randall L. Schweller and Xiaoyu Pu, "After Unipolarity: China's Visions of International Order in an Era of U.S. Decline," *International Security*, Vol. 36, No. 1, 2011.
60. Robert, A. Isaak, "The Individual in International Politics: Solving the Level-of-Analysis Problem," *Polity*, Vol. 7, No. 2, 1974.
61. Robert S. Jansen, "Populist Mobilization: A New Theoretical Approach to Populism," *Sociological Theory*, Volume 29, Issue 2, 2011.
62. Rodolfo Stavenhagen, "Ethnic Conflicts and Impact on International Society," *International Social Science Journal*, Vol. 50, No. 157, 1998.
63. Rubenzer, T., & Redd, S. B., "Ethnic Minority Groups and US Foreign Policy: Examining Congressional Decision Making and Economic Sanctions," *International Studies Quarterly*, Vol. 54, No. 3, 2010.
64. Samuel P. Huntington, "Democracy's Third Wave," *Journal of Democracy*, Vol. 2, No. 2, 1991.

65. Sending, Ole Jacob and Iver B. Neumann, "Governance to Governmentality: Analyzing NGOs, States, and Power," *International Studies Quarterly*, Vol. 50, No. 3, 2006.
66. Sharman, J. C., "International Hierarchies and Contemporary Imperial Governance: A Tale of Three Kingdoms," *European Journal of International Relations*, Vol. 19, No. 2, 2013.
67. Silke Trommer, "Activists beyond Brussels: Transnational NGO Strategies on EU-West African Trade Negotiations," *Globalizations*, Vol. 8, No. 1, 2011.
68. Shiping Tang, "The Security Dilemma and Ethnic Conflict: Toward a Dynamic and Integrative Theory of Ethnic Conflict," *Review of International Studies*, Vol. 37, No. , 2011.
69. Stephen Ruyan, "Ethnic Conflict and the United Nations, *Ethnic and Racial Studies*," Vol. 13, No. 1, 1990.
70. Susan Olzak, "Contemporary Ethnic Mobilization," *Annual Review of Sociology*, Vol. 9, 1983.
71. Susan Olzak, "Does Globalization Breed Ethnic Discontent," *Journal of Conflict Resolution*, Vol. 55, No. 1, 2011.
72. Theodore J. Lowi, "The State in Political Science: How We Become What We Study," *The American Political Science Review*, Vol. 86, No. 1, 1992.
73. Thi Hai Yen Nguyen, "Beyond Good Offices? The Role of Regional Organizations in Conflict Resolution," *Journal of International Affairs*, Vol. 55, No. 2, 2002.
74. Todd Emerson Hutchins, "Structuring a Sustainable Letters of Marque Regime: How Commissioning Privateers CanDefeat the Somali Pirates," *California Law Review*, Vol. 99, No. 3, 2011.
75. Tom Kramer, "Ethnic Conflict and Lands Rights in Myanmar," *Social Research*, Vol. 82, No. 2, 2015.
76. V. Spike Peterson, "Sexing Political Identities," *International Fem-*

inist Journal of Politics, Vol. 1, No. 1, 1999.

77. Vjevan Katunaric, "Avoidable War: Peace and Violent Conflict in Multiethnic Areas in Croatia," *Revija Sociologiju*, Vol. 40, No. 1, 2010.

78. Walker Connor, "Nation-building or Nation-destroying?", *World Politics*, Vol. 24, No. 3, 1972.

79. Walker Connor, "The Politics of Ethnonationalism," *Journal of International Affairs*, Vol. 27, No. 1, 1973.

80. Waller Connor, "Self-Determination: The New Phase," *World Politics*, Vol. 20, 1967.

81. Wolfgang Wagner, Sofie Dreef, "Ethnic Composition and Electoral System Design: Demographic Context Conditions for Post-conflict Elections," *Ethnopolitics*, Vol. 13, No. 3, 2014.

82. Yeo, A., "Not in Anyone's Backyard: The Emergence and Identity of a Transnational Anti-Base Network," *International Studies Quarterly*, Vol. 53, No. 3, 2009.

83. Ishwari Bhattarai, "Ethnic Entrepreneurs and Political Mobilization: Exploring a Case of Tharu-Pahadi Conflict," *Dhaulagiri Journal of Sociology and Anthropology*, Vol. 9, No. 3, 2015.

84. Pade Badru, "Ethnic Conflict and State Formation in Post-Colonial Africa: A Comparative Study of Ethnic Genocide in the Congo, Liberia, Nigeria, and Rwanda-Burundi," *Journal of Third World Studies*, Vol. 27, No. 2, 2010.

85. Hank Johnston & Jozef Figa, "The Church and Political Opposition: Comparative Perspectives on Mobilization against Authoritarian Regimes," *Journal for the Scientific Study of Religion*, Vol. 27, No. 1, 1988.

86. Jonathan Fox, "Do Religious Institutions Support Violence or the Status Quo?", *Studies in Conflict & Terrorism*, Vol. 22, No. 2, 1999.